도감 무기 갑옷 투구

ARMS & ARMOR

아드리앙 아르망의 재현을
바탕으로 묘사한 「잔 다르
크」의 갑주와 군기. 아마도
가장 충실하게 재현된 모습
일 것이다.

저자 **이치카와 사다하루**
번역 **남지연**

CONTENTS

제 I 장
고대의 전사 ANCIENT WARRIORS ———————— 013

제 II 장
중세의 전사 MEDIEVAL WARRIORS —————— 115

제 Ⅲ 장
근세의 전사 RENAISSANCE WARRIORS ———————— 217

제 IV장
근대의 전사 MODERN WARRIORS ──────── 345

머리말

이 책은 역사상 실재한 무기와 갑옷, 투구를 「누가, 언제, 어디서, 어떻게 사용하였는가?」에 대해 통사적으로 밝혀내고자 하는 책이다. 다만 지면 사정으로 인해 다루는 영역을 서양 세계로 압축하였으며, 그에 관한 설명을 이해하는 데 필요하다고 판단되는 관련 지역만을 골라 소개하고 있다. 따라서 소개하는 무기와 갑주(갑옷과 투구)의 종류가 결코 많다고는 할 수 없으나(적다고도 할 수 없다) 그런 만큼 질적 향상에 집중하였으며, 특히 일러스트에는 세심한 주의를 기울였다.

또한 보다 넓은 층의 독자가 쉽게 이해할 수 있도록 일반적인 군사사(軍事史) 취급 서적과는 달리, 독자가 전문적인 용어를 숙지하고 있음을 전제로 한 기술과 내용은 자제하면서 가급적 설명을 덧붙이는 동시에 내용도 차근차근 짚어나간다. 마찬가지로 전제가 되는 각 시대의 역사적 배경도 살펴볼 수 있게 했다. 하지만 광범위한 역사를 다루는 탓에 역사적 배경의 설명이 짤막해질 수밖에 없는 점은 양해를 구하고 싶다.

본문 안의 고유 명칭은 원칙적으로 영어나 원어의 발음을 표기하고, 가능한 한 그 지역에서 사용되던 명칭도 함께 적었다. 고유 명칭에는 번역할 수 없는 것도 많아 주의를 요하나 번역어를 사용하는 경우에는 최대한 기능 중심으로 생각해 옮겼다. 다만 이미 관용적으로 쓰고 있는 단어와 표기는 관례에 따랐다. 예를 들어 Gatling gun은 「개틀링 총」이 아니라 「개틀링 포」로 번역했고 「활」을 의미하는 bow의 표기는 「보」가 아니라 「보우」로 기입했다.

마지막으로 로마자 철자는 본문 중에 삽입하면 가독성이 떨어질 것이라 우려되어 권말 색인에 무기 · 갑주 · 병종 명칭에 한하여 정리해두었다. 원어를 알고 싶은 사람은 번거롭겠지만 그쪽을 참조하기 바란다.

이치카와 사다하루

제 I 장
ANCIENT
WARRIORS
고대의 전사

군대의 여명

고대 이집트

대략 5000년 전 옛날의 일이다. 그때까지 나일 강변의 토지를 상하로 나누고 있던 이집트가 하나로 합쳐져 최초의 통일 왕조가 성립했다. 이로부터 이집트 문명은 여명의 시대를 맞이하며 군대도 또한 그 어스름한 빛 속에서 모습을 드러낸다.

윗변이 호를 그리고 있는 것이 고대 이집트 방패의 특징.

고대 이집트 병사

기원전 2000년경의 보병. 군대의 중심이 된 것은 창과 방패를 가진 창병과 궁병이었다. 기원전 3000년부터 1500년이라는 오랜 세월이 지나도록 이집트의 병사들은 투구와 갑옷을 착용하지 않았다. 머리에 쓰고 있는 고대 이집트 특유의 두건은 방어구가 아니라 따가운 햇볕을 피하기 위한 가리개.

■전투도끼

백병전에서 사용된 도끼는 도끼머리가 길고 평평하며 두께가 얇다. 투구와 갑옷을 착용하지 않았으므로 비교적 날이 얇아도 쓰기에는 부족함이 없었을 것이다. 끈으로 목제 손잡이에 장착한 것도 특징이다.

① 도끼머리의 장착부에는 끈을 통과시키기 위한 구멍이 뚫렸고, 손잡이 쪽에는 얇은 홈이 패여 있다.

② 도끼머리를 손잡이의 홈에 끼워 넣는다.

③ 도끼머리에 뚫린 구멍으로 끈을 통과시켜 동여맨다.

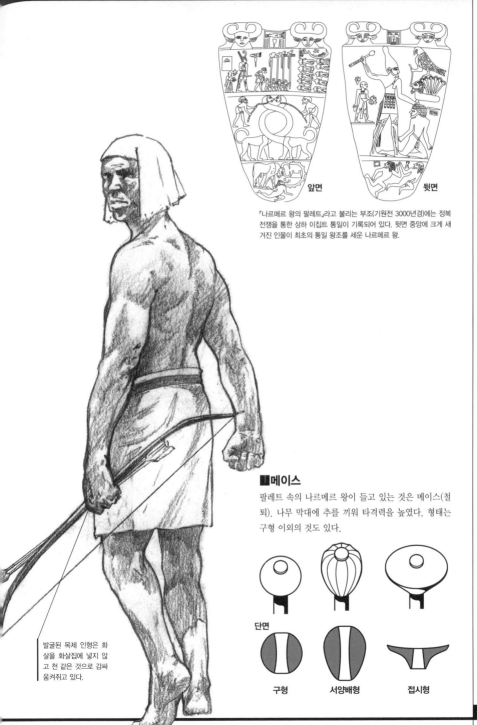

앞면 **뒷면**

「나르메르 왕의 팔레트」라고 불리는 부조(기원전 3000년경)에는 정복 전쟁을 통한 상하 이집트 통일이 기록되어 있다. 뒷면 중앙에 크게 새겨진 인물이 최초의 통일 왕조를 세운 나르메르 왕.

■메이스

팔레트 속의 나르메르 왕이 들고 있는 것은 메이스(철퇴). 나무 막대에 추를 끼워 타격력을 높였다. 형태는 구형 이외의 것도 있다.

단면

구형 **서양배형** **접시형**

발굴된 목제 인형은 화살을 화살집에 넣지 않고 천 같은 것으로 감싸 움켜쥐고 있다.

묻혀 있던 군대

수메르

티그리스 강과 유프라테스 강 사이의 지역도 문명의 발상지로 알려져 있다. 훗날 그리스어로 "강 사이의 땅"(메소포타미아)이라 불리게 되는 이곳에서는 주변 민족의 끊임없는 유입으로 점재하던 도시국가가 격렬한 항쟁을 되풀이하고 있었다. 최초로 메소포타미아 문명을 일으킨 수메르인의 유적에서는 항쟁의 격렬함을 대변해주는 군대 관련 유물이 발굴되고 있다.

수메르의 채리엇

1927년 발굴된 기원전 2550년경의 모자이크화 『우르의 스탠더드』에 등장하는 채리엇(전차)을 재현하였다. 당나귀 네 마리가 끄는 사륜차. 바퀴는 반원형 나무판을 맞붙인 것으로 바퀴살이 없다. 따라서 견인중량이 무거웠을 뿐만 아니라 지면을 달리는 충격이 그대로 전해져 탑승자에게 상당한 부담이 되었을 것이다. 바퀴는 차축이 통째로 회전하는 구조이기 때문에 소음이 심해서 아주 먼 거리에서도 접근하는 것을 알 수 있었다. 타고 있는 것은 당나귀를 모는 마부와 재블린(투창)을 던지는 병사로 총 두 사람. 말이 사람을 태울 수 있을 만큼 대형화될 때까지 기마병이 아닌 채리엇이 기동 전력으로 사용된다.

견인대의 추정 길이는 3m.

키시에서 발굴된 기원전 2600년경의 점토 모형을 통해 사륜과 이륜 채리엇의 존재가 밝혀졌다.

바퀴의 추정 지름은 50~100cm. 접지면에 가죽을 덧대고 구리못으로 고정시켰다.

도시유적 우르에서 발굴된 『우르의 스탠더드』의 전체 모양과 뒷면 일부. 표면에 선명한 청색 모자이크 판이 붙어 있다. 『스탠더드』(영어로 『부대표식』(군기)이라는 의미)라 불리게 된 것은 왕의 기수로 보이는 인골 가까이에서 발견되었기 때문이다. 실제 어떤 용도였는지는 불명.

우르의 병사

역시 『우르의 스탠더드』를 바탕으로 재현한 창을 들고 있는 병사. 투구는 금속제이다. 허리에 두른 도롱이는 동물의 털가죽 또는 식물의 잎으로, 여러 겹 늘어뜨려 방어구 역할을 하게 했다. 큰 망토는 깊은 상처를 방지하는 동시에 급소가 되는 동체를 겨냥하기 어렵게 만든다. 망토에 달린 작은 원형 물체는 망토를 아래로 늘어뜨리기 위한 추 역할을 하는 금속제 리벳으로 보인다.

라가시의 병사

라가시 도시유적에서 발굴된 부조 『독수리 석비』
(기원전 2400년경)에 그려진 병사. 양손으로 창
을 들었고 방패도 큰 것으로 보아 창병과 방패병
이 한 조를 이루었다고 추측된다. 이곳의 병사
들은 『우르의 스탠더드』와 같은 망토를 입지 않
았으나 방패에는 그 이상의 방어력이 있다.

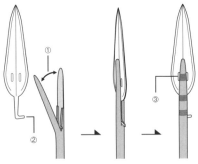

『독수리 석비』 일부. 전체적으로 묘사된
독수리에서 따온 이름이다.

창끝 장착 방법

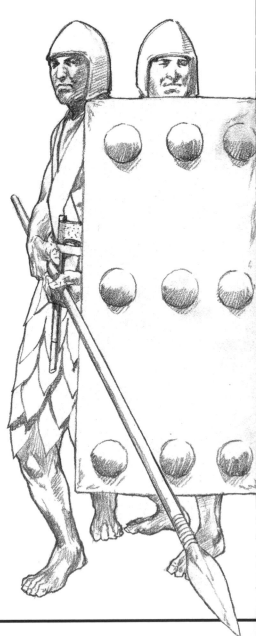

① 자루 끝을 둘로 쪼갠 다음 창끝이 딱 맞게 들어가도록 속을 깎아낸다.

② 창끝 삽입부 끝을 구부려 자루의 홈에 끼웠을 때 쉽게 빠지지 않도
　 록 한다.

③ 끈으로 묶어 고정한다. 창끝에 구멍이 2개 뚫린 것도 있는데, 한층
　 단단히 묶을 수 있었다.

■코피시

백병전에서 사용한 코피시. 청동제. 날은 곡선부 바깥쪽에 있으며 직선부에는 없다. 그러한 특징을 통해 짐작하기로 검이라기보다 손잡이와 타격부를 일체화한 전금속제 도끼라는 느낌이 강하다. 후대로 올수록 곡선부가 길어진다. 코피시는 이집트에서도 사용되었다.

「독수리 석비」 중 병사들의 선두에 묘사된 라가시 왕 에안나툼. 지휘관급 인물의 투구에는 후두부에 상투처럼 생긴 입체장식이 있다.

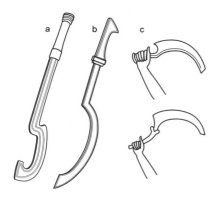

a) 기원전 2100년경.

b) 기원전 1300년경.

c) 이집트의 짧은 코피시 2종.
　기원전 16~13세기경.

■전투도끼

수메르의 전투도끼는 구리제로 가는 곡괭이(픽) 모양을 하고 있어 단단한 투구도 관통할 수 있었다. 도끼머리에 구멍을 뚫어 소켓처럼 자루에 끼우는 방식을 사용했다.

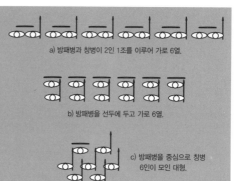

◆최초의 전투대형 · 에린◆

「독수리 석비」에 그려진 병사들은 방패를 나란히 늘어놓은 채 열을 맞춰 창을 내밀고 있다. 최초의 전투대형이라 추측되는 모습으로, 부조에 적힌 쐐기문자에서 따와 「에린」이라고 부른다. 한 조를 이룬 창의 개수를 보면 가로 6열인 것 같지만 정확히 어떤 모양이었는지는 알 수 없다. 오른쪽 그림은 어림짐작으로 묘사한 것.

a) 방패병과 창병이 2인 1조를 이루어 가로 6열.

b) 방패병을 선두에 두고 가로 6열.

c) 방패병을 중심으로 창병 6인이 모인 대형.

파라오의 군대

이집트 [신왕국 시대]

서로 독자적인 길을 걸었던 것처럼 보이는 이집트와 메소포타미아 문명 사이에도 교역과 민족이동을 통한 교류가 있었다. 주로 영향을 받은 이집트에서는 신왕국 시대 들어 메소포타미아의 채리엇과 갑옷을 사용하기 시작한다.

이집트의 채리엇

말 두 마리가 끄는 이륜 채리엇에 올라탄 람세스 2세. 아부 심벨 신전의 벽화를 바탕으로 재현했다. 이 파라오는 시리아의 카데시로 친정을 감행하여 채리엇 전투에서 히타이트를 격파한 것으로 유명하다(기원전 1285년). 전장을 누비며 화살과 투창을 퍼붓던 이집트의 채리엇은 차체 경량화를 꾀해 시속 38km로 속도가 빨랐다. 차체 뒷부분에 바퀴를 달아 선회 성능도 향상시켰다. 탑승원은 마부와 병사로 총 두 명. 람세스가 쓰고 있는 것은 제18왕조부터 파라오가 착용하기 시작한, 앞면에 코브라 장식이 달린 「푸른 왕관」(「케프레시」)이다. 기존에 불리던 「싸움의 투구」라는 말은 잘못된 표현. 몸에는 청동제 스케일(미늘)을 덧댄 기장이 긴 갑옷을 입었다. 채리엇 병사는 공격 시 양손을 모두 사용

해 방패를 들 수가 없었고, 따로 걸어 다닐 필요도 없었기 때문에 이렇게 기장이 긴 미늘 갑옷을 착용한 것이다.

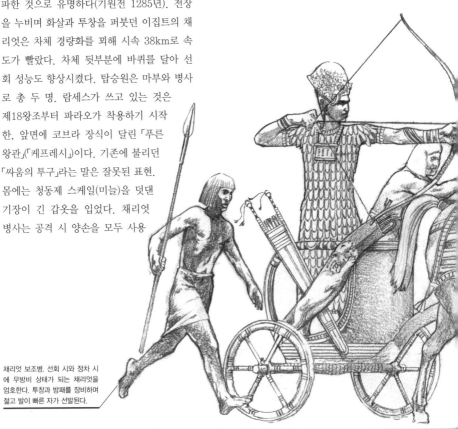

채리엇 보조병. 선회 시와 정차 시에 무방비 상태가 되는 채리엇을 엄호한다. 투창과 방패를 장비하며 젊고 발이 빠른 자가 선발된다.

◆ 채리엇 전술 ◆

채리엇을 활용한 전술에는 다음 네 가지가 있다.

a) 차체 위에서 창 등으로 직접 공격한다. 탑승원은 마부 한 명과 차체 좌우를 각각 담당하는 병사 두 명. 승차 인원이 세 명으로 많기 때문에 차체를 견고히 제작해야 하고 말은 세 마리 이상 필요하다.

b) 멀리서 빠르게 움직이며 원거리무기로 공격한다. 따라서 경량 구조일 필요가 있고 탑승원도 마부와 병사가 각 한 명씩으로 적다. 경량이므로 말 두 마리면 충분하다.

c) 일직선으로 돌격하여 적의 전열을 분단한다. 차체 앞면에 창, 옆면에 낫 모양 날붙이를 장착하기도 한다. 탑승원은 마부만으로 충분하나 차체가 무거워 아케메네스 왕조 페르시아의 것은 사두 채리엇.

d) 병사를 재빨리 이동시키는 데 사용한다. 타고 온 병사는 보병이 되어 싸운다. 채리엇은 후방으로 물러나 대기하고 있다가 후퇴할 때 다시 병사를 태우고 신속하게 철수한다.

■합성궁(컴포지트 보우)

한 가지 재료로 만드는 「단궁(單弓)」과 비교해 여러 가지 재료를 조합한 것을 「합성궁(合成弓)」이라고 부른다. 그림은 그 일례로서 나무, 동물의 힘줄, 뿔 등 서로 다른 재료를 아교로 붙여 만든 것. 힘이 실리는 부분을 힘줄로 보강하면 나무가 부러지는 한계를 넘어 시위를 당길 수 있다. 결과적으로 활심이 증가하여 활을 멀리까지 강하고 빠르게 쏠 수 있게 된다.

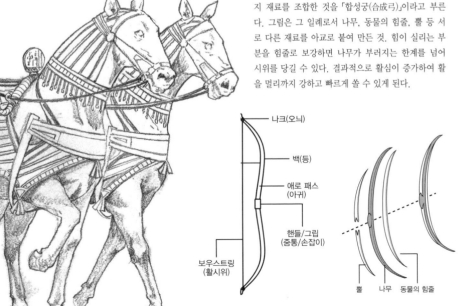

나크(오늬)

백(등)

애로 패스
(아귀)

핸들/그립
(줌통/손잡이)

보우스트링
(활시위)

뿔   나무   동물의 힘줄

오늘날 「메이스 액스」라고
부르는 독특한 도끼. 위력을
높이는 무게추로서 볼록한
구체가 달려 있으며 휘두를
때는 양손을 사용한다.

삼각형 모양의 활.
여러 가지 재질을
조합한 합성궁으로
추측된다.

신왕조 이집트 보병

보병의 일반적인 무기는 창과 도끼였다. 궁병
은 아부 심벨 신전 벽화에 등장하는 모습. 머
리를 완전히 삭발하여 전장의 보병과는 뚜렷
한 차이가 난다. 초상 속 람세스 2세의 발밑에
다수 그려져 있어 파라오의 친위대로 추측되
며 민머리는 그 표식이었던 것으로 보인다.

다양한 무기를 가진 보병들. 주무기로 창을 장비하고 보조무기로 코피
시, 곤봉, 메이스, 삼각형 단검 등을 사용했다.

도끼머리 형태의 변천

팔레스타인에서 쓰이던 닻 모양 **a) 앵커 액스**의 영향을 받은 것이 **b) 엡실론 액스**이다. 형태가 그리스 문자의 "ε"을 닮았다고 하여 오늘날 이렇게 불린다. **c) 덕빌 액스**는 동물인 오리너구리를 닮은 데서 유래한 이름. **d) 아이 액스**(눈 모양 도끼)는 도끼머리에 나란히 뚫린 구멍이 눈처럼 보인다고 붙여진 이름이다. **e)**는 신왕국 시대의 도끼머리. 도끼머리의 폭이 좁고 두꺼워 오늘날 도끼와 같은 익숙한 형태가 되었으나 이집트 특유의 끈으로 묶는 장착 방식은 여전히 유지되고 있다.

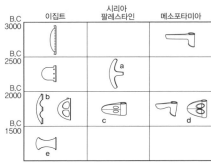

B.C	이집트	시리아 팔레스타인	메소포타미아
B.C 3000			
B.C 2500		a	
B.C 2000	b	c	d
B.C 1500	e		

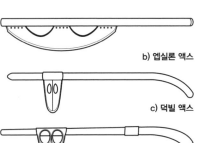

b) 엡실론 액스

c) 덕빌 액스

d) 아이 액스

샤르다나인 친위병

이집트군에는 주변 이민족 병사가 많이 포함되어 있었다. 시대가 흐르며 그들 용병에게 의존하는 비율이 늘어나 람세스 2세의 군단은 과반수가 이민족 용병이었다. 그들 중에는 파라오의 신변 경호를 맡은 사람도 있었는데, 샤르다나인 친위병은 기원전 13세기부터 이집트에 침입해 온 "바다민족"의 일파였다. 그들의 무장은 그들 고유의 것이었기 때문에 외견상으로는 "바다민족"과 아무런 차이가 없었다. 아부 심벨 신전 벽화에는 뿔 달린 투구에 원반을 장착한 친위병의 모습이 그려져 있는데, 아마도 적과 아군을 구분하는 유일한 표식이 이 원반이었을 것이다.

흉갑은 삶아서 단단하게 만든 가죽이다.

검은 강도를 높이기 위해 날밑 쪽을 넓은 삼각형으로 만들었으며 주로 찌르기에 사용했다.

영웅들의 시대

고대 그리스

트로이 전쟁(기원전 1250년경)을 무대로 한 호메로스의 대서사시 『일리아스』에는 아킬레우스를 비롯해 많은 영웅 전사가 등장한다. 과거에는 가공의 이야기로 여기던 트로이 공방전이지만, 현재에 이르기까지의 많은 고고학적 성과가 그 실상을 밝혀내고 있다.

미케네 귀족 전사

미케네 근교 덴드라에서 발굴된 청동제 갑옷(기원전 1400년경)을 바탕으로 재현한 전사. 거의 완전하게 신체를 보호할 수 있는 반면 동작이 크게 제한되어 민첩성이 떨어지기 때문에 채리엇을 타고 싸우는 신분 높은 전사가 입었을 것이라 추정된다. 투구는 돼지 이빨을 얇은 조각으로 만들어 실로 이은 것이다.

허리 아래쪽은 연결한 판금이 앞뒤로 갈라져 넓은 보폭으로 걸을 수 있다. 하지만 온몸이 단단히 고정된 것은 마찬가지라 혼자 걸어 다니면 적에게 쉽게 당했을 것이다.

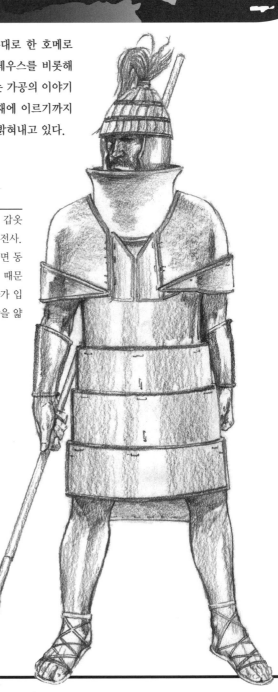

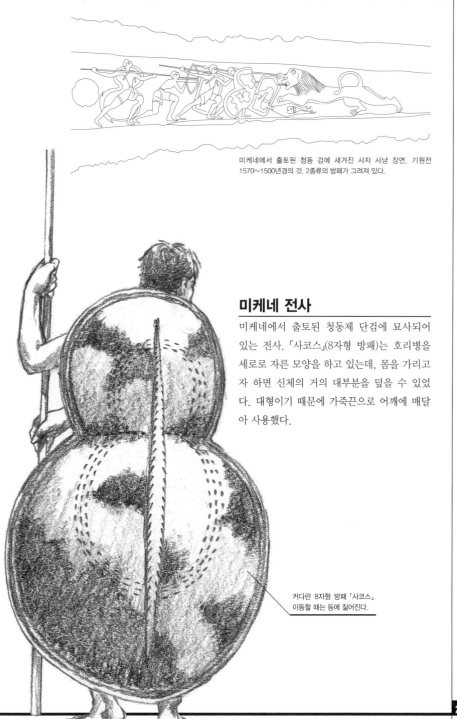

미케네에서 출토된 청동 검에 새겨진 사자 사냥 장면. 기원전 1570~1500년경의 것. 2종류의 방패가 그려져 있다.

미케네 전사

미케네에서 출토된 청동제 단검에 묘사되어 있는 전사. 「사코스」(8자형 방패)는 호리병을 세로로 자른 모양을 하고 있는데, 몸을 가리고자 하면 신체의 거의 대부분을 덮을 수 있었다. 대형이기 때문에 가죽끈으로 어깨에 매달아 사용했다.

커다란 8자형 방패 「사코스」. 이동할 때는 등에 짊어진다.

기병의 등장

아시리아

여러 세력이 다툼을 벌인 메소포타미아에서는 티그리스 강 상류 유역에 본거를 두고 있던 아시리아가 점차 세력을 확장하더니 마침내 최초의 세계 제국을 건설하기에 이르렀다. 아시리아는 거역하는 상대를 용서하지 않는 공포지배로 유명한데, 궁전에는 강대한 무력을 과시하기 위한 벽화가 장식되어 조공을 바치러 찾아오는 자들을 위압했다. 벽화에는 말을 탄 기병의 모습이 분명하게 그려져 있다.

아시리아 기병

아슈르나시르팔 2세 궁전의 벽화(기원전 9세기)를 바탕으로 재현한 기병. 주변 기마민족과 접촉한 아시리아는 사람을 태울 수 있도록 말을 개량하여 그때까지 사용되던 채리엇에서 기병으로 기동 전력을 교체하는 데 앞장선다. 창을 장비할 뿐만 아니라 활을 쏘는 기병도 있었으나 주변 기마민족만큼 정교하게 말을 다루지는 못했기 때문에 마상에서 활을 쏘는 기마궁병이라기보다도 기승해서 전장으로 나아간 다음 말에서 내려 활을 쏘는 궁병에 가까웠을 것이다.

역대 아시리아 왕의 궁전 벽화에 그려진 투구와 도검

왕명	투구	검
아슈르나시르팔 2세 재위 기원전 884년~기원전 859년 샬만에세르 3세 재위 기원전 859년~기원전 824년		
티글라트 필레세르 3세 재위 기원전 745년~기원전 727년		
사르곤 2세 재위 기원전 722년~기원전 705년		
센나케립 재위 기원전 705년~기원전 681년		
아슈르바니팔 재위 기원전 669년~기원전 626년		

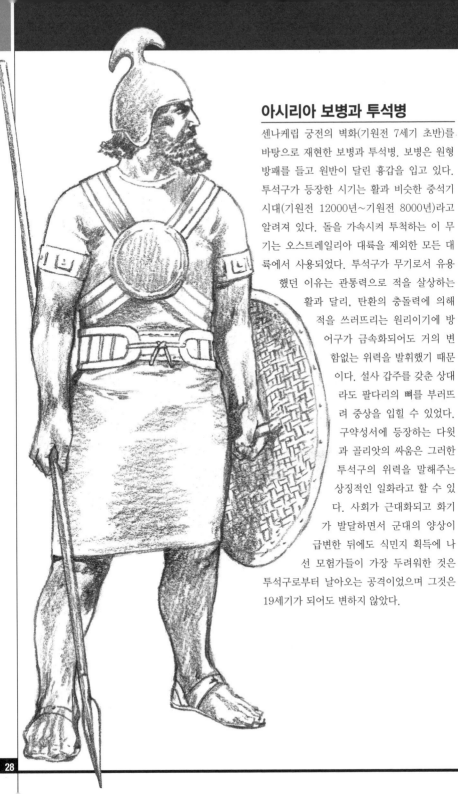

아시리아 보병과 투석병

센나케립 궁전의 벽화(기원전 7세기 초반)를
바탕으로 재현한 보병과 투석병. 보병은 원형
방패를 들고 원반이 달린 흉갑을 입고 있다.
투석구가 등장한 시기는 활과 비슷한 중석기
시대(기원전 12000년~기원전 8000년)라고
알려져 있다. 돌을 가속시켜 투척하는 이 무
기는 오스트레일리아 대륙을 제외한 모든 대
륙에서 사용되었다. 투석구가 무기로서 유용
했던 이유는 관통력으로 적을 살상하는
활과 달리, 탄환의 충돌력에 의해
적을 쓰러뜨리는 원리이기에 방
어구가 금속화되어도 거의 변
함없는 위력을 발휘했기 때문
이다. 설사 갑주를 갖춘 상대
라도 팔다리의 뼈를 부러뜨
려 중상을 입힐 수 있었다.
구약성서에 등장하는 다윗
과 골리앗의 싸움은 그러한
투석구의 위력을 말해주는
상징적인 일화라고 할 수 있
다. 사회가 근대화되고 화기
가 발달하면서 군대의 양상이
급변한 뒤에도 식민지 획득에 나
선 모험가들이 가장 두려워한 것은
투석구로부터 날아오는 공격이었으며 그것은
19세기가 되어도 변하지 않았다.

■투석구

끈 중앙에 탄환을 감싸는 가죽 혹은 천이 달려 있어 마
치 안대와 같은 형태였다. 매우 간단한 구조로 전체 길
이는 1m 정도. 무게는 0.3kg이 채 되지 않았다. 끈은
골풀이나 머리카락, 동물의 힘줄을 엮어서 만든다. 투
척하는 탄환으로는 손에 들기 적당한 크기의 돌, 초벌
구이를 한 점토(테라코타), 납 등이 사용되었다. 투석
구를 효과적으로 다루게 되기까지는 활보다도 장기간
의 훈련이 필요하다.

투석구 사용법

①
투석구 한쪽 끝에
있는 고리에 손가
락을 끼운다.

②
반대쪽 끝을 손
으로 쥔다.

③
탄환을 투석구 중
앙에 있는 돌받침
부분에 놓는다.

④
끈을 늘어뜨린다.

⑤
머리 위에서 끈을
회전시킨다.

⑥
속도가 충분히 붙으면 목표를 향해
쥐고 있던 끈을 놓는다.

고대 오리엔트의 공성 기술

도시의 성새화(城塞化)와 그에 대한 공격은 오랜 옛날부터 이루어졌는데, 거슬러 올라가면 이집트 선왕조 시대 후기(기원전 3000년경)의 석판에도 기록되어 있다. 아시리아 제국의 왕궁을 장식하던 벽화를 통해 여러 가지 공성 기술이 이미 존재했음을 확인할 수 있다.

공성방패

공성전 전용 대형 방패. 나뭇가지를 엮어 만드는데 성벽 위에서 퍼붓는 공격을 고려하여 방패 윗부분이 각진 모양이다. 사르곤 2세 궁전의 벽화(기원전 8세기 말)로부터.

아시리아의 공성 기술

아슈르나시르팔 2세 궁전의 벽화(기원전 9세기)에서 볼 수 있는 공성전 장면. 묘사된 공성 기술은 거대한 쇠뇌와 투석병기가 없는 것만 빼면 후대의 역사에서 나타나는 모습과 크게 다르지 않다.

사다리를 타고 성벽 위로 침입하려는 병사.

성벽에 뚫은 구멍으로 침입하려는 병사.

화살이 쏟아지는 와중에 갑주로 몸을 감싸고 성벽을 무너뜨리는 병사.

부낭(浮囊)을 끌어안고 도하작전을 실행하는 병사.

공성차

역대 아시리아 왕의 궁전 벽화에 등장하는 여러 가지 공성차. 파성추(램)를 이용해 성벽을 파괴하기 위한 것이다. 조작하는 병사들을 보호하기 위해 방벽이 설치되었고, 이동에 편리하도록 바퀴를 달았다.

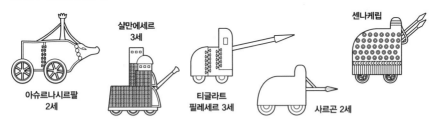

아슈르나시르팔 2세

살만에세르 3세

티글라트 필레세르 3세

사르곤 2세

센나케립

성추 달린 공성차. 상부는 공성탑처럼 되어 있다. 전방에서는 성을 지
는 병사가 쇠사슬 같은 것으로 파성추를 들어올리려 하고 있으며, 그
을 방해하려는 공격 측 병사도 그려져 있다.

성의 병사들을 향해 몸소 활을 쏘는 아슈르나시르팔 2세.

갱도를 파서 성벽을 파괴하고 침입하려는 인부들.

방패로 성병의 화살에서 몸을 보호한 채 활을 쏘서 성벽에 매달린 아군을 지원하고 있다.

민족의 모자이크군
아케메네스 왕조 페르시아

아시리아 멸망 후 대두한 것이 아케메네스가의 키루스가 이끄는 페르시아인이다. 종주국 메디아를 공략하고 리디아를 멸망시킨 그들은 이윽고 대제국을 건설하기에 이르렀다. 광대한 영토에는 다양한 민족이 존재했기 때문에, 제국은 그들을 소집하여 거대한 군대를 일으킬 수 있었다. 한편으로 그들 부대는 지역색을 간직하고 있어 페르시아군은 어느 시대에나 다국적군의 양상을 띠었다.

아타나토이

「아타나토이」는 아케메네스 왕조 페르시아의 정예 군단으로 정원이 1만 명이다. 의미는 "불사부대". 부대에 결원이 생기면 즉시 보충한 데서 붙은 이름이다. 그들이 장비한 창의 물미는 석류를 본떠 만들었고 금은으로 채색되어 있었다. 그런 아타나토이 중에서 다시 한 번 선발해 편제한 친위대가 「오이 멜로포로이」이다. 의미는 "황금 사과 창잡이들". 이름 그대로 창의 물미가 금색 사과 모양이었다. 궁정에서는 진홍색과 모과색 의상을 맞춰 입었는데, 그 모습은 페르세폴리스의 왕궁 통로 벽면과 수사의 아르타크세르크세스 2세(재위 기원전 404년~기원전 359년) 왕궁 벽면에 부조되어 오늘날까지 남아 있다.

석류를 본떠 만든 창의 물미.

메디아풍 아타나토이 **페르시아풍 아타나토이**   **오이 멜로포로이**

부조에 묘사된, 복장이 다른 아타나토이. 오른쪽
끝의 갑옷을 입은 오이 멜로포로이는 세 갈래로
갈라진 모자 등 전체적으로 메디아풍.

카르다케스

페르시아군의 밀집방진을 구성한 중장보병으
로 추측되는 병종. 다만 경장병이었다는 말도
있어 정설은 없다. 스트라본에 따르면 「카르다
」란 "용감하고 전투적인 행위"를 의미하며, 그
행위는 야영훈련 중에 산과 들에서 식량을 취
해 생활하는 것이었다고 한다. 또한 "그들은 5
세에서 24세에 걸쳐 궁술, 창술, 마술(馬術),
언론 등의 엘리트 교육을 받은 페르시아인 청
년으로 구성된 집단이었다"라고도 기록되어
있다. 군무기간은 길어서 20~50세 동안. 방
패, 활과 화살, 전투도끼를 장비하고 펠트 두
건을 쓴다. 흉갑은 비늘 모양 쇳조각을 연결한
것이었다.

페르시아인 기병

페르시아 제국의 기병은 대부분 경장으로 금속 갑옷을 착용한 것은 왕의 친위대 등 극히 한정된 부대뿐이었다. 기수는 물론 말까지 장갑을 갖춘 그들의 역할은 기마민족의 기마궁병이 쏜 화살을 받아치면서 그대로 적진을 돌파하여 적을 혼란에 빠트리는 것이었다. 페르시아 기병은 주변 기마민족과 달리 활이 아닌 투창을 장비했다. 근접전에서는 보다 짧은 창을 사용한다.

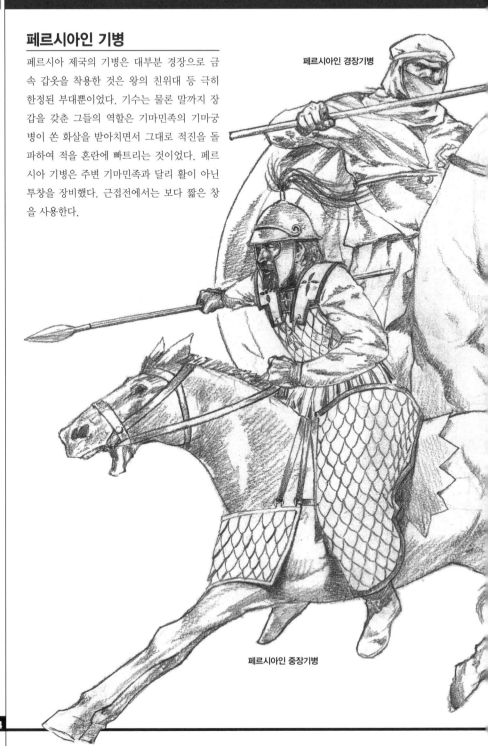

페르시아인 경장기병

페르시아인 중장기병

스키타이 기병

스키타이란 페르시아 북부에 거주하던 기마민
족이다. 페르시아인은 그들을 제압하고자 여
러 차례 원정을 벌였으나 그때마다 실패하고
오히려 크게 당한다. 한편 사카인이라 불리며
페르시아인에게 협력하던 무리도 있었다. 그
들은 중장 스케일(미늘) 갑옷을 입고 워 픽을
휘두르며 싸웠는데 마상에서 정확하게 활을
쏠 수도 있었다.

스키타이 기병

그리스식 밀집방진(팔랑크스)과 시민병

그리스 [고졸 · 고전기]

민족이동의 여파로 오랜 변동을 겪던 그리스가 다시 역사의 무대로 등장한 것은 기원전 8세기 이후였다. 그 무렵 그리스에는 "폴리스"라 불리는 도시국가가 점재하였는데, 우리에게 잘 알려진 미술품 등 친숙한 문물 대부분이 이 시대 이후에 제작된 것이다. 또한 같은 시기 폴리스의 시민사회는 군사전술상의 걸작을 탄생시킨다. 그것이 바로 「팔랑크스」이다.

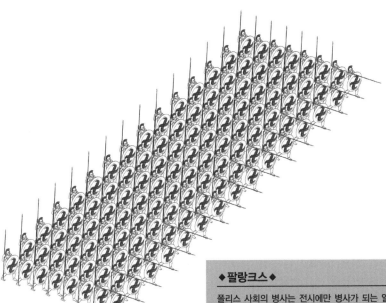

호플리테스(기원전 8세기 이전)

호플리테스는 오른손에 장창, 왼손에 「호플론」이라는 원형 방패를 든다. 방패는 상반신을 덮을 만큼 크지만 잡은 손 쪽 절반밖에 보호하지 못했다. 팔랑크스에서는 무방비 상태인 우반신을 오른쪽 옆의 병사가 막아주게 된다. 즉 그들 호플리테스는 팔랑크스를 구성하지 않으면 무적이라 불리는 힘을 발휘할 수 없었다. 오른쪽 페이지의 그림은 기원전 8세기 이전의 중장갑 호플리테스.

◆팔랑크스◆

폴리스 사회의 병사는 전시에만 병사가 되는 일반시민이었다. 따라서 개인의 역량이 떨어지는 것은 어쩔 수 없는 일이었는데, 이를 보완하기 위해 고안된 것이 밀집해서 싸우는 방진 대형 전술이다. 방패와 창을 장비한 「호플리테스」라 불리는 병사들을 서로 방패가 겹칠 정도로 가까이 붙인 상태에서 옆으로 줄지어 세우고, 그것을 앞뒤로 틈이 벌어지지 않도록 좁은 폭으로 여러 겹 만든다. 이 그리스 특유의 밀집방진을 「팔랑크스」라고 부른다. 밀집한 채 적을 향해 전진한다는 점이 큰 특징으로, 전면에 대한 방어력이 매우 높으며 유례없는 공격력을 자랑한다. 하지만 계속 밀집해 있어야 하므로 기동성이 떨어지고 측면 공격에는 취약하다.

호플리테스의 무기는 당초 두 자루의 투창이었다. 하나를 던지고 남은 하나로 백병전을 벌인다.

흉갑 「토락스」.

원형 대형 방패 「호플론」. 목제 틀 표면에 청동판을 씌웠다. 뒷면 중앙에 있는 밴드(고리띠)에 팔을 넣은 다음 가장자리에 있는 그립(손잡이 부분)을 잡고 지탱한다.

정강이받이 「크네미도스」.

■호플론

호플론의 지름은 1m 정도. 호플리테스라는 이름은 이 대형 방패에서 유래한다. 자신은 물론 왼쪽 옆 병사의 우반신도 방어했기 때문에 전장에서 방패를 잃는 것은 아군을 배신하는 행위로 무엇보다 불명예스러운 일이었다. 호플리테스와 팔랑크스에 있어 물심양면으로 필수 불가결한 방어구이다.

■아스피스

「아스피스」는 호플론 이전에 그리스에서 사용되던 청동제 원형 방패. 큰 것이라도 지름 45cm 정도였다. 방패 중앙에 손잡이가 있어 자유롭게 휘두를 수 있기 때문에 수비범위는 넓다. 방패 뒤에 있는 걸쇠에는 어깨에 메는 가죽띠를 달 수 있는데, 퇴각 시 목에 걸고 등을 보호했다. 호메로스의 「일리아스」에도 등장하며 기원은 기원전 7세기 이전까지 거슬러 올라간다. 도리아인이 기원이었을 것으로 추측된다.

기원전 8세기 이전외 츠플리테스는 머리를 완전히 덮는 투구를 썼다. 흉갑 외에도 허벅다리, 정강이, 위팔, 아래팔, 심지어는 발등과 고간을 보호하는 갑옷 부품까지 발견되고 있다. 전신을 감싸는 이 갑옷을 「파노플리아」라고 한다.

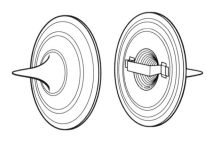

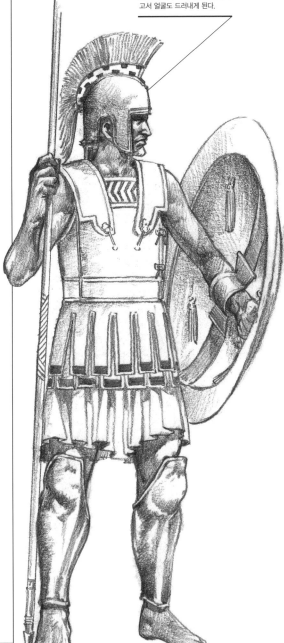

이전에 착용하던 머리를 완전히
덮는 투구로는 명령을 알아듣기
힘들었기 때문에 우선 귀를 드러
냈고, 다시 볼가리개 부분을 남기
고서 얼굴도 드러내게 된다.

호플리테스
(기원전 6세기~기원전 4세기)

기원전 6세기 말이 되면 호플리테스는
투창 대신 2~3m 정도의 장창을 장비
하게 된다. 이 창은 물미 부분도 뾰족
해서 넘어진 적을 찌를 수 있었다. 보
통 허리에는 짧은 검을 차고 있다가 창
이 부러지거나 떨어졌을 때 사용했다.
페르시아 전쟁 무렵(기원전 500년 전
후)부터 갑주가 차츰 경량화되어 결국
리넨(마직물)제 갑옷을 입게 되는데,
이는 호플론과 팔랑크스를 이용한 방
어 기술이 출중한 단계에까지 이르렀
음을 짐작하게 한다.

리넨제 갑옷 장착 방법. 동체에 감고 끈으로 고정한 다
음 어깨띠를 앞으로 가져와 이것도 끈으로 묶는다. 뒤에
서 보면 목을 보호하는 옷깃이 달려 있다. 비스듬한 자
세를 취해도 목을 방어할 수 있다.

물방울형 필로스식 투구. 기원전 5세기 말부터 사용되었다.

라케다이몬 병사(기원전 5세기)

육군 대국으로 유명한 스파르타와 그 지배에 복종하던 근린 주민을 "라케다이몬"이라 부른다. 스파르타가 군사행동을 일으킬 때는 그들도 보통 라케다이몬군으로서 함께 행동했다. 그림은 기원전 5세기 무렵의 라케다이몬군 호플리테스. 처음에는 중장 갑옷을 입었으나 전장에서 기동성이 중시되면서 갑옷이 점차 생략되더니 마침내 투구와 붉은 의복, 그리고 호플론만 남았다. 옷이 붉은색이었던 것은 상처를 입어도 눈에 띄지 않아 적을 속일 수 있었기 때문이다. 또한 이상할 정도로 길게 기른 수염과 뒷머리는 적보다 한층 키가 크고 당당하며 무섭게 보인다는 이유에서였다. 이러한 특징을 통해 라케다이몬 병사는 한눈에 구분할 수 있었다.

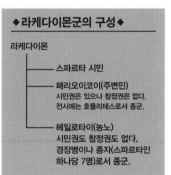

◆라케다이몬군의 구성◆

라케다이몬

├── 스파르타 시민

├── 페리오이코이(주변민)
　　시민권은 있으나 참정권은 없다.
　　전시에는 호플리테스로서 종군.

└── 헤일로타이(농노)
　　시민권도 참정권도 없다.
　　경장병이나 종자(스파르타인 하나당 7명)로서 종군.

이피크라테스의 호플리테스

기원전 4세기 초반의 일이다. 아테네의 용병 대장이던 이피크라테스(기원전 415년~기원전 353년)가 새로운 타입의 호플리테스를 고안한다. 병사들이 통상보다 긴 4m가량의 창을 장비하는 한편 기동성과 운동성을 높이기 위해 방어구의 철저한 경량화가 이루어졌다. 정강이받이가 사라지는 대신 부츠 같은 신발을 신었고 방패는 지름 60cm 정도로 작아졌으며 리넨 갑옷도 보다 부드러운 천을 누빈 것으로 변경되었다.

라케다이몬의 호플론 표면에는 라케다이몬의 머리글자 「Λ」(람다)가 그려져 있었다. 마찬가지로 다른 폴리스도 자신들의 폴리스를 상징하는 형상을 그렸다.

시키온.
이름의 머리글자 「Σ」(시그마)
나 고문자 「C」.

테베.
헤라클레스의 곤봉.

아테네.
여신 아테나에서 연유한 메두
사(고르곤)의 머리.

■그리스 투구(코리스)

고대 그리스 투구(「코리스」)의 역사는 케겔식과 코린트식의 두 가지 타입에서 시작된다.

a) 케겔식. 기원전 8세기 무렵의 것으로 아르고스에서 발견되었다. 완전한 형태로 남아 있는 것 중에서는 가장 오래된 유물. 「케겔」은 독일어로 "원뿔"이라는 뜻.

b) 코린트식. 기원전 8세기 무렵의 것.

c~e) 일리리아식. 케겔식에서 발전한 것. 기원전 5세기까지 사용된다.

f, g) 코린트식. 밑변에 패인 부분이 있어 전투 시 이외에는 투구를 귀에 걸어 올리고 있을 수 있다.

h) 코린트식 개량형. 귀 부분이 드러나 있다. 코린트식은 이것을 마지막으로 기원전 5세기 초에 소멸한다.

i) 밀로스식. 코린트식의 발전형이지만 그다지 사용되지 않았다.

j) 칼키디케식. 코린트식의 발전형으로 활발히 쓰인 것 (최초로 귀를 드러냈다).

k) 칼키디케식. 볼가리개가 경첩으로 가동된다.

l) 아티카식. 코가리개가 사라지고 볼가리개가 경첩으로 가동된다.

m, n) 코린트 · 에트루리아식. 이탈리아 반도에서 발달한 코린트식 투구. 로마군도 사용했다.

o) 필로스식. 동명의 펠트 모자와 형태가 닮은 데서 유래한 이름이다.

p, q) 트라키아식. 투구에 차양이 있으며 볼가리개가 뾰족하다. 수염 모양 부조는 이 투구에서 자주 보이는 장식.

r) 보이오티아식. 기병용으로 전방의 시야를 고려한 투구.

기원전 8세기

기원전 7세기

기원전 6세기

기원전 5세기

기원전 4세기 이후

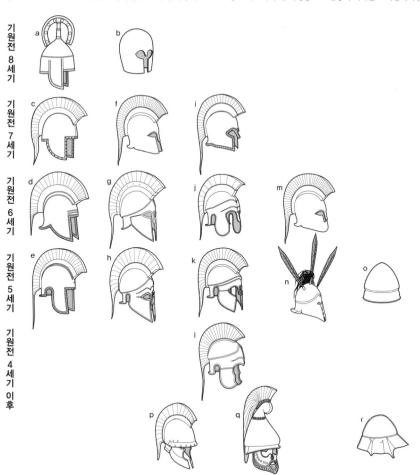

펠타스테스

「펠타스테스」는 경장보병의 일종으로, 투창과 트라키아 지방에서 전래된 「펠테」라 불리는 가벼운 방패를 장비했다. 그리스의 경장보병에는 그 밖에 프실로이(활을 휴대), 김네티아(투석구를 휴대) 등이 있다. 경장보병은 글자 그대로 가벼운 무장을 한 병사를 말하는데 활과 투석구, 투창 등의 원거리무기를 주무기로 사용했다. 적과 직접 칼부림을 하는 것이 아니라 원거리무기로 떨어진 곳에서 공격하다가 적이 접근하면 백병전을 회피하고 도망친다. 따라서 몸이 가벼울 필요가 있는 것이다. 그러나 펠타스테스만은 경장보병이면서 다른 병종과 달리 창을 들고 전열을 유지하며 백병전을 벌일 수 있었다.

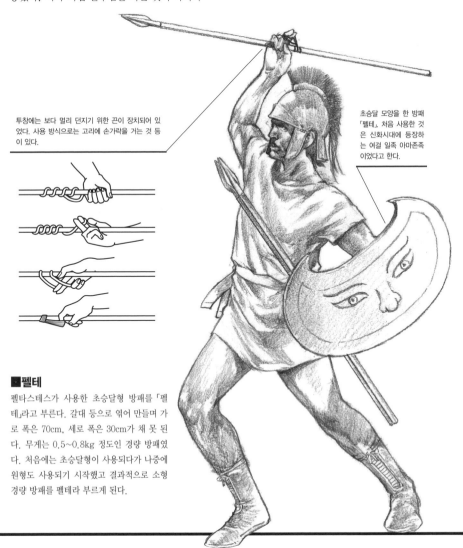

투창에는 보다 멀리 던지기 위한 끈이 장치되어 있었다. 사용 방식으로는 고리에 손가락을 거는 것 등이 있다.

초승달 모양을 한 방패 「펠테」. 처음 사용한 것은 신화시대에 등장하는 여걸 일족 아마존족이었다고 한다.

■펠테

펠타스테스가 사용한 초승달형 방패를 「펠테」라고 부른다. 갈대 등으로 엮어 만들며 가로 폭은 70cm, 세로 폭은 30cm가 채 못 된다. 무게는 0.5~0.8kg 정도인 경량 방패였다. 처음에는 초승달형이 사용되다가 나중에 원형도 사용되기 시작했고 결과적으로 소형 경량 방패를 펠테라 부르게 된다.

트라키아인 병사

트라키아인은 그리스 북방의 산악지대에 거주하던 민족. 기마민족이기에 우수한 기병으로서 알려졌지만 동시에 우수한 경장보병이기도 했다. 그리스인은 그들을 야만족으로 여기면서도 한편으로는 약간이나마 문화를 받아들여 펠테를 도입했고, 펠타스테스의 전투양식 또한 트라키아인의 것을 토대로 하였다.

롬파이아.

■롬파이아

트라키아인 특유의 무기로 「롬파이아」라 불리는 양손검이 있다. "숲 속에서 사용하기에는 너무 길지만 적이 탄 말의 다리를 절단할 수 있다"고 여겼다. 전체 길이는 1~2m. 도신이 낫 모양으로 굽었고 낫처럼 구부러진 안쪽에 날이 있다. 손잡이 길이와 날 길이가 거의 같은데 손잡이는 목제였을 것으로 짐작된다. 트라키아인은 죽인 적의 머리를 칼끝에 꽂아 높이 들고 위협했다.

위대한 왕이 만든 군대

마케도니아

고대 그리스인이 일컫는 소위 그리스 세계의 변경,
야만의 땅 마케도니아. 얄궂게도 그리스인들은 그
땅의 왕 두 사람을 맹주로 받드는 처지에 놓인다. 필
리포스 2세(재위 기원전 359년~기원전 336년)와
알렉산드로스 3세(대왕. 재위 기원전 336년~기원
전 323년)이다. 이 부자 두 사람의 위대함은 그리스
식 군대를 개량하여 그 전술을 완성시킨 데 있었다.

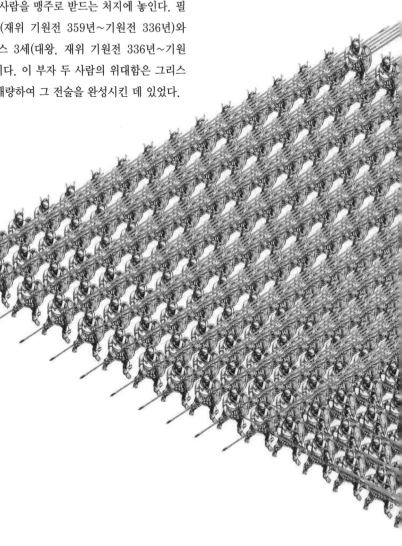

◆마케도니아식 팔랑크스◆

횡렬과 종렬의 병사가 밀집하는 방진 대형 자체
는 과거의 팔랑크스와 다르지 않다. 유일한 최대
의 차이는 병사들이 「사리사」라 불리는 터무니없
이 긴 창을 장비한다는 것이다. 최전열에서 5열
까지의 병사가 이 긴 창을 앞으로 내밀어 빈틈없
는 태세를 취하고 적을 향해 다가간다. 병사들은
힘찬 함성을 지르며 전진했다.

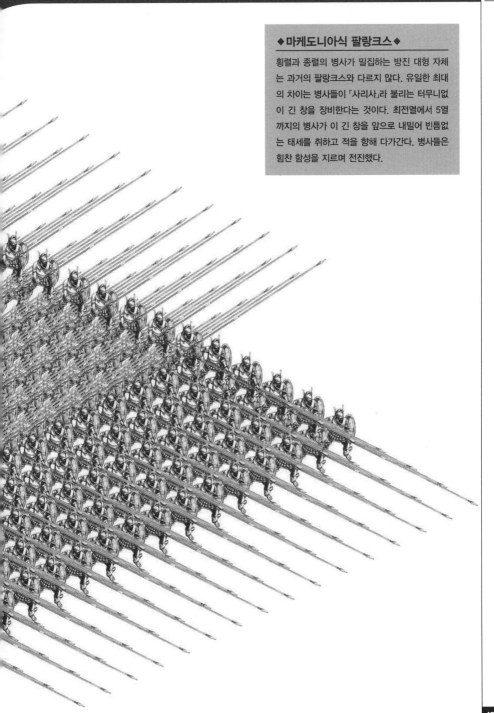

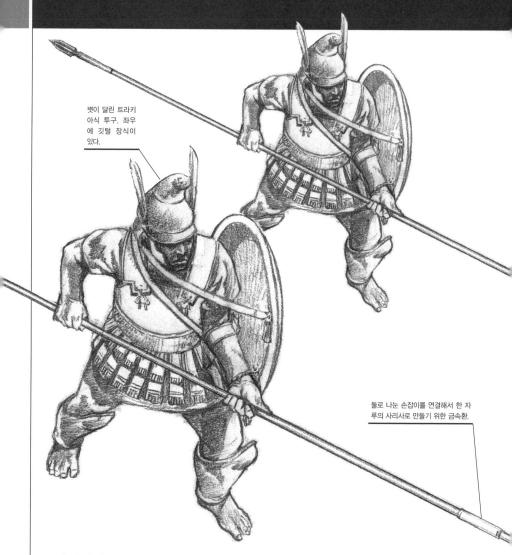

벗이 달린 트라키
아식 투구, 좌우
에 깃털 장식이
있다.

둘로 나눈 손잡이를 연결해서 한 자
루의 사리사로 만들기 위한 금속환.

페제타이로이

마케도니아식 팔랑크스를 구성하는 병사는 호
플리테스라 부르지 않고 마케도니아풍으로 「페
제타이로이」라고 부른다. 의미는 "보병 헤타이
로이". 필리포스 2세가 직접 창설한 군제하에
서의 미칭(美稱)으로 기병 헤타이로이를 본떠
이름 붙여졌다. 마케도니아 전토에서 선발한
농목민 출신의 일반 성인 남성으로 이루어지며
유사시 필요에 따라 징집되었다.

■사리사

마케도니아군 특유의 장병창(長柄槍)이 「사리사」이다.
전체 길이는 5.5~6m, 창끝 부분만 50cm, 물미 부분
이 45cm, 무게는 7kg이나 된다. 창끝 길이는 늦어도
기원전 4세기에 55cm까지 달한다. 보병과 기병 모두
장비하지만 기병용 사리사는 조금 짧아 4.5m 정도였
다. 이처럼 긴 길이는 멀리서 적을 찌를 때 유용할 뿐
아니라, 방진을 정비하고 대형을 유지하는 척도가 되
기도 한다.

히파스피스타이

유사시에만 징집되어 한정된 기간 동안 병역을 수행한 페제타이로이와 달리 상비군으로서 활동한 것이 「히파스피스타이」이다. 왕국 전역에서 선발된 대원은 장기간에 걸쳐 병영에서 훈련을 받는다. 그래서 무예가 뛰어나고 사기도 왕성했다. 그야말로 마케도니아군의 정예 보병부대라 할 수 있다. 왕을 따라 함께 다녔기 때문에 명예 부대로서의 지위를 가진다. 무장은 페제타이로이와 같은 것을 장비했다.

마케도니아군의 방패에는 하늘의 별을 모티브로 한 문양이 그려져 있었다.

기원전 4세기 초기.

기원전 3세기 초기.

기원전 2세기 초기.

◆망치와 모루◆

그리스 세계의 기병 전력은 보통 전열을 짠 보병부대의 측면을 방어하거나 패주하는 적을 추격하는 데 활용되었다. 점차 기동력을 살린 타격 전력으로 주목받기는 하였으나, 실제 타격 전력으로서 완성도를 갖춘 것은 마케도니아군 기병이 최초였다. 마케도니아군에서는 마치 대장장이가 사용하는 "모루"처럼 보병부대가 적 부대를 받아내 발을 묶어놓으면, 옆에 배치된 기병이 빈틈을 파고 적 전열을 돌파한 다음 "망치"가 되어 발이 묶인 적 부대를 배후에서 포위, 타격했다. 이 전술을 "망치와 모루"라고 부른다.

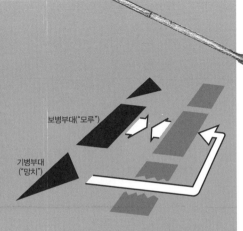

보병부대("모루")

기병부대("망치")

헤타이로이

마케도니아군 정예 기병부대. 「헤타이로이」라
는 말에는 "동료", "같은 편", "왕의 친구"라는
의미가 있다. 마케도니아 왕과 특히 친밀한
관계에 있던 집단을 가리키며, 모두 왕 직속
의 기병으로서 종군했기 때문에 "기병 동료"
라고도 의역된다. 보병보다는 짧은 4.5m짜리
기병용 사리사를 장비했는데 이것에는 「크
시스톤」이라는 이름도 있다. 중세의 랜
스(기병창)와 마찬가지로 마상 돌격
에서는 길이의 이점을 살려 일방적
으로 적을 분쇄했다. 창끝이 양쪽
에 달려 있어 일반적으로 손잡이
가 부러졌을 때의 대비용으로
인식되지만 창을 수평으로 유

지하기 위한 추 역할도 했을 것이다. 장대한
길이 탓에 방패를 들 수 없어 방어에는 취약한
면이 있었다.

프로드로모이

주로 정찰과 초계를 임무로 하던 기병부대. 따라서 "전초기병(前哨騎兵)"으로도 의역된다. 임무의 성격상 기동력과 민첩함 양쪽이 요구되기 때문에 방어구가 투구뿐인 경장이다. 갑옷을 입지도 방패를 들지도 않았다. 무기는 임무에 따라 바꿔 들었는데 정찰에서는 단창과 투창, 전투에서는 사리사를 장비했을 것으로 추측된다. 그래서 마케도니아군에서는 별명「사리소포로이」라고도 불렀다.

◆기병의 대형◆

a) 방진 대형

그리스에서 흔히 사용되던 사각형 대열. 일반적으로 가로 16기, 세로 8기, 합계 128기로 구성했다. 선두가 변으로 이루어지기 때문에 방향 전환을 위해서는 크게 선회해야 한다(그림의 하얀 네모는 지휘관).

b) 마름모 대형

페라이의 참주 이아손이 고안한 대열. 방진 대형을 45도 기울여 꼭짓점에 지휘관급을 배치한다. 그 자리에서 방향을 바꿔 전후좌우 어느 한 쪽 꼭짓점을 선두로 삼기만 하면 되므로 부대의 방향 전환이 용이하다.

c) 쐐기 대형

마케도니아의 필리포스 2세가 고안한 것. 마름모 대형의 개량판. 마름모를 중앙에서 잘라 삼각형(쐐기형)으로 만듦으로써 마름모 대형이 가진 방향 전환의 용이함을 유지하면서 때때로 불필요해지는 뒤쪽 반의 전력을 없앴다.

고대 군대의 견본시장

후계자(디아도코이) 시대

알렉산드로스 사후 제국은 "후계자"(디아도코이)가 되려는
부하 장군들에 의해 분할되어 헬레니즘 3왕국이라 불리는 셀
레우코스 왕조 시리아, 프톨레마이오스 왕조 이집트, 안티고
노스 왕조 마케도니아가 성립한다. 그리스풍 부대뿐 아니라
각 지역에서 모을 수 있는 부대를 전부 합쳐 편제한 군대는
마치 고대 군대의 견본시장 같은 양상을 띠었다.

중장 페제타이로이

길어진 전쟁으로 상실한 우수한 기병부대 대신 타격
부대로서 편제된 것이 중장 페제타이로이였다. 이로
써 적 전열의 발을 묶는 것이 주 임무였던 보병부대가
기병과 마찬가지로 적 전열을 무너뜨리는 임무를 맡
게 된다. 이러한 변화에 맞춰 방어력을 높이고자 무거
운 갑옷을 입었고 사리사도 보다 길어져 6.4~7.3m
까지 달했다. 하지만 결과적으로는 기동성을 잃어버
리고 패배의 길을 열었을 뿐이었다.

아르기라스피데스

「아르기라스피데스」는 "은방패부대"라는 뜻이다. 알
렉산드로스가 인도 원정을 벌일 때 편제한 정예부대
로 은제 방패를 장비했다고 하여 그렇게 불렀다. 후계
자 전쟁 초기에도 큰 역할을 담당한다. 구성원이 고령
임에도 불구하고 무패를 자랑했는데, 그런 점에서 사
리사를 이용한 전법에는 오랜 경험으로 배양되는 어
떠한 전투 기술이 존재했으리라 짐작된다. 그림은 은
방패부대가 사용한 방패의 문양. 장
비는 페제타이로이와 동일하다.

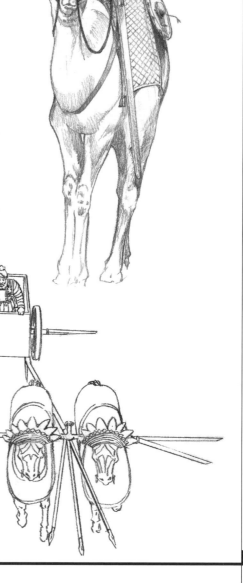

낙타 기병

단봉낙타에 올라탄 아랍인 낙타 기병. 셀레우
코스 왕조 시리아에서 찾아볼 수 있다. 일반적
으로 활을 사용했지만 근접전에서는 키가 큰
낙타 위에서도 적을 찌를 수 있는 길이 1.8m
의 가늘고 긴 검을 장비했다.

■셀레우코스 왕조 시리아의 채리엇

기원전 190년의 마그네시아 전투에서 셀레우코스 왕
조 시리아가 로마군을 상대로 채리엇을 사용했다는 기
록이 남아 있다. 마구(馬具) 전방과 좌우에 길이
120cm의 스파이크가 달려 있고, 바퀴에도 측면과 대
각선 아래를 향해 길이 90cm의 스파이크를 장착했다.
페르가몬에서 발견된 채리엇 부조를 보면 기마와 조종
병은 중장 갑옷을 착용하고 있어, 경이로운 수준까지
타격력을 끌어올렸음을 짐작하게 만든다.

고대 그리스를 통해 보는 병기의 기원

군사의 역사를 크게 진전시킨 것은 그리스인이었다. 그들은 전략과 전술을 비롯한 소프트
웨어뿐만 아니라 병기 개발 등 하드웨어 분야에서도 열심이었다. 그중에는 후세에 사용되
는 병기의 조상이라고 부를 만한 것들도 있다.

가스트라페테스

가장 오래된 쇠뇌로 알려져 있다. 이름의 의
미는 "배에 대는 활". 둥글게 구부러진 손잡
이를 복부에 대고 활이 움직이지 않도록 고정
한 다음 시위를 당긴 데서 유래한다. 기원전
2세기에 활약한 기술공학가 비잔티움의 필론
이 쓴 『기계학편람』에 소개되어 있다. 다만
중세 유럽에서 사용한 크로스보우와의 관련
성은 불명.

손잡이 부분이 방해되
므로 사격 시에는 두
갈래로 갈라진 막대를
지지대로 쓰거나 바위
같은 것 위에 올려놓
고 쐈다.

화염분사기

거대한 통나무 속을 도려내고 철판으로 보강
하여 파이프 형태를 만든 것. 후미의 풀무를
이용해 파이프 안으로 공기를 보내면, 선단에
매달린 솥에서 세찬 불길이 솟아올라 성벽의
목조 부분에 옮겨붙어 불태웠다. 크기가 거대
했기 때문에 동체 부분에 바퀴를 달아 인력으
로 움직였을 것이다.

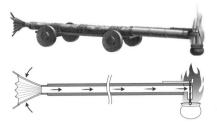

카타펠테스

「사출기」 또는 「노포(弩砲)」. 대형 화살이나
돌덩이를 기계적인 장치로 발사하는 병기. 주
로 공성전에서 사용되었으나 필리포스 2세는
강을 건너 퇴각하는 아군을 원호하기 위해 야
전에서 사용했다. 공성전에 사출기(캐터펄트)
를 최초로 도입한 것은 알렉산드로스 대왕이
었다고도 전해진다.

에니토니온

대형 화살을 사출하는 데 사용한 "비틀림식" 노포. 그리스어로 「에니토니온」(또는 페트로볼로스)이라 부른다.

팔린티온

돌을 사출하는 노포. 그리스어로 「팔린티온」(또는 리토볼로스)이라 부른다.

헬레폴리스

"도시를 파괴하는 자"라는 뜻. 데메트리오스(마케도니아 왕. 재위 기원전 294년~기원전 283년)가 로도스를 공격할 때 사용한 거대 공성탑이다. 높이 45m. 디오도로스에 따르면 "9층+1층" 구조이며 "+1층"인 창문 없는 최하층은 한 변이 20m, 최상층은 한 변이 9m로 올라갈수록 좁아졌다고 한다. 최하층은 동력실이었는데 전군에서 선발된 힘센 병사 3,400명이 노처럼 생긴 봉을 조작하여 탑을 움직였다. 각각의 바퀴는 방향을 자유롭게 바꿀 수 있도록 키가 달린 차축을 가졌기 때문에 앞뿐만 아니라 옆으로도 이동할 수 있었다.

전면과 측면에는 불이 붙지 않도록 철판을 덧대었다.

내부 각층에는 혼란을 피하기 위해 2개의 계단을 설치하여 상향과 하향으로 나누어 사용했다.

바퀴의 크기는 지름 4.5m, 폭 1.5m. 표면을 철판으로 보강하였으며 좌우에 각각 4개씩 달려 있었다.

전면의 문은 날아온 돌이 튕겨나가도록 양가죽으로 덮었다. 안에서 열고 닫을 수 있다.

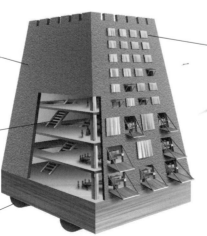

고대 최강으로 이름 높은 군대

마우리아 왕조 인도

알렉산드로스 대왕의 인도 원정에 참가하여 그의 전술과 전략을 학습한 찬드라굽타(재위 기원전 316년~기원전 293년경)는 인도에 자신의 왕조를 세운다. 고대 인도의 군대는 예로부터 보병, 기병, 전차(채리엇), 전투 코끼리의 4군으로 이루어졌으며 동시대 군대 가운데 최강의 장비를 자랑했다고 한다.

고대 인도 보병

마우리아 왕조의 병사는 왕의 고관과 관리에 버금가는 신분으로 급료를 지급받는 직업군인이었다. 보병은 자기 키만 한 활을 사용했고 화살도 약 1.4m로 길었다. 그 위력에 대해서는 "겉보기만큼 대단치는 않다" 혹은 "어떤 흉갑이라도 꿰뚫는다"라는 정반대의 의견이 존재하지만, 화살촉에 독을 바른 것은 사실이다. 활을 장비하지 않는 보병은 세 갈래 창끝을 가진 투창과 대검을 장비한다. 검 또한 장대한 것으로 길이가 1.3m를 넘는다. 백병전에서는 방패를 버리고 날이 넓은 이 대검을 양손으로 들고 싸웠다. 갑옷은 주로 귀족들이 입었고 일반병사는 기껏해야 방패를 장비할 뿐이었다. 방패도 역시 길어서 폭이 몸의 너비보다 좁은 반면 길이는 신장에 필적했다.

활 쏘는 법이 독특하다. 활고자(끝 부분)를 지면에 대고 왼발 발가락 사이에 끼워 고정한 다음 시위를 당긴다.

고대 인도 기병

기병은 사우니온형 투창 두 자루를 들고 보병
보다는 작은 방패를 장비한다. 말에는 안장을
얹지 않고 재갈도 물리지 않는다. 대신 수를
놓아 보강한 가죽을 말의 입가에 감았다.

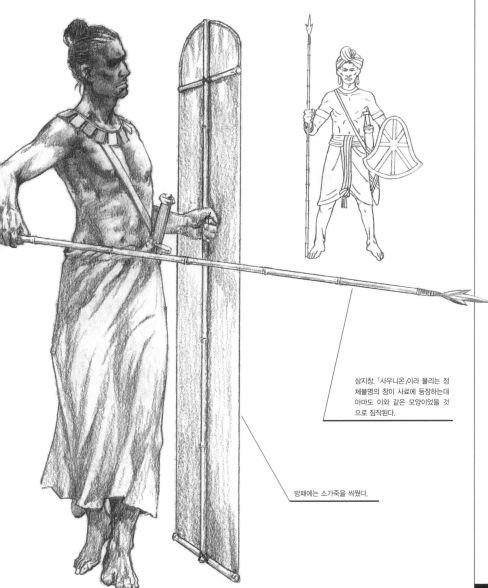

삼지창. 「사우니온」이라 불리는 정
체불명의 창이 사료에 등장하는데
아마도 이와 같은 모양이었을 것
으로 짐작된다.

방패에는 소가죽을 씌웠다.

고대 인도의 전투 코끼리

왕후귀족의 것으로 여겨지기는 했으나 인도에서는 코끼리를 길들여 탈것으로 이용했다. 따라서 전장에 투입된 것도 어쩌면 당연한 일이라 할 수 있다. 탑승원은 코끼리 기수를 포함해 4명. 기수가 목 위에, 나머지 3명이 등 쪽에 올라탔다. 이후의 헬레니즘 세계와 달리 코끼리에 망루는 싣지 않는다. 왕을 비롯한 귀족 계급이 타는 경우 일산(日傘)을 든 병사가 바로 뒤에 동승한다.

궁전 경호병

고대 인도 대부분의 왕조에는 여성 경호병이
있었다. 아마도 인도 신화에 등장하는 파괴의
여신 칼리의 영향일 것이다. 셀레우코스 왕조
시리아의 사절이 찬드라굽타 왕을 알현했을
때 목격한 여성 경호병은 의복을 입지 않고 검
만 장비한 채 왕의 주위에 있었다고 한다. 그
녀들이 전쟁에까지 참가했는지 여부는 알 수
없지만 사냥 등의 야외 행사는 수행한 것으로
알려져 있다.

고대 인도의 채리엇

코끼리의 뒤를 이어 왕후귀족의 탈것으로 애
용된 것이 사두 채리엇이다. 사두 채리엇의 탑
승원은 6명. 투창병 2명, 궁병 2명, 마부 2명
으로 구성되었다. 병사를 전선까지 이동시키
는 용도였으며 탑승원을 내려주고 후방에서
대기했다. 때로는 마부도 투창을 가지고 함께
전투에 참가한다. 그림은 사본에서 볼 수 있는
채리엇. 그림에 묘사된 전차 위에서 활을 쏘는
모습은 실제 용법과는 다를 것이다.

고대 아시아 · 아프리카의 전투 코끼리

서양 군대가 최초로 전장에서 다수의 전투 코끼리와 대면한 것은 알렉산드로스 대왕의 인도 원정 때였다. 처음에는 줄지어 늘어선 코끼리의 위용에 눈이 휘둥그레지던 그리스인도 대왕 사후의 후계자 전쟁에서는 많은 전투 코끼리를 전장에 투입했고, 마침내 전투 코끼리 부대가 극히 일반적인 것으로 인식되기에 이른다.

후계자 전쟁 초기의 전투 코끼리

전투 코끼리에는 보통 몇 사람의 병사와 함께 「인더스」라 불리는 코끼리 기수가 탑승하여 안쿠스라는 조련봉을 휘둘렀다. 후계자 전쟁 초기에는 병사들이 직접 코끼리 위에 걸터앉았는데, 떨어지지 않도록 코끼리 동체에 밧줄을 감고 거기다 자신들의 몸을 묶었다.

프톨레마이오스 왕조 이집트의 전투 코끼리

고대에는 아직 북아프리카 연안에 삼림지대가 펼쳐져 있어 그곳에서 코끼리가 생식했다. 고대의 기록에 등장하는 아프리카코끼리란 이 지역에 살던 사헬코끼리를 말하며 현재의 둥근귀코끼리가 그 후손으로 알려져 있다. 이때의 아프리카코끼리는 현대의 아프리카코끼리와 달리 인도코끼리보다도 작았다. 프톨레마이오스 왕조 이집트가 사용한 전투 코끼리는 이 소형 코끼리이다.

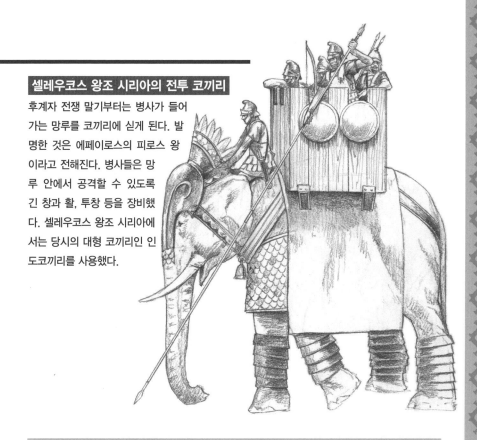

셀레우코스 왕조 시리아의 전투 코끼리

후계자 전쟁 말기부터는 병사가 들어가는 망루를 코끼리에 싣게 된다. 발명한 것은 에페이로스의 피로스 왕이라고 전해진다. 병사들은 망루 안에서 공격할 수 있도록 긴 창과 활, 투창 등을 장비했다. 셀레우코스 왕조 시리아에서는 당시의 대형 코끼리인 인도코끼리를 사용했다.

●전투 코끼리의 효과와 대책●

처음 전투 코끼리를 본 병사들은 그 크기에 경악하고 동요했다. 기원전 1세기에는 카이사르가 브리타니아(지금의 영국) 원정에 코끼리 몇 마리를 동원했는데, 겨우 몇 마리에 불과했지만 코끼리를 처음 본 그곳의 켈트인은 놀라 도망쳤다고 한다. 또한 말을 비롯한 다른 동물들은 코끼리 냄새를 싫어해 혼란에 빠졌다. 그래서 우군의 말은 코끼리 옆에서 사육하여 코끼리에게 익숙해지게 만든다. 전장에서의 전투 코끼리 대책은 주로 진로를 방해하는 쪽으로 이루어져 프톨레마이오스 왕조에서는 병사들에게 「카라쿠스」를 들게 했다. 이것은 끝을 뾰족하게 깎은 나무 말뚝을 쇠사슬에 연결한 것으로 돌진해오는 전투 코끼리의 진로를 가로막는 데 쓰였다. 기원전 3세기에는 로마인이 에페이로스 왕 피로스의 전투 코끼리에 맞서 특수한 장치가 된 짐수레로 대항한다. 소가 끄는 사륜거에 자유롭게 움직이는 가로대를 단 것인데 여기에는 낫, 쇠스랑, 횃불이 달려 있었다. 그 밖에도 돼지에 불을 붙여 풀어놓는 등 로마인은 전투 코끼리 대책에 지혜를 짜냈으나 로마의 장군 스키피오가 카르타고의 전투 코끼리 부대를 상대로 사용한 전술만큼 세련된 것은 없을 것이다. 그는 아군 전열에 틈을 만들어 돌진해오는 전투 코끼리 부대를 통과시킨다. 흥분한 코끼리는 조련사조차 제어하지 못하는 경우가 많아 쉽게 방향을 바꿀 수 없다. 간단하지만 잘 훈련되고 통제된 부대만이 가능한 기술이었다.

로마 이전

고대 이탈리아

아직 로마가 작은 취락이던 무렵. 그리스인이 식민을 시작하기 이전의 이탈리아에서는 몇 개의 민족이 독자적인 문화를 형성하고 있었다. 기원전 5세기가 되면 그들도 역사시대에 진입하여 약간이지만 그들 문화의 양상이 알려지게 된다.

에트루리아인 병사

고대 이탈리아에서 가장 뛰어난 문명을 건설한 것은 에트루리아인이었다. "역사의 아버지" 헤로도토스에 따르면 그들 민족의 선조는 소아시아의 리디아에서 건너온 이민단이었다고 한다. 그래서인지 그들은 언어, 풍속, 습관에 이르기까지 다른 반도 거주 민족과는 차이가 있었다. 하지만 무장은 고대 그리스의 호플리테스와 같아 군사 면에서는 그리스 양식을 도입한 것으로 보인다. 당시로서는 희귀했던 크로스보우(쇠뇌)도 그리스에서 들여온다. 기원전 6세기경에는 전장에서 채리엇의 모습도 찾아볼 수 있었다. 또한 전장용 나팔을 발명한 것은 에트루리아인이었다고 전해진다. 그림에서 손에 들고 있는 것은 「비펜니스」라 불리는 도끼. 느슨한 도시연합(종교적인 연합)을 이루고 있던 에트루리아인은 한 사람의 공동 군사령관을 선출하여 그에게 각 도시의 군사 사령권을 부여한다는 증표로 이 양날도끼를 건넸다. 손잡이에는 막대 여러 개의 묶음이 둘러싸여 있다. 이러한 다발 형태의 도끼는 권위의 상징으로서 훗날 로마 시대의 정무관에게도 주어진다.

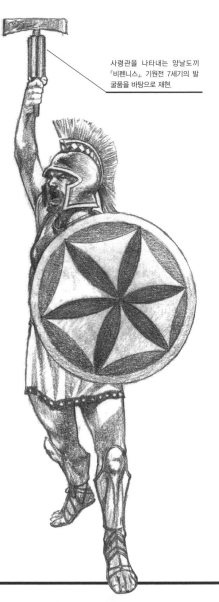

사령관을 나타내는 양날도끼 「비펜니스」. 기원전 7세기의 발굴품을 바탕으로 재현.

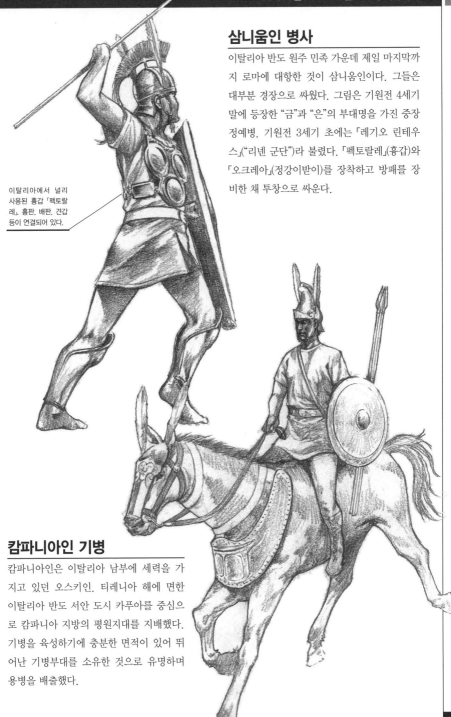

삼니움인 병사

이탈리아 반도 원주 민족 가운데 제일 마지막까지 로마에 대항한 것이 삼니움인이다. 그들은 대부분 경장으로 싸웠다. 그림은 기원전 4세기 말에 등장한 "금"과 "은"의 부대명을 가진 중장 정예병. 기원전 3세기 초에는 「레기오 린테우스」("리넨 군단")라 불렸다. 「펙토랄레」(흉갑)와 「오크레아」(정강이받이)를 장착하고 방패를 장비한 채 투창으로 싸운다.

이탈리아에서 널리 사용된 흉갑 「펙토랄레」. 흉판, 배판, 견갑 등이 연결되어 있다.

캄파니아인 기병

캄파니아인은 이탈리아 남부에 세력을 가지고 있던 오스키인. 티레니아 해에 면한 이탈리아 반도 서안 도시 카푸아를 중심으로 캄파니아 지방의 평원지대를 지배했다. 기병을 육성하기에 충분한 면적이 있어 뛰어난 기병부대를 소유한 것으로 유명하며 용병을 배출했다.

사제 장비의 군대

로마 [왕정 시대]

전승에 따르면 로마가 건국된 것은 기원전 753년이다. 처음 로마는 왕정을 취한 소도시국 가에 지나지 않았다. 훗날 전쟁을 통해 모든 것을 손에 넣었다고 자인하며 그것을 자랑스 럽게 여기는 로마인이지만 이 시대에는 그들의 나라도, 그들의 세계 지배를 뒷받침할 군대 도 아직 발전 도상에 있었다.

창의 창끝과 물미는 소켓식으 로 손잡이에 장착하여 리벳 등 으로 고정시켰다.

왕정 초기의 로마 전사

사각형 펙토랄레를 걸치고 손에는 커다란 청 동제 원형 방패 「클리페스」를 든다. 주무기는 장창(「하스타」). 창끝은 나뭇잎 모양을 한 것, 30cm 이상 뾰족하게 벼린 것 등이 있었다. 검 (「글라디우스」)의 길이는 50~70cm. 손잡이 머리에는 여러 가지 세공이 되어 있다. 그 밖 에 투창(「베르툼」), 투석구(「푼다」) 등이 사용 되었다.

■클리페스/섬타임즈

왕정 시대의 특징적인 방어구는 청동 으로 만들어진 커다란 원형 방패였 다. 이 방패는 「클리페스」, 「섬타임즈」 또는 아르고스식 방패라고 불린다. 지름 90~100cm, 무게 12~13kg. 표면에 소용돌이무늬가 새겨져 있다. 등에 멜 수도 있어 행군할 때나 결전 에 임할 때는 자주 등에 짊어졌다.

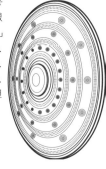

◆세르비우스의 군제 개혁◆

왕정 로마의 6대 왕이 된 세르비우스 툴리우스는 재산 크기에 따라 시민의 계급을 나누는 군제를 도입한다. 귀족 중심의 최고 부유층 「에퀴테스」 밑으로 시민을 5가지 계급(클라시스)으로 나누고 나머지는 무산시민으로 분류했다. "평시의 부담도 전시의 부담도 계급에 맞게 짊어지는" 이 제도하에서 말을 기를 수 있는 귀족들은 기병이 되었고, 그 아래 시민들은 보병이 되어 재산에 걸맞은 장비를 스스로 준비한 뒤 출정했다. 100명으로 편제되는 「켄투리아」(백인대)가 부대 단위였으며, 각 계급이 전장에 내보내야 하는 부대 수도 고정되었다. 이 종군부대 수는 국가 방침을 결정할 때 그 계급이 갖는 표수이기도 하다. 군의 주력을 구성한 10만 아스 이상의 재산을 가진 에퀴테스와 제1클라시스가 총 표수의 과반을 차지했다.

계 급	병 종	켄투리아 수	총 정원	기준 재산액(아스)
에퀴테스	기병	18	1,800명	100,000 이상
제1클라시스	보병(+공병)	80(+2)	8,000(+200)명	위와 동일
제2클라시스	보병	20	2,000명	100,000~75,000
제3클라시스	보병	20	2,000명	75,000~50,000
제4클라시스	보병	20	2,000명	50,000~25,000
제5클라시스	보병(+군악대)	30(+2)	3,000(+200)명	25,000~12,500
무산시민(계급 외)	보병	1	100명	0

※병력 총계는 1만 9,300명

기원전 6세기경의 유물 「체르토사 청동 항아리」에는 클라시스별로 무장한 병사들의 모습이 묘사되어 있다.

제1클라시스
원형 클리페스 또는 아르고스식 방패를 들며 전체적인 장비는 그리스의 호플리테스와 같다. 장창은 두 자루 지참한다.

제2클라시스
사비니인풍의 커다란 타원형 방패 「투레오스」를 든다. 흉갑은 장비하지 않는다.

제3클라시스
제2클라시스와 동일. 다만 정강이받이는 착용하지 않는다.

제4클라시스
방어구는 방패뿐으로 투구를 쓰지 않는다. 단창과 투창을 무기로 사용한다.

그 외에 제5클라시스는 투석구나 돌멩이만을 가진 경장병으로 종군한다. 또한 계급 밖에 있는 무산시민은 국가 존망의 위기와 같은 비상시 이외에는 병역이 면제된다. 설사 소집된다 해도 유일한 재산이라 할 수 있는 맨몸 하나로 출진해서 적이 던진 창이나 전사자의 무기를 주워 들고 싸웠다.

제1클라시스   제2클라시스   제3클라시스   제4클라시스

로마군은 하루아침에 이루어지지 않았다

로마 [공화정 초기]

왕 한 사람에게 권력이 집중되는 것을 우려한 로마는 복수의 정무관과 원로원, 민회로 구성된 공화정체로 이행한다. 군정은 세르비우스가 확립한 제도를 그대로 이어갔으나, 기원전 4세기 초가 되면 기동성을 고려한 장비 변경이 이루어진다. 침입해온 켈트인이나 산악지대에 거주하던 삼니움인과 싸운 경험에 의거한 변경이었다. 로마군 특유의 투창 필룸과 방패 스쿠툼이 표준 장비화된 것은 이 무렵부터이다.

하스타티

젊고 전투경험이 부족한 자는 최전열에서 용기와 체력에 의지해 싸우는 「하스타티」가 된다. 중장보병이지만 가슴과 등을 보호할 만큼의 갑옷만 두르고 정강이받이도 왼쪽 다리에만 장착했다.

■필룸

로마인은 삼니움인으로부터 무거운 투창 「필룸」을 받아들여 장비하게 된다. 이 창이 가진 위력의 원천은 그 무게에 있다. 무거운 데다 창끝이 길기 때문에 복표에 명중하면 깊숙이 박히고, 방패에 맞으면 쉽게 빠지지 않아 투창의 무게가 부담이 되어 방패를 사용하기 어렵게 만들었다. 표적에서 빗나가도 무게에 의해 창끝이 구부러지므로 적이 주워서 되던질 수 없었다.

◆공화정 초기의 군제◆

재산의 다과에 따라 사비로 장비를 지참하는 출정 의무는 세르비우스 당시의 군제와 아무런 차이가 없다. 하지만 단순한 재산별 계급(클라시스)이 아니라 출정 병사의 전력(戰歷, 전투경험)을 고려하여 병과를 편제하게 되었다. 군의 중핵이던 중장보병은 제1~3클라시스를 통합한 뒤 나이(시민병제도에서 그것은 곧 전력을 의미했다)가 어린 순으로 「하스타티」, 「프린키페스」, 「안테필라니」의 3종으로 나누었다. 최종적으로는 안테필라니 대신 「트리아리」를 넣은 3개 병과로 고정된다.

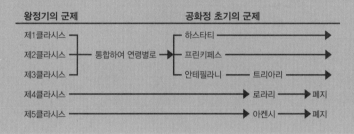

왕정기의 군제		공화정 초기의 군제	
제1클라시스		하스타티	▶
제2클라시스	통합하여 연령별로 ▶	프린키페스	▶
제3클라시스		안테필라니 ── 트리아리	▶
제4클라시스	▶	로라리 ──▶ 폐지	
제5클라시스	▶	아켄시 ──▶ 폐지	

■스쿠툼

공화정기가 되면 세르비우스 시대에 사용했던 무거운 청동제 원형 방패가 사라지고 제2클라시스 병사가 장비하던 타원형 방패 「스쿠툼」으로 통일된다. 목제지만 무게가 5~10kg이나 되어 무게를 이용한 일격으로 적을 비틀거리게 만들 수 있었다. 방패 위아래 변에는 청동제 테를 둘러 내려치는 적의 검을 막아낼 수 있게 했다.

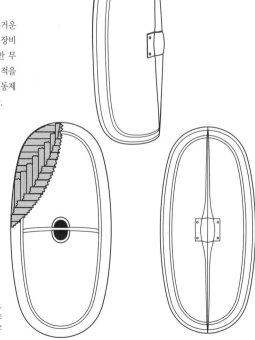

스쿠툼은 가늘고 긴 얇은 나무판을 겹쳐 쌓아올려서 만들었다. 이 합판 구조에 소가죽을 씌우고 색을 칠한다. 방패를 지탱하는 손잡이 부분은 청동이며, 방패를 잡은 손이 방패심에 가려지는 구조로 되어 있다.

프린키페스

「프린키페스」와 「트리아리」는 나이가 많은 만큼 하스타티보다는 유복해서 「로리카 하마타」라 불리는 사슬 갑옷을 착용하는 사람도 있었다. 머리를 보호하는 투구(「카시스」)에는 종류가 있어 볏처럼 생긴 장식이나 말의 꼬리털, 새의 깃털 등으로 꾸며져 있었다. 다리에는 정강이 받이(「오크레아」)를 장착하기도 한다. 할리우드 영화에서는 로마 병사가 채색된 튜닉(겉옷)을 입고 등장하지만 이 시대에는 흰색이나 오프화이트였다.

트리아리

프린키페스와 다를 바 없는 모습이지만 장창을 장비했다. 전열을 갖출 때는 최후의 보루로서 가장 뒤에 대기한다. 적의 시야로부터 숨기 위해 바닥에 한쪽 무릎을 꿇고 앉아 장창을 대각선 앞으로 겨눈 채 나갈 차례를 기다렸다. 이는 전선의 병사가 후퇴할 때를 고려한 방어진으로서의 대비이자 새로운 군세가 갑자기 나타난 것처럼 보이려는 위장이기도 하다.

벨리테스

경장보병. 중장보병이 되지 못한 젊은이나 빈민층에서 선별된 자들로 편성된다. 투창과 원형 방패를 장비하며 동물 가죽으로 덮인 투구 등을 쓰고 최전선에 나가 산개전을 수행했다.

프린키페스

■글라디우스

공화정기가 되면 결전병기가 창에서 검으로 바뀐다. 「글라디우스」는 라틴어로 "검"을 의미한다. 로마인의 검은 짧은 편이라 적과 맞부딪치면 작은 체격을 활용하여 밀집한 다음 휘두르지 않고 찔러서 공격했다. 검을 휘두르는 갈리아인이 상대라면 2인 1조로 공격할수 있었다.

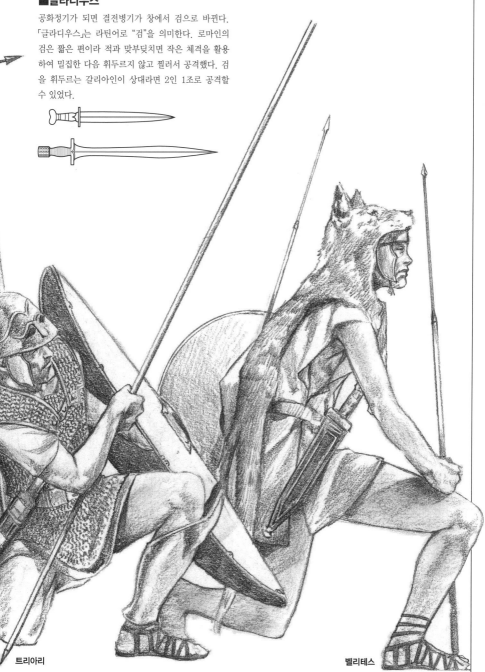

트리아리

벨리테스

◆마니풀루스 전술◆

공화정 로마의 군대는 이전까지의 중장보병 전술에서 나타나던 단일 전열이 아니라 3중 전열(트리플렉스 아키에스)을 편성한다. 하스타티, 프린키페스, 트리아리가 각각 1개 전열을 구성하고 최전면에는 따로 경장보병 벨리테스를 배치했다. 전열에서는 각 부대가 부대 폭만큼 간격을 두고 옆으로 늘어섰고, 제2전열과 제3전열의 부대는 바로 앞 전열의 빈 공간을 바라보며 마찬가지로 간격을 벌려 나란히 섰다. 따라서 3개 전열을 합친 부대 대열은 바둑판무늬가 된다(초기 배열도 참조). 제1전열과 제2전열에는 정원 120명으로 이루어진 마니풀루스(주로 "중대"라고 번역된다)가 배치되고 제3전열에만 정원 60명의 켄투리아(백인대)가 배치되었다. 적과 싸울 때는 그림 1부터 4까

지의 순으로 각 전열이 교체한다. 이러한 바둑판무늬 전열의 이점에는 적 전열을 향해 전진할 때 지형의 기복에 의한 혼란을 피할 수 있다는 점, 그리고 전선의 병사를 교대시킬 수 있다는 점이 있다. 고대의 전투에서는 몇 시간이나 무기를 맞대고 싸워야 했는데, 로마군은 병사를 교체해가며 전투를 계속하여 적의 피로를 이용해 전열을 무너뜨릴 수 있었던 것이다. 최소 전술 단위인 마니풀루스를 운용하는 이 전술을 오늘날에는 "마니풀루스 전술"이라 부른다. 로마인 스스로는 부대를 주사위 5의 눈처럼 배치한다는 데서 「퀸쿤스」라고 불렀다.

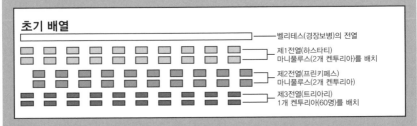

초기 배열

- 벨리테스(경장보병)의 전열
- 제1전열(하스타티) 마니풀루스(2개 켄투리아)를 배치
- 제2전열(프린키페스) 마니풀루스(2개 켄투리아)
- 제3전열(트리아리) 1개 켄투리아(60명)를 배치

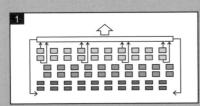

산개전을 끝낸 벨리테스가 후퇴한다. 그 움직임에 맞춰 제1전열 중 후방에 있던 켄투리아가 전열 틈 사이로 들어가 가로 일선을 구성하여 제1전열이 전진한다.

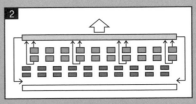

제1전열이 후퇴. 제2전열 중 후방에 있던 켄투리아가 전열 틈 사이로 들어가 가로 일선이 되어 제2전열이 전진.

제2전열이 후퇴. 제3전열 중 후방에 있던 분대가 전열 틈 사이로 들어가 가로 일선이 되어 제3전열이 전진.

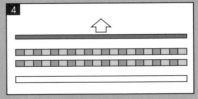

최종 단계. 최전선에 제3전열이 서고 후퇴한 제1전열과 제2전열은 번갈아 섞여 두 개의 전열을 구성한 채 대기한다.

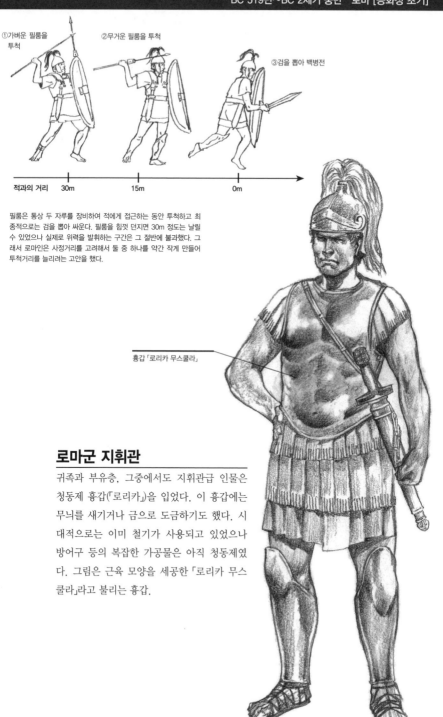

①가벼운 필룸을 투척

②무거운 필룸을 투척

③검을 뽑아 백병전

적과의 거리 30m 15m 0m

필룸은 통상 두 자루를 장비하여 적에게 접근하는 동안 투척하고 최종적으로는 검을 뽑아 싸운다. 필룸을 힘껏 던지면 30m 정도는 날릴 수 있었으나 실제로 위력을 발휘하는 구간은 그 절반에 불과했다. 그래서 로마인은 사정거리를 고려해서 둘 중 하나를 약간 작게 만들어 투척거리를 늘리려는 고안을 했다.

흉갑「로리카 무스쿨라」

로마군 지휘관

귀족과 부유층, 그중에서도 지휘관급 인물은 청동제 흉갑(「로리카」)을 입었다. 이 흉갑에는 무늬를 새기거나 금으로 도금하기도 했다. 시대적으로는 이미 철기가 사용되고 있었으나 방어구 등의 복잡한 가공물은 아직 청동제였다. 그림은 근육 모양을 세공한 「로리카 무스쿨라」라고 불리는 흉갑.

해상국가의 용병군

카르타고

북아프리카 연안에 자리하며 서지중해에 일대 세력권을 구축한 것이 카르타고이다. 그들의 군대는 일찍이 로마와 마찬가지로 시민군으로 구성되어 있었지만 영토가 확장되면서 용병에 의존하게 된다. 바다로 이어진 아득히 광대한 영토를 시민병이 확보하고 방어한다는 것은 사실상 불가능했기 때문이다. 카르타고인은 윤택한 자금을 바탕으로 멀게는 갈리아와 히스파니아, 가깝게는 이웃 나라 누미디아로부터 서로 다른 인종을 병사로 고용하였다.

카르타고 신전부대

로마와의 전쟁 이전 카르타고는 시민군을 조직하고 있었다. 그중에서도 귀족의 자제로 구성된 「신전부대」가 잘 알려져 있다. 구성원은 용기뿐만 아니라 인망과 재력도 남들보다 앞섰으며 무장은 부에 비례하여 호화로운 것이었다. 물론 광채를 띠는 겉모습만 근사한 것이 아니라 엄격한 훈련도 쌓았다. 장비는 기본적으로 그리스 세계의 호플리테스와 동일하다. 그것은 그들이 그리스 세계로부터 이주해온 민족의 후예이기 때문이기도 하지만 무엇보다 당시의 최첨단 군대가 모두 그리스 세계에 존재했기 때문이다.

리비아인 중장보병

로마와 군사적 충돌이 반복된 기원전 3세기에는 정예 중장보병부대가 리비아 혹은 리비피니케스인이라 불리는 집단으로 바뀐다. 그들은 리비아(북아프리카 연안)에 거주하던 페니키아인 개척자 또는 카르타고로부터 문화를 전수받은 현지의 주민들이었다.

히스파니아인 병사

히스파니아란 로마 시대 이베리아 반도의 호
칭. 그곳에 거주하던 켈트 민족 히스파니아인
은 같은 계통의 갈리아인과 함께 카르타고군
용병 중에서 높은 비율을 차지했다. 서유럽
에서도 히스파니아는 피레나이(지금의 피
레네) 산맥에 의해 다른 지역과 가로막혀
환경이 크게 달랐기 때문에 독특한 문화가
형성되었다. 유수의 광산에서 채굴되는
풍부한 광물을 바탕으로 뛰어난 무기
를 제작할 수 있었는데, 모두 히
스파니아풍의 독특한 것들뿐
이었다.

「솔리페레움」이라 불리는 투창.
전금속제가 특징적이다. 로마군
의 필룸과 마찬가지로 중투척병
기로서 방패를 꿰뚫고 적에게 치
명상을 입힐 수 있었다.

히스파니아인이 사용하
던 도검 「팔카타」. 외날
로 예리한 칼끝을 가졌
으며 손잡이는 말을 비
롯한 동물을 본떠 만들
었다.

팔카타 손잡이 부분 3종

누미디아인 기병

카르타고군 중에서도 각별히 뛰어났다고 평가
받는 것이 이웃 나라 누미디아의 용병들이다.
일반적으로 누미디아인이라고 불리지만 실
은 단일민족이 아니라 여러 민족으로
구성되어 있었다. 마시리인, 마사에
시리인, 마케이인, 무어인, 가이툴리   인
등이다. 그들은 경기병과 경장병이 되어 싸웠
는데, 특히 기병부대가 우수하여 안장을 얹지
않은 말도 능란하게 조종한 것으로 유명하다.

카르타고는 소아시아에서 이민해온 페니키아인이 세운 도시국가였다.
카르타고라는 이름은 페니키아어로 "새로운 도시"를 뜻하는 「카르트
하다쉬트」에서 유래한 것이다. 로마인은 그들을 포에니인(포에니키)이
라고 불렀다.

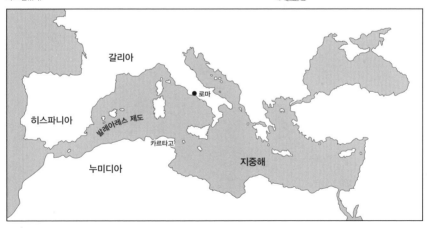

발레아레스 제도의 투석병

카르타고군이 중용한 투석병으로 발레아레스 제도의 용병이 있다. 지금의 마요르카 섬을 비롯한 이 군도에 거주하던 사람들은 투석구의 명수로서 지중해 세계에 널리 알려져 있었다. 어린 시절부터 가혹한 훈련을 받은 그들이 던지는 탄환은 조준이 매우 정확해서 성벽 틈새나 흉벽에 몸을 숨긴 적병을 겨냥하여 쏠 수도 있었다. 투석구는 사정거리에 따라 길이가 다른 것 3개를 준비하고 거리가 멀면 긴 것을, 가까우면 짧은 것을 사용했다. 탄환은 주먹만한 납이나 쇳조각으로 무게가 약 0.5kg이나 되었다고 한다. 투석구는 목에 걸어 지참했으나 무겁고 부피가 큰 탄환을 어떻게 휴대했는지는 알 수 없다. 기원후 2세기의 부조에는 간이 가방 같은 것에 탄환을 담아 지니고 있는 모습이 묘사되어 있다.

채리엇과 전투 코끼리

기원전 4세기 무렵까지 카르타고는 사두 채리엇을 상당수 보유하고 있었다. 적진에 단숨에 돌입하여 적의 전열을 혼란시키는 데 사용되었으나 구체적인 형상 등은 알려져 있지 않다. 기원전 3세기 초반이 되면 채리엇이 담당하던 역할은 전투 코끼리가 이어받는다. 주로 아프리카코끼리를 사용했지만 로마와 싸운 장군 한

니발이 타던 코끼리는 시리아에서 들여온 "수루스"라는 이름의 인도코끼리였다. 카르타고 시에는 300마리의 전투 코끼리를 사육하기 위한 코끼리 축사가 있었으나 제2차 포에니 전쟁(기원전 3세기 말)에 패한 뒤 전부 파괴되었다.

시민군에서 직업군으로

로마 [공화정 말기]

카르타고에 대한 눈부신 승리 이면으로 장기에 걸친 해외에서의 전쟁은 로마 중산시민의 경제적 몰락을 초래했다. 출정 병사가 되어 오랫동안 고향을 떠나 있던 그들은 노동의 기회를 상실하여 빈곤해졌으며 개중에는 토지를 처분한 농민도 다수 있었다. 이로 인해 소유 재산액을 기준으로 한 병제가 붕괴되었고, 기원전 2세기 후반 가이우스 마리우스(기원전 157년경~기원전 87년)는 무산시민을 포함한 지원제라는 새로운 병제를 도입하였다.

◆마리우스의 군제 개혁◆

마리우스의 개혁이 이루어지면서 장비를 마련하지 못하는 사람에게는 국가가 비용을 부담하여 무구를 지급하게 되었다. 그에 따라 이전까지 가지각색이던 무장이 통일되고 하스타티를 비롯한 전열별 호칭도 사라진다. 병사라면 모두 똑같이 군단병(「레기오나리우스」)이라 불리게 된 것이다. 병역이 1년이던 징집 시민병과 달리 그들은 오랜 시간 병역을 수행했기 때문에 점차 직업군인화가 진행되었다. 직업을 얻은 무산시민은 병역기간뿐만 아니라 제대 후에도 군단 지휘관의 지원을 받으며 장군들의 사병처럼 되어갔다. 이윽고 군단병들은 로마를 위해서가 아니라 그들을 지휘하는 장군을 위해 싸우게 된다.

마리우스는 군단 활동의 효율화에도 몰두하여 그의 밑에서 원정에 나선 병사들은 각자 자신의 식량을 짊어지고 이동했다. 당시 시민들은 그것을 보고 "마리우스의 당나귀"라고 불렀다.

■필룸 무랄리스

양끝을 뾰족하게 깎은 2m 정도의 목제 창. 가운데 움푹 팬 손잡이가 있어 행군 시에 짐을 매달아 지고 다녔다. 습격을 받으면 무기로도 사용한다. 야영지에서는 움푹한 손잡이 부분을 교차시켜 장해물로 쓰거나 밧줄로 엮은 뒤 지면에 꽂아 방책으로 삼았다.

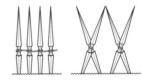

로마 군단병(레기오나리우스)

기원전 2세기의 군장. 군단병의 투구 형태는
시기에 따라 다르지만 양산하기 쉽도록 단순
한 물방울 모양이 되어갔다. 이러한 형태의 투
구는 발굴지의 이름을 따서 「몬테포르티노형」
이라고 부른다. 갑옷은 금속 고리를 연결해서
만든 로리카 하마타라 불리는 사슬 갑옷. 이
갑옷은 기원후 1세기까지 사용된다. 무기는
필룸(투창), 글라디우스(검), 푸기오(단검)이
며, 이전과 기본적으로 변함이 없다.

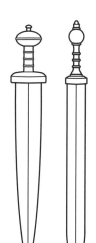

■글라디우스

기원전 3~2세기 무렵. 도검(글라디우스)은 로마 병사의 결전병기였다. 그
들은 무거운 투창 필룸을 투척하고 나면 허리의 검을 뽑아 들고 적과 싸웠
다. 병사는 방패 뒤에 몸을 숨기고 검을 휘둘렀으나, 때로는 방패로 적에게
일격을 가하고 비틀거릴 때 검으로 찔렀다. 이 일격은 적의 위(胃) 부위를
겨냥할 수 있도록 훈련받는다. 그림 왼쪽의 칼끝이 날카로운 검은 「글라디
우스 히스파니엔시스」라 불리는 히스파니아(지금의 스페인)식 글라디우스.
검신은 40~50cm. 기원전 3세기 말경 카르타고와 싸우던(제2차 포에니
전쟁) 스키피오 아프리카누스가 채용한 것이 시초이다.

■필룸

마리우스는 필룸의 창끝을 고정하는 2개의 리벳 중 1개를 목제로 바꿨다. 이전까지의 필룸은 던지면 창끝 본체가 구부러졌지만, 개량된 것은 목제 리벳이 꺾이면서 튀어 날아가고 남은 금속제 리벳이 지렛목 역할을 하여 손잡이와의 장착 부분에서 창끝이 구부러진다. 적의 방패에 꽂힌 필룸은 구부러진 손잡이의 물미 쪽이 반드시 지면에 닿게 되어 있어 방패를 든 적의 자유를 빼앗았다. 싸운 뒤의 회수와 수리도 간단했다.

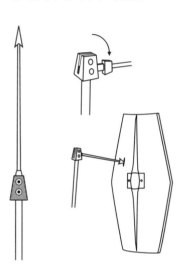

비늘 모양 미늘을 엮어 만든 흉갑
「로리카 스콰마타」

로마군 군기수

스탠더드(군단기)를 드는 군기수. 영어의 스탠더드는 일반적으로 「군기」라고 번역되지만 천으로 된 깃발이 아니라 금속제 "조각상"을 장대 끝에 단 것이다. 로마에는 멧돼지, 늑대, 말, 독수리, 미노타우로스 등 5종류의 조각이 있었다. 마리우스는 독수리를 선호해서 사용하였으며, 이후 로마의 군단기라고 하면 독수리 군단기(「아퀼라」)가 정석으로 자리 잡는다.

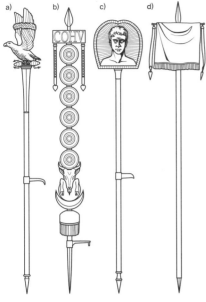

a)
b)
c)
d)

안테시그나니와 포스트시그나니

마리우스의 개혁은 군단병을 전원 중장보병으로 만든다. 그 결과 경장병인 벨리테스는 군단에서 모습을 감췄다. 전황에 따라 경장병이 필요하다고 판단될 때도 있었는데, 그럴 경우에는 「안테시그나니」("군기의 앞"이라는 뜻)와 「포스트시그나니」("군기의 뒤"라는 뜻)를 경장보병으로 대용하였다. 그들은 군기를 경호하기 위해 특별히 편제된 병사로서 젊고 체력 있는 자들로 구성된다. 보통은 전열 안에서 싸웠지만 경장병의 임무를 맡을 때는 갑옷을 벗었다. 다만 그것은 통상적인 수단이 아니라 장군들의 임기응변이 낳은 결과에 지나지 않는다. 방패는 군단병의 것보다도 작고 가벼운 것을 사용했다.

a) 독수리 군단기(아퀼라).
b) 여러 개의 장식을 부착한 「시그눔」.
c) 「이마기니페르」라 불리는 "조각상"을 디자인한 스탠더드. 제정기 이전은 동물상뿐이었지만 제정기에 들어서면 황제의 얼굴이 디자인되었다.
d) 천으로 만든 「벡실룸」.

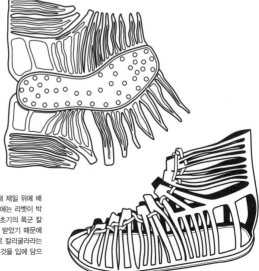

「칼리가」라 불리는 군화. 가죽 한 장을 복잡하게 오려내 제일 위에 배치하고, 밑창 부분은 가죽을 포개 두껍게 만든다. 밑창에는 리벳이 박혀 있다. 신을 때는 끈으로 엮어 발에 장착했다. 제정 초기의 폭군 칼리굴라 황제는 군영에서 태어나 병사들에게 귀여움을 받았기 때문에 칼리가와 연관된 별명이 붙었고 오늘날까지 일반적으로 칼리굴라라는 이름으로 불리고 있다. 그는 이 이름을 싫어해 당시 이것을 입에 담으면 무거운 처벌을 받았다고 한다.

기록 속의 야만족 전사

켈트인

켈트인과 로마의 다툼은 뿌리가 깊어, 과거 일시적이지만 로마 시가 점거된 적도 있었다. 한편 그리스 세계에서도 알렉산드로스 대왕 사후의 혼란을 틈타 켈트인 일파 갈라티아인 이 침입해온다. 문자를 갖지 못한 켈트인의 모습은 로마인과 그리스인이 남긴 기록을 통해 서밖에 알 수 없으나, 야만족(바르바로이) 취급을 받던 그 모습은 오히려 부족사회에 공통 되는 용맹함의 발로였다고 할 수 있다.

갈리아인 전사

로마인은 지금의 프랑스에 거주하던 켈트인을 갈리아인이라고 불렀다. 갈리아란 라틴어 "수 탉"에서 유래했다는 말도 있는데, 일설에 따 르면 갈리아인과 최초로 조우한 로마인이 그 들이 가지고 있던 스탠더드의 "수탉"을 보고 이름 붙였다고 한다. 갈리아인 보병의 질은 최 고에서 최저까지의 격차가 심했다고 알려져 있으나 죽음조차 두려워하지 않는 전투 방식 은 로마군처럼 충분히 통제된 군대마저 여러 차례 격파한다. 하지만 노도와 같이 밀려드는 공격이 무시무시했던 반면 그 공격력을 오래 지속하지는 못했다. 수많은 대전을 통해 이 사 실을 숙지하고 있던 로마인은 서전만 버텨내 면 역전할 수 있었다고 한다. 전장의 켈트인 전사는 머리를 석고로 굳히고 떠들썩하게 상 대를 위압하는 행동을 했다. 적의 목을 말에 매달거나 창끝에 꽂아 승리를 과시하기도 했 다. 하지만 겉모습이나 야만적인 풍습과는 별 개로 관악기를 이용해 병사에게 간단한 명령 을 전하는 등 통솔된 일면도 있었다.

죽음에 대한 두려움을 경멸한 켈 트인은 방어구를 제대로 갖추지 않음으로써 용맹함을 증명했다.

독특한 미적 문화를 가진 것으로 유명한 켈트인은 투구와 방패의 장식에도 공을 들였다.

켈트인 귀족 전사

켈트인은 전쟁 시 몇 개의 부족이 모여 한 장군의 지시를 받는 경우가 있었다. 그 인물은 누구나가 인정하는 용사여야 했으며 통상적으로는 유력한 부족의 족장이었다. 족장들 주위에는 「솔다리」라 불리는 우수한 호위병이 따랐는데, 무예가 뛰어날 필요가 있는 것은 물론 그 이상으로 경호하는 주인에 대한 광신적인 충성심이 요구되었다. 지위가 높은 사람의 측근이라도 용사라면 더더욱 전장에서 방어구를 착용하지 않는다.

기병과 채리엇

켈트인의 기동 전력은 기병과 채리엇이다. 다른 고대국가가 그랬던 것처럼 고귀하고 유복한 계급에 속한 사람과 그 종자가 부대를 구성했다. 그 전력은 전군의 약 2할에서 3할에 달한다. 다만 채리엇은 비교적 한정된 지역에서밖에 사용되지 않았다. 두 마리 말이 끄는 채리엇에는 전사와 마부가 타고 있다가 적과 조우하면 우선 투창을 퍼부은 다음 채리엇에서 내려 검을 뽑아 들고 싸웠다.

군단병과 보조군병

로마 [제정기 전반]

공화정 말기의 내란이 끝나고 아우구스투
스(재위 기원전 27년~기원후 14년)를 제
일인자로 하는 원수정이 막을 열자 로마
군단병(레기오나리우스)의 장비도 새롭게
변화한다. 시민군으로 편제될 무렵의 모
습은 이미 흔적조차 사라졌으며, 로마 시
민권이 없는 병사로 구성된 보조군에 대
한 의존도가 점점 높아졌다.

로마 군단병(기원후 1세기)

기원후 1세기의 군단병. 방패는 타원형
에서 사각형에 가까운 형태가 되었고,
방패심도 사각형 금속판을 반구형으로
볼록하게 돌출시킨 것으로 바뀌었다.
갑옷은 당초 사슬 갑옷인 로리카 하마
타를 사용했으나 점차 금속판을 짜 맞
춘 「로리카 세그멘타타」로 교체된다.

■로마 투구

아래 그림은 제정기 전반 로마의 투구.

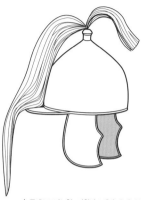

a) 몬테포르티노형. 기원전 1세기 초기. 공
화정 시대부터 사용되던 투구. 청동제.

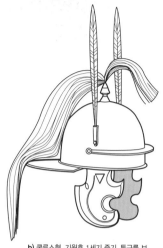

b) 쿨루스형. 기원후 1세기 중기. 투구를 보
강하기 위해 차양을 달았다. 후두부의
솥전 모양 목가리개는 어깨 언저리를 공
격당했을 때 목을 보호하기 위한 것. 기
원전 1세기부터 기원후 1세기까지 사용
되었다. 청동제.

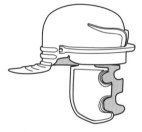

c) 임페리얼 갈릭형. 기원전 1세기 말기.
이마 부분에 있는 날개 모양 장식은
투구의 방어력을 높이기 위한 것. 갈리
아인이 사용하던 것이 기원이다. 철제.

d) 이탈리아형. 기원후 2세기 초기. 임페
리얼 갈릭형을 이탈리아 반도에서 제
작한 형태. 후두부를 보호하는 솥전
모양 목가리개 부분이 더욱 연장되었
다. 철과 청동(테두리와 초승달 모양
장식 부분)을 사용.

■필룸(제정기 전반)

제정기 전반의 무거운 필룸(왼쪽)과 가벼운 필룸(오른
쪽). 무거운 필룸의 중앙부 근처에는 둥근 추가 달려
있다. 가벼운 필룸의 창끝은 선단이 미늘촉 형태이다.

로리카 세그멘타타

로리카 세그멘타타에는 몇 가지 유형이 있다. 그림은 영국에서 발굴된 뉴스테드형 갑옷의 복원을 바탕으로 한 부품의 연결도. 이 갑옷을 형성하는 철판은 담금질(철을 경화하는 처리)이 되지 않은 부드러운 철로 만들어져 적의 타격을 흡수할 수 있었다. 투구는 차양과 솥전 모양 목가리개가 있는 쿨루스형이다.

트라야누스 원주에 부조된 로리카 세그멘타타.

어깨의 금속판은 리벳으로 연결한다.

갑옷은 크게 어깨 부분과 배 부분으로 나누어진다.

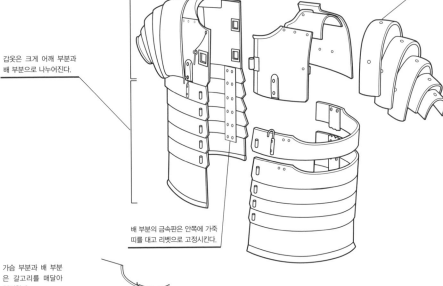

배 부분의 금속판은 안쪽에 가죽 띠를 대고 리벳으로 고정시킨다.

가슴 부분과 배 부분은 갈고리를 매달아 연결한다.

가슴 부분의 고정법. 왼쪽 가슴에 있는 원통형 고리를 오른쪽 가슴에 뚫린 구멍에 끼워 넣고 핀을 꽂아 고정시킨다.

몸통 부분 앞쪽의 연결법. 좌우에 달린 대롱에 가죽 끈을 통과시킨 다음 묶어서 고정시킨다.

코브리지형(기원후 1~2세기) 로리카 세그멘타타. 견갑판이 경첩으로 고정되어 있다.

앞면　　　**뒷면**

◆ 테스투도 대형(거북등 대형) ◆

병사들이 방패를 줄지어 쌓아 정면은 물론 옆면과
윗면도 방어하는 대형. 이름 그대로 마치 거북의 등
처럼 보인다. 트라야누스 원주에도 나타나며 기원전
3세기경부터 공성전에서 적의 성벽을 무너뜨릴 때
사용되었다. 그럴 때는 그림과 같이 성벽 위에서 쏟
아지는 공격을 막을 수 있도록 방패를 위쪽으로 들
고 접근한다. 로마인뿐만 아니라 켈트인이 사용하기
도 했다.

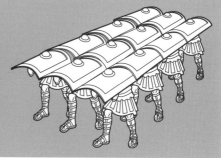

켄투리오(백인대장)

로마군의 최소 부대 단위는 켄투리아(백인대)
이다. 당초에는 글자 그대로 100명으로 편성되
었으나 공화정기에는 60명, 제정기에는 80명
이 일반적이었다. 이 부대를 지휘한 것이 「켄투
리오」 즉 "백인대장"이다. 백인대장은 공화정
시대에는 병사들의 투표로 뽑히는 민중의 대표
자였지만 제정 시대에는 군단의 지휘관이 임명
한 군무의 엘리트였다. 1개 군단(레기오)에는
59명의 백인대장이 소속했는데, 모두 같은 위
치의 지휘관이 아니라 15단계의 계급으로 나뉘
어 있었다. 특히 정원이 많은 제1코호르스의
제1켄투리아를 지휘하는 백인대장은 "수석"(프
리미필루스) 백인대장으로 서열의 최고위이다.
상위 6명의 백인대장은 전술회의 출석을 허락
받았다. 이러한 계급제도는 군의 사기를 고양
시키기 위한 시스템으로도 유용했다. 그림은
공화정 말에서 제정 시기의 전형적인 백인대
장. 각지에 남겨진 전승 기념 개선문이나 묘비
등에 새겨진 모습을 토대로 하고 있다.

손에 들고 있는 것은 포
도나무 지팡이. 체벌을 가
할 때 사용한 백인대장의
상징.

병사는 검을 오른쪽
허리에 차고 백인대
장은 왼쪽 허리에 차
는 것이 규칙이었다.

프라이토리우스(황제 친위병)

「프라이토리우스」(친위병) 보병과 기병. 친위병은 제국의 국경을 수비하는 군단병과 달리 황제의 사병으로서 로마 시 교외에 설치된 병영에 주둔했다. 제정 이전에는 무기를 들고 이탈리아 반도의 로마 권역(루비콘 강보다 남쪽)에 들어오는 것은 절대 용서받을 수 없는 일이었다. 하지만 제정이 시작되고 나서는 제국 수도의 방어를 명목으로 부대를 두게 된다. 친위병은 급료를 비롯한 모든 면에서 우대받았다. 그림은 세베루스 황제(재위 193년~211년) 시대의 보병과 트라야누스 황제(재위 98년~117년) 시대의 기병. 기병의 방패는 장육각형으로 전갈 4마리가 그려져 있다.

군단 편제

제정 시대가 되면 로마 군단(레기오)의 최소 전술 단위는 마니풀루스에서 코호르스로 바뀐다. 코호르스는 통상 마니풀루스 2개로 구성되었기 때문에 현재의 군대 규모에 맞춰 "대대"라고 의역할 수 있다. 일반적으로 1개 레기오는 정원 480명의 코호르스 9개(제2~제10)와 정원 800명의 1개(제1)를 더해 10개 코호르스로 이루어졌다.

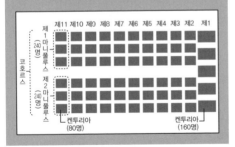

보병 프라이토리우스

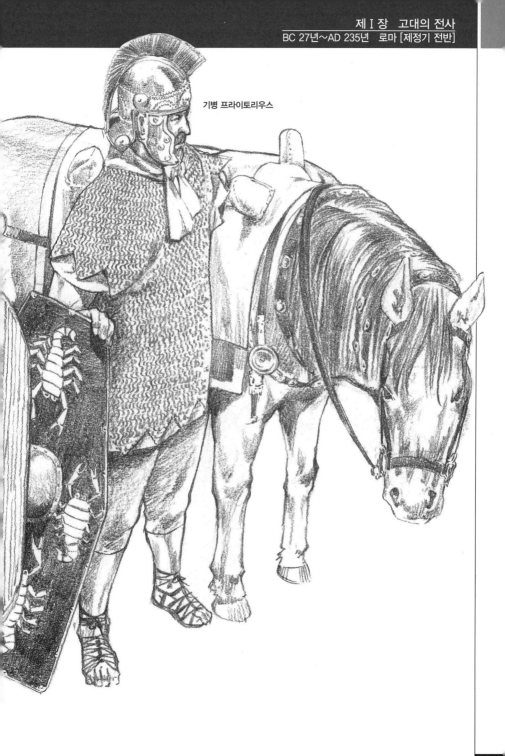

기병 프라이토리우스

알라(동맹군 기병부대)

동맹군 기병인 「알라」는 공화정기에는 로마 정규군과 함께 싸우던 이탈리아 동맹시 부대의 총칭이었다. 그러던 것이 제정기가 되면 동맹군 기병부대의 명칭이 된다. 개중에는 전쟁에 패한 탓에 이국으로 보내진 병사들도 있었기 때문에, 가지각색의 복장에서는 주둔하는 지역마다의 특색이 엿보였다. 로마인 기병이 투창을 사용한 것과 달리 동맹군 기병 가운데는 양손으로 사용하는 「콘투스」라는 장창을 장비하는 사람도 있었다. 그들은 돌격전에서 힘을 발휘하는 타격부대가 되었다.

옥질리아(보조군)

로마 국경의 수비를 담당하는 정규군을 지원하기 위해 현지의 속주민을 중심으로 편제한 부대가 「옥질리아」(보조군)이다. 국경을 침범하다 퇴치당한 야만족으로 구성되는 경우도 있었는데 패배한 세력 대부분은 로마군에 기꺼이 협력했다. 평생 굶주릴 걱정 없는 대우와 급료를 받고 제대 후에는 시민권까지 얻을 수 있었기 때문이다. 그들 중에는 제국 내의 다른 지역에 파견되어 동족상잔을 면한 사람도 있

옥질리아 보병

지만 설사 동족이라도 망설임 없이 활시위를 당겼다. 그림은 트라야누스 원주에 묘사된 다키아 전쟁에서 활약한 보조군 보병과 보조군 중장궁병 「사지타리우스」. 보병의 투구는 정규군과 비슷하지만 구조가 간략화되어 있다. 필룸은 장비하지 않았다.

시마키아리(동맹 부족군)

「시마키아리」 혹은 「포이데라티」는 로마 황제와 동맹을 맺고 전시에 출병하던 야만족 부대를 가리킨다. 기원후 1세기경부터 나타나기 시작했는데 부족장 대신 로마의 정규 군인이 지휘관을 맡는 경우도 있었다. 그림은 트라야누스 원주에 묘사된 병사. 곤봉은 성벽을 기어오르는 적병을 쫓는 데 유용했다. 곤봉을 이용한 공격은 갑옷을 착용한 적에게도 손상을 입힐 수 있었기 때문에 카타프락투스(중장기병. 그리스어의 카타프락토스에 해당) 등을 상대할 때도 도움이 되었다.

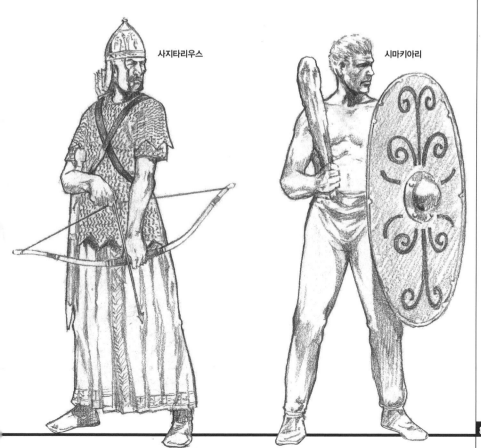

사지타리우스

시마키아리

로마와 적대한 동방 세력

폰토스/파르티아/다키아

갈리아와 게르마니아에 진출하는 한편 로마는 동쪽으로도 세력을 뻗어갔다. 기원전 1세기에는 폰토스와 수차례 싸웠고 머지않아 기마민족국가 파르티아와 칼을 맞대게 된다. 로마군은 기병을 잘 다루는 적에게 고전을 면치 못하는 경우가 많아 동방 세계에서는 예상 밖의 난적과 맞서야 했다. 여기에서는 기원후 1~2세기에 걸쳐 트라야누스 황제를 괴롭힌 이탈리아 반도 근처의 다키아에 대해서도 언급한다.

폰토스

흑해 연안의 폰토스는 후계자 전쟁의 혼란이 한창이던 기원전 4세기 말에 건립된 기마민족국가이다. 페르시아인을 조상으로 둔 그들의 군대 역시 예전의 페르시아 제국을 닮아 가지각색의 진용으로 이루어졌다. 사르마타이인과 스키타이인 기마궁병, 아르메니아인 카타프락토스(중장기병). 또한 그들 민족에 더해 켈트인과 흑해 연안의 그리스계 주민을 중장보병으로 삼고 있었다. 거기다 대낫을 장비한 채리엇까지 보유했다.

카타프락토스

그리스어 「카타프락토스」는 기수뿐만 아니라 기마에도 갑옷을 입힌 중장기병을 말한다. 그림은 아르메니아인 카타프락토스. 아르메니아인은 카타프락토스를 다수 채용하고 있어, 중장 돌격에 대항할 만한 장비를 가지고 있지 않던 로마군은 전열 앞면에 보루를 쌓아 대처했다.

칼카스피데스(청동방패부대)

「칼카스피데스」는 "청동방패부대"라는 뜻이다. 이름 그대로 전체가 청동으로 된 방패를 장비한 부대. 그리스계 주민으로 구성되었으며 밀집방진을 짜고 싸웠다.

「콘투스」라 불리는 장창.

파르티아

지금의 이란 고원에 자리하고 있던 것이 파르티아 왕국이다(기원전 250년경~기원후 225년). 원래는 보다 북방의 토지에 거주하던 기마민족이었으나, 셀레우코스 왕조 시리아의 쇠퇴를 틈타 확장하여 기원전 2세기에는 메소포타미아 지방까지 세력을 넓혔다. 셀레우코스 왕조가 멸망한 뒤에는 (기원전 64년) 동방의 영웅으로서 로마와 오랜 세월에 걸쳐 대치를 계속했다.

파르티아인 카타프락토스

미늘을 겹쳐서 엮는 스케일 갑옷이나 금속 고리를 연결한 체인 메일(사슬 갑옷)을 착용했다. 이러한 중장기병의 가장 큰 임무는 장창을 들고 적진에 돌격하는 것이지만, 카타프락토스의 경우에는 장비가 너무 무거워 위력이 떨어졌던 모양으로 적병에게 장창을 붙잡히는 일도 간혹 있었다. 근접전에서는 메이스와 전투도끼, 검 등을 사용한다.

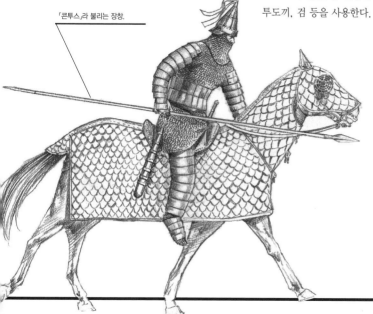

파르티아인 기마궁병

파르티아군 주력인 경장 기마궁병. 갑옷을 입지 않는 경장기병은 덕분에 기동력이 뛰어나며 그것이 최대의 방어수단이기도 했다. 파르티아인 기마궁병은 말을 질주시킨 상태에서 능숙하게 시위를 당겨 화살을 쏜 것으로 유명하다. 적을 향해 접근하면서 또는 적으로부터 멀어지면서 활을 쏘는 전법은 영숙어 「파르티안 샷」의 기원이 되어 현재는 "마지막 화살 한 발", "자리를 뜨면서 내뱉는 악담"이라는 의미로 사용되고 있다.

◆파르티아의 기병 전술◆

유목계 민족인 파르티아인은 마상에서의 궁술이 뛰어나 군의 주력은 경장 기마궁병이었다. 여기에 중장 카타프락토스를 절묘하게 조합해서 사용한다. 우선 기마궁병을 접근시켜 끊임없이 활을 쏘게 한 다음, 그로 인한 적의 혼란을 틈타 카타프락토스를 돌입시킨다. 활쏘기를 끝낸 기마궁병은 적에게서 이탈하지만 적의 추격을 받는 경우도 있다. 경장인 기마궁병은 그리 간단히 따라잡히지 않으나 그렇다고 붙잡힐 우려가 전혀 없는 것도 아니었다. 그래서 적의 추격병을 격퇴하는 데도 카타프락토스가 활용되었다. 이처럼 적진에 "끊임없이 활을 쏘는" 것에 기반을 둔 전술이었는데, 그것은 화살을 정기적으로 보충할 필요가 있다는 것을 의미한다. 따라서 파르티아의 장군들은 기마궁병에게 "끊임없이 화살을 보급"하는 것을 최우선으로 했다. 기원전 53년의 카레 전투에서 로마군을 전멸시켰을 때는 낙타부대가 계속해서 화살을 보급했다.

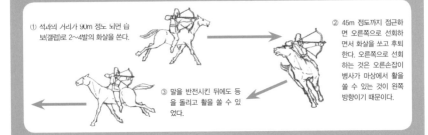

① 적과의 거리가 90m 정도 되노 습보(갤럽)로 2~4발의 화살을 쏜다.

② 45m 정도까지 접근하면 오른쪽으로 선회하면서 화살을 쏘고 후퇴한다. 오른쪽으로 선회하는 것은 오른손잡이 병사가 마상에서 활을 쏠 수 있는 것이 왼쪽 방향이기 때문이다.

③ 말을 반전시킨 뒤에도 등을 돌리고 활을 쏠 수 있었다.

다키아

다키아인은 그리스 북방을 흐르는 도나우 강 중류 유역에 거주하고 있었다. 로마 제국 국경을 위협하던 그들은 1세기 말에서 2세기에 걸쳐 오현제 중 한 사람인 트라야누스 황제와 대결한다.

다키아인 전사

투창을 든 다키아인 전사. 트라야누스 황제의 다키아 원정을 기념하는 트라야누스 원주를 바탕으로 재현한 것이다. 투창 외에도 허리에 낫 모양 단검을 휴대했던 것으로 보인다. 원주에는 근접전에서 그 단검을 휘둘러 싸우는 모습이 새겨져 있다. 방어구로는 장타원형 방패를 들었고 모자를 쓰는 사람도 있었다. 동체를 보호하는 갑옷은 착용하지 않는다.

헐렁한 바지. 허리와 발목을 끈으로 묶는다.

■펄스

다키아인이 사용한 가장 무서운 무기는 「펄스」라 불린 양손검이다. 전금속제로 낫 모양 도신을 가졌으며 날은 구부러진 안쪽에 있었다. 트라야누스 원주에는 양손으로 사용하는 모습이 없지만 아담클리시의 전승 기념비에는 그 모습이 조각되어 있다. 기원은 트라키아인이 사용한 롬파이아라고 추측된다.

로마 군단병(다키아 원정 시)

그림은 아담클리시의 전승 기념비에 묘사된 전투 장면과 그것을 재현한 일러스트. 다키아 원정에 참가한 군단병은 다키아인이 사용하던 펄스에 대비해 팔을 감싸는 팔보호대를 착용했다. 로마군은 방패 뒤에서 검을 내밀어 싸우는 방식을 사용했으나 펄스는 그렇게 내민 팔을 베어버릴 정도의 위력을 가지고 있었다. 트라야누스 황제는 기원후 105년의 제2차 다키아 원정에서 이 특제 갑주를 장착한 군단병을 투입한다.

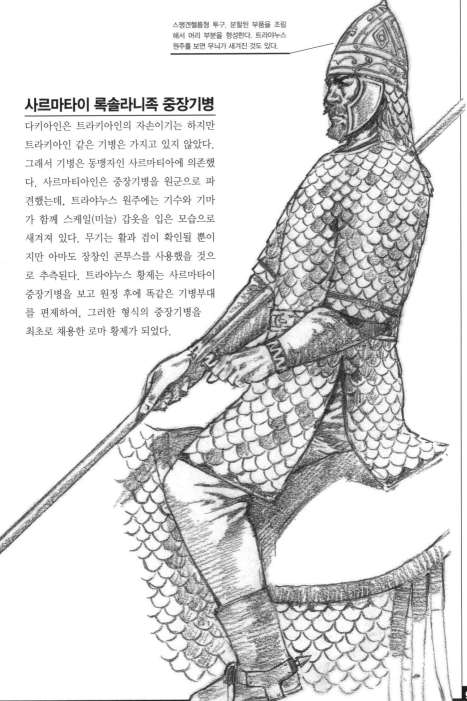

스팽겐헬름형 투구. 분할된 부품을 조립해서 머리 부분을 형성한다. 트라야누스 원주를 보면 무늬가 새겨진 것도 있다.

사르마타이 록솔라니족 중장기병

다키아인은 트라키아인의 자손이기는 하지만 트라키아인 같은 기병은 가지고 있지 않았다. 그래서 기병은 동맹자인 사르마티아에 의존했다. 사르마티아인은 중장기병을 원군으로 파견했는데, 트라야누스 원주에는 기수와 기마가 함께 스케일(미늘) 갑옷을 입은 모습으로 새겨져 있다. 무기는 활과 검이 확인될 뿐이지만 아마도 장창인 콘투스를 사용했을 것으로 추측된다. 트라야누스 황제는 사르마타이 중장기병을 보고 원정 후에 똑같은 기병부대를 편제하여, 그러한 형식의 중장기병을 최초로 채용한 로마 황제가 되었다.

전쟁의 기술 4

로마의 포격병기

화약이 등장하지도 않은 아득한 옛날인 기원전, 이미 기계적 장치로 탄체를 사출·투척하는 대형 병기가 존재하고 있었다. 아마도 그리스 세계에서 고안되었을 이들 "포격병기"는 로마 시대 들어 조직적으로 운용되며 높은 기술 수준에까지 다다른다.

발리스타

대형 화살이나 돌덩이를 사출·투척하는 대형 병기 「카타풀투스」 중 암(완목) 2개를 가지고 있으며 활 본체의 탄성(활심)을 이용하지 않는 것을 라틴어로 「발리스타」라고 한다. 로마인은 이러한 유형의 병기를 카르타고인과 그리스인에게 배웠다. 라틴어 「발리스타」(BALLISTA) 자체는 "원거리무기로 쏘다"를 의미하는 그리스어 「발로」(ΒΑΛΛΩ)에서 파생된 것이다. 로마군에서는 켄투리아(백인대)마다 1대의 발리스타와 11명의 조작원이 배치되어 1개 군단이 55대를 운용했다.

오른쪽 그림은 트라야누스 원주에 새겨져 있는 소형 발리스타 「카로발리스타」. 받침대 중에는 바퀴가 달린 것도 있다. 소형화된 것은 아르키메데스가 개발한 "스콜피오"(스콜피온)라는 이름으로 알려져 있는데, 로마에서는 이를 「마누발리스타」나 「아르쿠발리스타」라고도 불렀다.

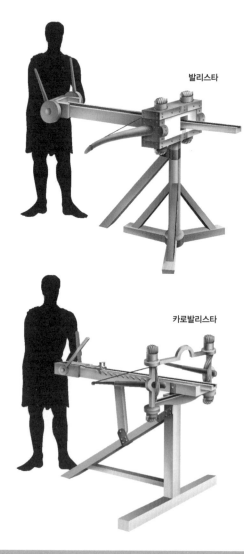

발리스타

카로발리스타

"비틀림식" 노포

발리스타에는 주로 "비틀림식"이라 불리는 장치가 사용되었다. 이는 기원전 4세기 중반 등장한 것으로, 머리카락이나 동물의 힘줄을 꼬아놓은 굵은 타래에 얼레 역할을 하는 나무틀을 꽂고 완목 2개를 설치하는 방식이다. 활 본체가 아니라 팽팽히 꼰 타래가 비틀리면서 발생하는 장력을 이용한다. "비틀림식"의 단점으로는 ①위력을 높이기 위해 비틀림을 강하게 하려면 본체도 그만큼 튼튼해야 하므로 무거워진다 ②위력을 높이면 타래의 수명이 짧아진다 ③습도에 의해 위력이 감소한다 ④단발식이다 등을 들 수 있다.

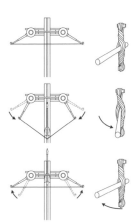

"비틀림식" 이외의 특수한 노포

"비틀림식"의 단점을 개량하고자 여러 가지 노포가 고안되었다. 그림은 비잔티움의 필론(기원전 2세기 후반, 응용기하학 연구가)의 저작 중에 등장하는 2종의 노포 「칼코토논」과 「폴리볼로스 카타펠테스」. 전자는 타래의 나무틀 대신 청동으로 만든 링 스프링을 장치한 것이며, 후자는 대형 화살을 연사할 수 있는 것이다. 또한 기원전 2세기의 수학자 크테시비오스는 「아에로토노스」라 불리는 공기압용수철을 이용한 노포를 고안한다.

「칼코토논」. "비틀림식"의 타래 대신 청동으로 만든 링 스프링을 사용한다.

「폴리볼로스 카타펠테스」. 화살을 연사할 수 있다.

오나게르

「오나게르」는 "야생 당나귀"라는 뜻. 기원후 4세기 들어 서적에 등장하는 마지막 투석기이다. 하지만 동종의 투석기 「모나콘」이 기원전 2세기 그리스 세계에 알려져 기원후 1~2세기에는 로마군에서도 사용되고 있었기 때문에 완전히 새로운 병기는 아니다. 원리는 "비틀림식"으로 타래 묶음에 완목 1개를 장착하여 돌을 투척한다. 중세 유럽의 투석기 「캐터펄트」의 원형이다.

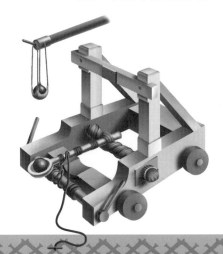

동방화된 로마군

로마 [제정 말기]

제정 말기의 로마군은 공화정이나 제정기 전반에 비해 질적으로 퇴화된다. 그중에서도 사기의 저하가 심각하여 더 이상 백병전을 견디지 못하게 된 군단병은 결국 투척부대의 양상마저 띠어갔다. 한편으로는 동방화가 진행되어 중장기병이 등장한다. 제정 말 3세기의 로마군은 영화 등을 통해 익숙한 모습과는 전혀 달랐다.

로마 군단병(제정 말)

제정 말기가 되면 군단병의 장비는 크게 변화한다. 장창「하스타」와 투창「스피쿨룸」을 들고워 다트를 휴대했다. 이 표창은「플룸바타이」또는「마티오바르불리」라고 불린다. 방패 형태는 원에 가까운 타원형이 되었다. 그들은 여러 종류의 투척무기를 장비한 채 가급적 검을 사용하지 않고 적과 거리를 두면서 싸웠다.

투구는 인테르키사형이라 불린다.

동체 갑옷은 비늘 모양 미늘인 스케일을 사용한 로리카 스콰마타.

표창은 방패 뒤에 휴대했다.

검도 역시 짧은 글라디우스가 아니라 적과 거리를 유지할 수 있는 장검「스파타」로 바뀐다.

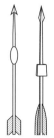

표창「플룸바타이」. 위력은 투창 필룸에 미치지 못했으나 대량으로 휴대할 수 있다는 점에서 뛰어났다. 대에는 납으로 된 추가 달려 있으며 강도를 주기 위해 대를 꼬아놓은 것도 있었다. 사정거리는 50m 정도. 하지만 실제로는 더 가까이에서 투척했다.

랑케아리우스

「랑케아리우스」는 장창, 스피쿨룸, 플룸바타이 등을 장비하는 경장보병이다. 중장 군단병 뒤에 배치되었다. 갑옷을 입지 않는 점만이 중장 병사와 다르다. 그림의 방패에 적혀 있는 모노그램 "XP"는 그리스어로 그리스도를 의미하는 "ΧΡΙΣΤΟΣ"의 앞 두 글자를 조합한 것.

제정 말의 군단은 16종심 전열을 구성하여 앞쪽에 중장 군단병을, 그 뒤에 경장 랑케아리우스를 배치한다. 그보다 더 뒤에서 궁병인 사지타리우스가 대기하고 있다가 대각선 위를 향해 활을 쏘기도 했다.

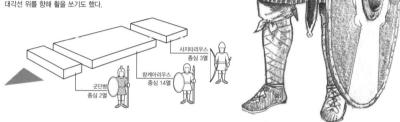

사지타리우스
종심 3열

랑케아리우스
종심 14열

군단병
종심 2열

칸타브리아식 기병 전술

중장화가 시작되기 이전의 로마군 기병은 투창을 사용하는 돌격 전술을 채용하여 안장에 여러 자루의 투창을 담은 케이스를 달고 있었다. 이 전술은 칸타브리아식이라 불리는 기병 교련에서 비롯되었다고 하며, 히피카 김나시아 또한 그 교련이 의식·경기화된 것으로 추측된다. 칸타브리아란 히스파니아 서북부의 한 지방으로, 그곳에서 배출된 우수한 기병은 카르타고의 명장 한니발의 지휘하에도 있었다. 제2차 포에니 전쟁 후 이곳을 점령한 로마군은 우수한 기병을 자군에 편입시켰을 뿐만 아니라 교련 방법도 받아들인다.

① 왼손에 든 방패를 적에게 향하고 전진하는 테스투도 대형(거북등 대형)으로 적에게 접근. 근처에서 오른쪽으로 선회한다.

② 투창을 투척한다(제1투).

③ 등을 돌리면서 제2투를 투척한다.

④ 방패로 등을 가리는 「페트리노스 대형」으로 후퇴한다. 또는 선회해서 검을 뽑아 들고 돌격을 감행한다. 경기인 히피카 김나시아에서는 이 후퇴대형일 때 적 진영에 창을 던져 넣어 방패에 명중하면 득점이 주어졌다.

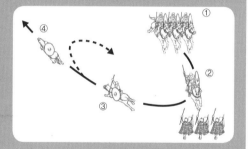

히피카 김나시아의 기병

그림은 「히피카 김나시아」라 불리는 훈련경기 때의 기병이다. 이 경기는 부대를 둘로 나눠 상대편에 창을 던지는 것으로, 화려하게 차려 입기는 했으나 실전과 별 차이가 없이 격렬했다. 다만 유혈 방지를 위해 창끝은 목제. 아무리

목제라도 얼굴에 맞으면 중상을 입을 수 있으므로 금속제 가면까지 썼다. 넓적다리와 정강이에도 방어구를 착용하여 피부를 노출시키지 않는다. 말에도 갑옷을 입혔던 모양으로 병사의 갑옷과 함께 말의 흉갑, 마면 등의 장비가 발굴되고 있다. 또한 스탠더드용 용 장식도 동시에 발굴되었다. 히피카 김나시아는 중세 유럽 세계에서 융성한 토너먼트(무예시합)의 기원이라고도 한다.

「로리카 라멜라」 갑옷의 가슴에 있는 작은 사각형 부분은 갑옷을 입을 때 머리를 넣기 쉽도록 여닫거나 떼어낼 수 있게 되어 있다.

클리바나리우스/카타프락투스

기병의 중장화는 특히 동로마 제국에서 두드러진다. 인접한 기마민족에 대항하고자 적 장비에 맞춘 결과이다. 로마인은 중장화된 기병을 장갑의 정도에 따라 「클리바나리우스」와 「카타프락투스」로 나누어 불렀다. 전자가 장갑의 수준이 더 높다. 무기는 모두 장창인 콘투스였으나 기마민족과 맞서는 사이 단궁(短弓)도 장비하게 된다. 허리에는 검도 장비하고 있어 원근거리 공격력을 겸비한 우수한 부대였다.

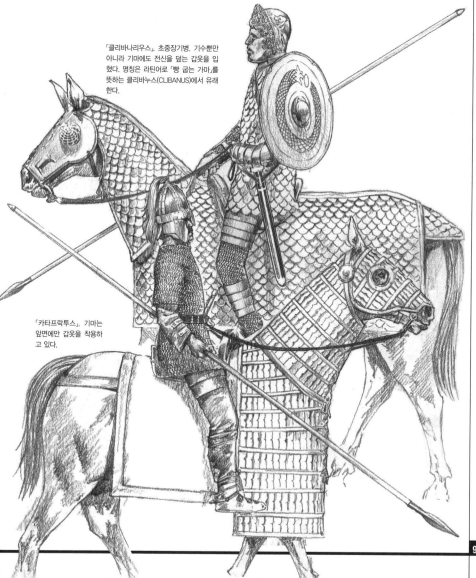

「클리바나리우스」. 초중장기병. 기수뿐만 아니라 기마에도 전신을 덮는 갑옷을 입혔다. 명칭은 라틴어로 「빵 굽는 가마」를 뜻하는 클리바누스(CLIBANUS)에서 유래한다.

「카타프락투스」. 기마는 앞면에만 갑옷을 착용하고 있다.

거대 제국에 도전한 야만족 전사

게르만인

게르만인은 인도유럽(인구)어족에 속하며, 스칸디나비아 반도 등 현재의 북유럽에 해당하는 지역을 고향으로 가지고 있다. 그들은 그곳에서 남하 또는 서진하여 갈리아인을 압박하는 동시에 기원전 2세기 말에는 이탈리아 반도에까지 진입한다. 최초의 충돌 이후 로마는 게르만 부족에 대항해 숙명의 항쟁과 대치를 계속하는데, 그것은 이윽고 유럽사 주역의 교체로 이어진다.

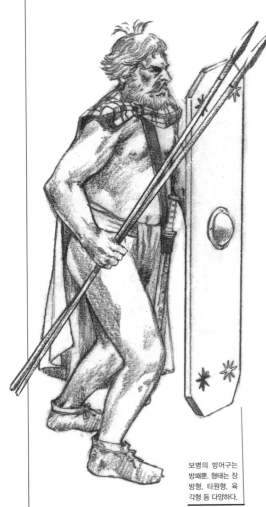

보병의 방어구는 방패뿐. 형태는 장방형. 타원형. 육각형 등 다양하다.

킴브리/테우토니족

킴브리족은 유틀란트 반도, 테우토니족은 발트 해 연안에 거주하던 게르만인. 기원전 2세기 남하를 시작해 이탈리아에까지 나아갔다. 킴브리란 그들의 언어로 "약탈자"를 의미한다.

킴브리/테우토니족 전사

게르만인은 큰 체구와 파란 눈이 신체적 특징이다. 기원전 1세기경까지 게르만인은 아직 충분한 방어구를 갖추지 못한 채 방패를 유일하게 의지 삼아 검과 두 자루의 투창을 들고 싸웠다. 검은 로마인의 것과 달리 크기가 큼직하다. 기병은 투구를 썼는데 그중에는 입을 크게 벌린 짐승을 본뜬 것도 있었다. 기병의 방패는 타원형 혹은 작은 원형으로 표면이 하얗다. 게르만인 기병은 직진과 오른쪽 선회밖에 할 줄 몰랐다는 말이 있으나, 기원전 1세기의 율리우스 카이사르가 그들을 자신의 호위대로 삼은 것을 보면 그러한 평가가 반드시 정설이라고는 단정할 수 없다.

수에비족

수에비족은 기원전 1세기에 가장 호전적이던 게르만 부족. 많은 지족(支族)을 거느리고 지금의 독일 등지에 해당하는 게르마니아에서 무위를 떨쳤다. 로마와는 카이사르 이래 대치를 계속했는데 오현제 중 마지막 황제 아우렐리우스 시대에 오랫동안 로마 영토를 침범한 마르코만니족, 콰디족도 수에비족의 일파였다.

수에비족 전사

수에비족의 외견상 특징은 한데 모아 정리한 긴 머리카락을 오른쪽 관자놀이 부근에서 묶는 "수에비 매듭"이라 불리는 상투에 있었다. 이 독특한 상투는 단순한 패션이 아니라 자유민과 노예를 구분하는 사회적 기호이기도 했다. 다른 게르만 부족에서도 청년기에는 비슷한 상투를 트는 경우가 있었다고 한다. 또한 전투를 할 때는 정수리에도 상투를 틀고 출진했다. 이는 스스로를 크게 보이려는 장치라고 짐작된다. 방패는 타원형이며 위아래가 패여 들어간 것이 "수에비풍"이다. 방패를 잃는 것은 최대의 치욕이었기 때문에 밧줄로 동여매기도 했다.

짧은 창 「프라메아」. 던질 수도 있고 근접전에서 사용할 수도 있다. 도끼를 쓰는 병사도 있었다.

"수에비풍" 방패에는 개인이 각자 아름답다고 생각하는 색을 칠했다.

게르만 특유의 외날 단검 「색스」. 길이가 긴 검은 그다지 선호하지 않았다.

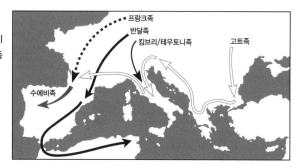

게르만 민족이동도. 기원전 2세기~기원후 5세기 주요 부족의 이동 경로를 나타낸다.

프랑크족
반달족
킴브리/테우토니족
고트족
수에비족

원형 방패. 중앙에 컵 모양 방패심이 있다.

프랑크족

게르만인 중에서도 가장 게르만답지 않은 부족이 프랑크족이다. 그들은 켈트인과 융합하여 다른 부족과는 이질적인 풍습을 갖게 되었다. 5세기에 시작된 게르만 민족 대이동의 격랑 속에서 갈리아 대부분을 지배하였으며, 그들이 건국한 프랑크 왕국은 머지않아 유럽사에서 큰 역할을 담당하게 된다.

프랑크족 전사

프랑크족은 족장 등을 제외하면 거의 대부분이 보병이었다. 그들은 턱을 제외한 콧수염만을 길렀고 빨강, 파랑, 노랑, 초록 등 밝은색 줄무늬가 있는 튜닉과 바지를 입었다. 테두리를 붉게 칠한 망토를 두른 병사도 찾아볼 수 있었으며 털가죽 조끼를 착용하는 사람도 있었다. 손에는 미늘촉 형태의 창끝을 가진 긴 투창 「앙공」을 들었는데 로마인의 필룸과 마찬가지로 방패를 관통하는 위력이 있었다. 독특했던 것은 「프랑시스카」라 불리는 다루기 어려운 투척용 도끼이다.

직검.

투척된 「프랑시스카」는 회전하면서 적을 향해 날아간다. 따라서 도끼머리가 적에게 박히는 타이밍이 한정되어 있었다. 현대의 실험에서 4m마다 한 바퀴 회전한 것을 보면 4m, 8m, 12m일 때만 살상이 가능했을 것이다.

4m   8m   12m

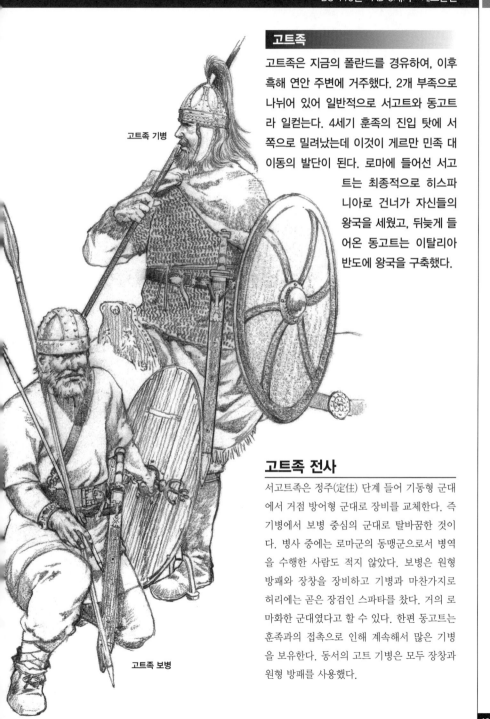

고트족 기병

고트족 보병

고트족

고트족은 지금의 폴란드를 경유하여, 이후 흑해 연안 주변에 거주했다. 2개 부족으로 나뉘어 있어 일반적으로 서고트와 동고트라 일컫는다. 4세기 훈족의 진입 탓에 서쪽으로 밀려났는데 이것이 게르만 민족 대이동의 발단이 된다. 로마에 들어선 서고트는 최종적으로 히스파니아로 건너가 자신들의 왕국을 세웠고, 뒤늦게 들어온 동고트는 이탈리아 반도에 왕국을 구축했다.

고트족 전사

서고트족은 정주(定住) 단계 들어 기동형 군대에서 거점 방어형 군대로 장비를 교체한다. 즉 기병에서 보병 중심의 군대로 탈바꿈한 것이다. 병사 중에는 로마군의 동맹군으로서 병역을 수행한 사람도 적지 않았다. 보병은 원형 방패와 장창을 장비하고 기병과 마찬가지로 허리에는 곧은 장검인 스파타를 찼다. 거의 로마화한 군대였다고 할 수 있다. 한편 동고트는 훈족과의 접촉으로 인해 계속해서 많은 기병을 보유한다. 동서의 고트 기병은 모두 장창과 원형 방패를 사용했다.

문신을 한 전사

픽트인

픽트인은 3세기 들어 문헌에 등장하는 민족이다. 지금의 스코틀랜드 북부 및 오크니 제도에 거주했으나 그들의 문화와 생활에 대해서는 거의 알려져 있지 않다. 그들은 해안가에 지은 「브로치」라는 석조 성채를 거점 삼아 교역보다도 약탈을 통해 식량을 얻는 경우가 많았다. 이름 그대로 문신을 했을 것이라 짐작되는 용모는 매우 위협적이었을 것이다.

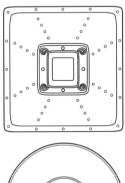

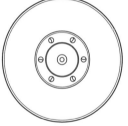

소형 방패. 컵 모양 방패심이 중앙에 달렸고 원형과 사각형, H형이 있었다.

픽트인 전사

픽트인이라는 이름은 "그리다"를 의미하는 라틴어 "픽투스"에서 유래한다. 그들이 전신에 문신을 했을 것으로 짐작하는 이유이다. 민족적으로는 갈리아인에 가깝다고 추정되지만 정확한 것은 아니다. 다만 분명 그들이 사용한 것으로 보이는 무구 대부분은 켈트계의 특징을 지니고 있으며 켈트인이 거주하던 아일랜드에서 볼 수 있는 도끼머리도 발굴되었다. 장검과 단창 또는 투창, 도끼를 사용했고 돌에 새겨진 그림에는 한쪽 무릎을 꿇고 활을 당기는 모습이 묘사되어 있다. 켈트계치고는 드물게 활의 명수였다고 주장하는 연구가도 있으며 실제로 쇠뇌 같은 것을 새긴 유물이 발견되기도 했다. 영국의 빈돌란다 유적에서 발견된 나뭇조각에는 그들 중 대다수가 말을 탄 채로 투창을 사용하지 못했다고 적혀 있다. 또한 몸을 보호하기 위한 방어구를 거의 착용하지 않았다고도 적혀 있는데, 유적에 남은 부조에서 확인할 수 있는 방어구도 주로 방패뿐이다.

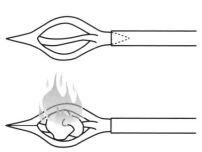

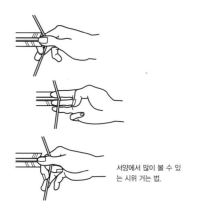

불화살(말레올루스)용 화살촉. 테 안에 낡은 천 등 가연성물질을 끼워넣고 불을 붙인다. 활과 발리스타(노포)용 화살 끝에 달거나 투창의 창 끝에 달았을 것이다. 영국 북부에서 발견되어 일설에는 픽트인이 사용했다고 한다. 이러한 구조의 화살촉은 멀리 발칸 반도 북부에서도 발견되지만 흔치는 않다.

서양에서 많이 볼 수 있는 시위 거는 법.

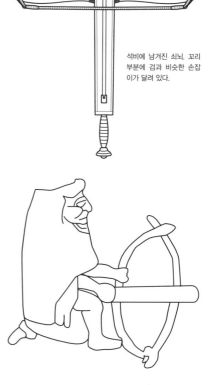

석비에 남겨진 쇠뇌. 꼬리 부분에 검과 비슷한 손잡이가 달려 있다.

이 인물이 사용하는 것이 활인지 쇠뇌인지는 구분할 수 없다. 어느 쪽이든 무릎을 꿇은 자세를 통해 사냥감을 추격하기만 한 것이 아니라, 매복해서 저격할 만큼의 실력도 가지고 있었음을 추측할 수 있다.

중장 기마 군단

사산 왕조 페르시아

3세기가 되면 과거 대제국 부흥의 기치를
내건 사산 왕조 페르시아가 파르티아 대
신 동방 세계에 군림한다. 이후 사산 왕조
는 400년에 걸쳐 계속해서 로마 국경을
위협한다. 기마민족국가였던 사산 왕조의
부대 편제는 파르티아의 그것과 흡사했으
나, 그들은 우수한 병참 능력을 가져 파르
티아와 달리 장기간의 공성작전을 수행할
수 있었기 때문에 로마가 구축한 국경 요
새군의 공략도 가능했다. 또한 조로아스
터교의 부활로 인한 사기 향상도 놀라울
정도였다.

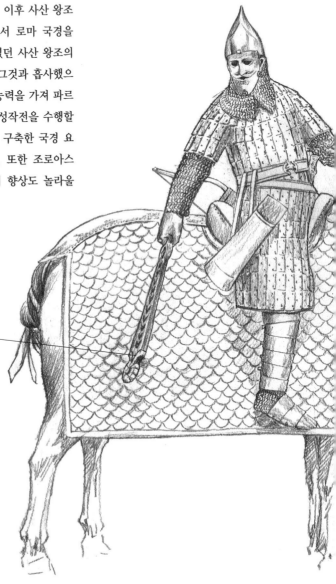

전금속제 메이스. 검 같은
모양을 하고 있는 것이 특
징이다.

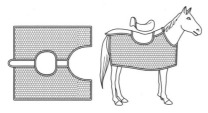

마갑 입히는 법. 가죽이나 두꺼운 천으로 만들어 등에 씌우고 가슴과
엉덩이 부분에서 매듭을 묶는다.

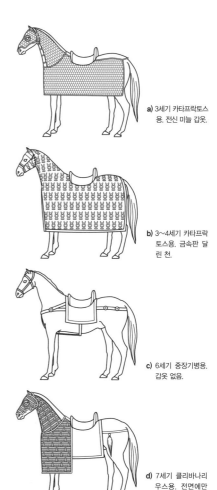

a) 3세기 카타프락토스
용. 전신 미늘 갑옷.

b) 3~4세기 카타프락
토스용. 금속판 달
린 천.

c) 6세기 중장기병용.
갑옷 없음.

d) 7세기 클리바나리
우스용. 전면에만
장갑.

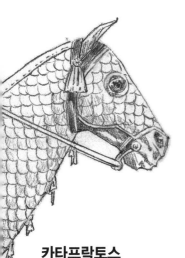

카타프락토스

그림은 5세기 무렵의 카타프락토스. 3세기 무
렵 카타프락토스의 마갑은 천이나 가죽제 덮개
였는데, 거기다 금속제 조각 장식을 꿰매 붙였
다. 이는 자신들을 용맹스러워 보이게 하기 위
한 것이었다. 기수는 상반신을 사슬 갑옷으로
감싸고 하반신을 판금 갑옷으로 덮었다. 5세기
가 되면 기수와 기마 모두 한층 더 중장으로
바뀌고 물방울형 투구에는 금속제 가면이 추가
된다. 콘투스라 불리는 마상창 외에 단궁을 장
비하는 등 돌격전뿐만 아니라 활을 이용한 사
격전 능력도 갖추고 있었다. 또한 검 말고도
전금속성 메이스를 장비했다.

약 400년간 존속한 사산 왕조 페르시아의 마갑은 적대하는 세력의 장
비에 대응해 변화한다. 중장갑화한 로마 기병이나 팔미라와 맞서던 당
초에는 파르티아군과 마찬가지로 말 전체를 덮는 금속제 갑옷이었다.
그러던 것이 이슬람 세력을 상대하게 되면서 점차 재료가 천으로 바
뀐다. 가벼운 이슬람 기병에 대항하기 위해서였다. 하지만 전투경험을
쌓아가며 역시 어느 정도는 돌격력이 필요하다는 사실을 깨닫고 말의
전면에만 장갑을 도입한다. 적 세력과의 공동 작업이라고도 할 수 있
는 장비 변경의 실상을 보여주는 전형적인 예시라 하겠다.

클리바나리우스

사산 왕조의 군대는 기병 중심으로, 보병은
표면적인 전열을 구성하는 정도에 불과했다.
주력 병종인 중장기병에는 파르티아 등 동방
기마민족과 마찬가지로 장갑의 수준에 따라 2
종류가 있었다. 말의 전신을 덮는
것과 전면만 방어하는 것인데 전자
가 「카타프락토스」, 후자가 「클리바나
리우스」라고 불렸다. 제정 말 로마와는
호칭이 반대이다. 그림은 7세기 무렵의
클리바나리우스. 마갑에는 리본 모양 장
식이 달려 있다. 기수의 갑옷은 체인 메
일. 얼굴도 투구와 일체화된 메일로 완
전히 가린다. 원형 방패를 휴대하다가
돌격 시에는 왼손에 들었다.

방패에는 어깨에 메기 위한
가죽띠가 달려 있어 보통 때
는 늘어뜨려 놓았을 것으로
보인다.

투구의 정수리 부분에는
구형 장식이 있다.

전투 코끼리

사산 왕조 페르시아는 전투 코끼리 부대를 보
유하고 있었다. 코끼리의 종류는 인도코끼리
로 추정되며 등에 망루를 얹는 경우와 병사가
직접 걸터앉는 경우가 있었다. 전투 코끼리에
탑승하는 병사는 활로 공격한다.

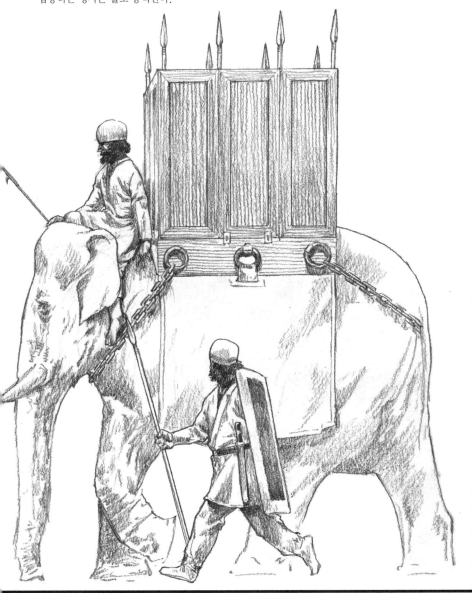

유럽을 석권한 기마 군단

훈족

훈족은 튀르크-몽골어족의 유목민으로 본래 중앙아시아에 거주했다. 중국 한(漢) 대의 흉노와 관련이 있다는 설도 있다. 4세기 말부터 서진하여 흑해 연안에 위치하던 고트족을 서쪽으로 몰아내고, 아틸라 왕(재위 406년경~453년) 치세에는 한층 더 유럽으로 말을 달려 동서 로마 제국과 싸웠다. 하지만 왕의 갑작스런 죽음에 의해 훈족의 왕국은 와해되고 민족도 타민족과 융합되어 소멸한다.

■훈족의 합성궁

훈족 대부분은 경장 기마궁병이었다. 그들은 강력한 합성궁을 사용해 약 75~100m 거리에서도 금속제 갑주를 꿰뚫을 수 있었다고 한다. 여기에는 동방에서 활약한 초중장기병 카타프락토스라도 대항할 방도가 없었다. 활은 시위를 메우기 전 자연스러운 상태에서는 등 쪽을 향해 구부러진 "C" 자형을 하고 있는데 이것을 힘껏 배 쪽으로 당겨 시위를 걸었다. 이로써 철판조차 관통하는 강력한 장력이 발생하는 것이다. 바꿔 말하면 강력한 장력을 견딜 만한 강도의 합성궁이 아니고서는 가질 수 없는 위력이었다. 합성궁은 3종류 이상의 재료를 사용한 활로, 2종류 사용한 것은 복합궁이라 부른다.

직사(直射)의 경우 서양에서는 시위를 턱에 닿도록 당기지만 동양에서는 보통 귀까지 당긴다.

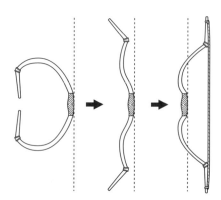

훈족 전사

경장 기마궁병. 그들은 기마의 명수로 유명하
다. 로마인의 기록에 따르면 식사도 수면도 마
상에서 취하는 등 거의 하루 종일 말 위에서 지
냈다고 한다. 또한 그때까지 쳐들어온 어떤 이
민족보다도 야만적이었기 때문에 로마인은 그
들의 존재에 위협을 느꼈다. 머리를 기르고, 뺨
에는 어린 시절 일부러 상처를 입혀 흉터를 주
름처럼 남긴다. 기이한 풍모를 지닌 체격은 작
은 편이었지만 손발과 목 등이 다부지고 굵었
는데, 그들에 대한 증오 탓이었는지는 몰라도
기록에는 "추악할 정도였다"라고 적혀 있다.
의복은 양털, 들쥐 가죽 등으로 만들어 밝은색
물을 들였으며 그것이 그대로 군장이 되었다.
부유한 자는 오른팔 위쪽에 둥근 소형 방패를
달았고 체인 메일을 입는 자도 있었다. 강력한
합성궁으로 동방의 초중장기병을 격퇴할 수 있
었는데, 한편으로 훈족은 초중장기병을 자군에
도입하여 침공에 박차를 가하기도 했다.

일반병사는 투구를 쓰지 않고 그들의 복식인
산양털로 테두리를 두른 원형 모자나 후드만
을 착용했다. 귀족은 금속제 투구를 썼다.

실크로드의 부가 낳은 정예군

팔미라

3세기 중반 실크로드의 요충이라는 지리적 특성을 활용하여 낙타 카타프락토스를 등장시킨 것이 팔미라였다. 이 땅은 로마와 사산 왕조 페르시아의 세력이 미치는 충돌점이었으나, 팔미라는 얼마 안 되는 기간 동안이라고는 해도 통상을 통한 부를 바탕으로 위세를 떨친다. 당초 사산 왕조의 침입을 로마의 동맹자로서 격퇴하고 오히려 거세게 쳐들어가기도 했다. 270년에는 로마로부터의 자립을 기치로 반기를 들었고 더욱 세력을 확대했지만 그 2년 후 제국에 의해 멸망한다.

낙타 위에서 사용한 예리하고 긴 검. 키 큰 낙타 위에서가 아니면 사용할 수 없는 길이다.

낙타 카타프락토스

낙타 카타프락토스

낙타에 갑옷을 입혀 카타프락토스로 만든 것. 기마 카타프락토스와 맞설 정도는 아니었으므로 그들을 원호하는 역할을 담당했다. 무기는 투창과 활, 장검이다. 낙타는 말보다 앉는 위치가 높아 활이나 투창을 보다 높은 곳에서 날릴 수 있어 효과적이었다. 다만 근접전에서는 적과의 거리가 멀어지기 때문에 검신이 긴 도검이 필요하다. 또한 낙타 냄새는 적의 기마를 혼란에 빠트릴 수 있었다.

카타프락토스

팔미라군의 중핵은 카타프락토스를 주력으로 하는 돌격형 기마부대였다. 파르티아를 비롯한 대부분의 기마민족국가에서는 카타프락토이(중장 기마부대)가 보조가 되어 주력인 기마 궁병을 원호하는 역할을 담당했으나 여기에서는 돌격전법이 주역이었다. 돌진해오는 장창 콘투스에 맞서, 로마군은 보다 몸이 가벼운 경기병의 기동력으로 대항하거나 중장갑에 관계없이 위력을 발휘하는 곤봉을 사용한다. 그리고 마름쇠(「트리불루스」)를 전장에 뿌려 그들의 돌진력을 봉쇄하려 했다. 이 마름쇠는 유효하여 모래 속에서 말과 낙타의 다리에 치명적인 손상을 입혔다.

로마군이 사용한 마름쇠 「트리불루스」. 마름쇠라고 하면 작은 것을 상상하기 쉽지만 말을 노린 것이기 때문에 크기는 5~30cm.

제 I 장에서는 유적과 유품을 통해서만 확인 가능한 고대 세계와 고전문학에 의해 보다 구체적인 사정을 알 수 있게 된 고대 로마 시대를 통틀어 전사의 변모 과정을 좇아보았다.

고대 세계에서는 무용이 뛰어난 사람이 전장에서 적의 용사를 상대하고, 일대일 승부를 벌여 문제를 해결하는 경우가 흔히 있었다. 하지만 그처럼 개인의 기량을 다투는 전투 스타일은 집단으로서의 능력을 향상시킨 「군대」가 등장하면서 점차 사라지게 된다.

「곤봉」, 「창」, 「도검」, 「단검」, 「투창」, 「활」, 「투석구」 등 기본적인 무기는 식량을 얻기 위한 기나긴 수렵생활을 거치며 고대 시점에서 이미 갖추어졌지만, 「군대」에서는 그들 무기를 개별적으로 사용하는 것이 아니라 집단 속에서 어떻게 조합하여 사용하는가, 즉 각각의 장단점을 효과적으로 발휘·극복하기 위해서는 어떻게 하면 좋은가에 대한 해답이 요구되었다. 시행착오의 반복 속에서 때로는 새로운 무기가 등장하기도 하였으나, 그것 또한 어디까지나 집단의 사용에 주안점을 두고 고안된 것이었다.

전사는 개인의 기량을 연마하기보다도 집단(=군대)으로서의 행동을 습득했고, 특별한 용사 대신 일반시민이 전사 집단으로서 전장에 군림하기도 했다. 고대 세계를 지나며 전쟁은 하나의 기술이 된 것이다.

제Ⅱ장

MEDIEVAL
WARRIORS

중세의 전사

로마 재흥을 목표로

동로마(비잔티움) 제국 [초기]

로마령을 덮친 게르만 민족 대이동의 여파는 결국 서로마 제국을 멸망시킨다(476년). 이로써 서쪽의 제국령 회복이 동서의 로마 황제임을 자타 공인하는 동로마(비잔티움) 황제의 숙원이 된다. 하지만 그런 의식과는 달리 로마 회복에 성공한 군사행동은 유스티니아누스 1세(483년~565년) 시대에 국한되며 또한 그것이 최후의 구체적인 시도이기도 했다.

국군 정규 병종인 카타프락투스(카타프락토스)의 표준 스타일이 된다.

부켈라리우스
(중장기병)

부켈라리우스

동로마 제국의 명장 벨리사리우스(505년경~565년)는 533년에 시작된 이탈리아 반도 탈환작전을 위해 새로운 타입의 중장기병을 편제한다. 그것이 「부켈라리우스」이다. 본래 이 명칭은 장군이나 대토지 소유자가 편제하는 특별히 합법화된 부대를 가리켰으나, 벨리사리우스는 그것에 자신이 전장에서 습득한 지식을 도입하여 적국 기병의 장점을 응축시킨 부대를 만든다. 기병창은 아바르인이 사용하던 「도리」, 허리에는 로마이 장검 스파타 위에도 훈족의 합성궁을 찼다. 갑옷은 넓적다리까지 가려지는 기장이 긴 체인 메일. 다리에는 길쭉한 금속판을 엮어 만든 정강이받이를 장착했다. 왼팔에는 둥근 소형 방패를 장비한다. 벨리사리우스가 편제한 중장기병의 이 같은 장비는 정규군에도 도입되어, 이후 동로마 제

스쿠타투스

「스쿠타투스」는 장타원형 방패 스쿠툼을 장비한 중장보병. 무기로 길이 3.6m짜리 장창을 들고 장검 「스파테」도 휴대한다. 이 스쿠타투스로 구성된 부대는 제정 말기의 로마군 보병에 비해 월등히 많은 훈련을 쌓았고 우수하기도 했다. 하지만 과거의 로마 군단병 같은 공격형 병종이 아니라 전열을 유지한 채 수세적으로 싸우는 방어형이다. 방어구는 체인 메일 흉갑으로 견갑이 달렸고 허리에는 넓은 가죽띠를 치마처럼 둘렀다.

타원형 방패. 「스쿠툼」은 라틴어로 "방패"를 뜻한다. 공화정기의 군단 방패와는 전혀 다른 모양이지만 이것도 단순히 "스쿠툼"이라고 불린다.

스쿠타투스
(중장보병)

「도리」(장창) 끝에 매단 삼각기. 공기 저항에 의해 돌격자세 시 창끝을 들어올리는 효과도 있었을 것으로 추측된다.

프실로스

「프실로스」란 동로마 제국의 경장보병을 가리킨다. 그들은 다양한 무기를 사용하였는데 대표적으로 활, 투창, 스태프 슬링(투석봉) 등이 있다. 그중에서도 궁병으로 구성된 「프실로이」(경장보병부대)가 많이 편제되었다. 원거리무기로 싸우는 한편 소형 방패와 「세쿠리스」라는 손도끼를 장비하여 근접전에서도 어느 정도 저항 능력을 가지고 있었다.

투석구를 긴 봉에 장착한 스태프 슬링. 동로마에서는 「스펜도볼론」이라고 불렸다.

트라페지토스

「트라페지토스」는 훈족의 기병을 모델로 편제
되었다. 기마민족풍으로 부츠를 신고 경우에
따라 금속제 투구만 착용할 뿐 갑옷은 입지 않
는다. 경장기병종으로 분류되며 다시 한 번 창
기병 타입과 기마궁병 타입의 2종류로 나누어
진다. 창기병 타입은 커다란 타원형 방패를 들
고 장창과 두 자루의 투창을 장비한다. 기마궁
병 타입은 둥근 소형 방패를 장비하고 합성궁
을 휴대했다.

창기병 타입의 장창은 중장기병
부켈라리우스가 사용하던 것과
동일하다.

아서 왕의 군대

브리튼

브리타니아라고 부르던 지금의 영국을 로마인이 속주로 삼은 것은 기원후 1세기의 일이다. 그 지배가 4세기 말까지 이어지는 동안 오늘날 말하는 "로마화"가 진행된다. 군장 역시 로마의 영향을 받은 것으로 이루어졌다. 중세 기사 이야기에 등장하는 아서 왕의 모델은 5세기에 실재했던 장군으로 추정되는데, 만약 그렇다면 그가 거느린 군대는 중세의 이미지와는 상당히 동떨어진 로마풍이었을 것이다.

브리튼 기병

로마 시대에는 많은 대륙인 병사가 브리타니아에 파견되었다. 브리타니아 선주민들이 이들 병사로부터 영향을 받은 것은 확실하여, 이전까지 족장과 귀족 등 부유층의 전유물이었던 갑옷과 투구가 일반병사에게 확대되고 중장기병이 일반부대화된다. 이들 중장기병은 「릴리카」라 불리는 체인 메일을 착용하고 금속제 투구를 썼다. 깃털로 장식하거나 보석을 아로새긴 호화로운 투구도 발견되었으나 이것은 그전처럼 족장급이 썼을 것으로 추정된다. 족장급은 심홍색 망토를 걸쳤다고도 기록되어 있는데, 로마의 귀족과 장군이 입었던 적자색이었는지도 모른다. 튜닉풍 민무늬 의복에는 붉은색 가선을 둘렀다. 주무기는 장창과 투창, 검으로 로마화 이전과 다름없다. 눈에 띄는 점은 단검 색스를 장비한 것. 마상에서 투창을 사용하는 일은 없었으며 이 점도 또한 중장화한 로마 기병의 영향을 받은 일례라 할 수 있다.

방패는 대형 타원형 혹은 원형. 로마군이 사용하던 것과 동일하지만 표면이 하얗고 무늬가 그려져 있지 않다.

그림은 트라야누스 원주에 새겨진 바람에 나부끼게 만든 스탠더드. 용을 본뜬 이 스탠더드(드라코 스탠더드)는 로마인이 사르마티아 등 동방 기마민족의 영향을 받아 자군에 도입한 것이다. 다키아 원정 후의 2세기에는 원조라고도 할 수 있는 사르마타이 록솔라니인이 변경 경비를 위해 브리타니아에 배속되는데, 그들이 최초로 이 스탠더드를 브리타니아에 들여왔을 가능성이 높다. 아서왕의 아버지 우서 펜드래곤이 사용한 금색 용 문장도 로마인 등 외래인의 영향을 받은 흔적인지도 모른다.

흉갑은 가죽제이며 건갑이 달린 가벼운 것이 많았다.

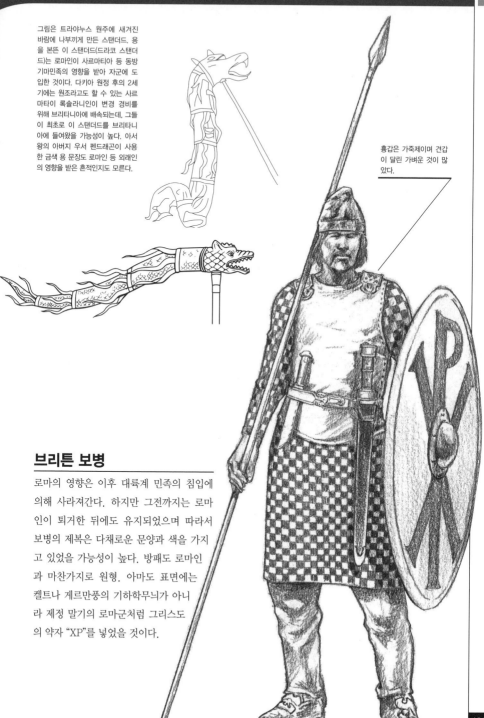

브리튼 보병

로마의 영향은 이후 대륙계 민족의 침입에 의해 사라져간다. 하지만 그전까지는 로마인이 퇴거한 뒤에도 유지되었으며 따라서 보병의 제복은 다채로운 문양과 색을 가지고 있었을 가능성이 높다. 방패도 로마인과 마찬가지로 원형. 아마도 표면에는 켈트나 게르만풍의 기하학무늬가 아니라 제정 말기의 로마군처럼 그리스도의 약자 "XP"를 넣었을 것이다.

등자를 전파한 기마 군단

아바르인

아바르인은 중앙아시아에 거주하던 튀르크–몽골계 기마민족이었으나 서진하여 6세기에는 동로마 제국을 위협한다. 동로마 황제는 판노니아(지금의 헝가리 서부)에서의 거주를 허락했지만 그들은 침공을 멈추지 않았다. 아바르는 동로마에게 기병 장비 강화의 견본이 되어주었으며 유럽에는 등자와 목제 안장을 전파했다고 전해진다.

아바르인 기병

그림은 아바르인 경장기병과 중장기병. 모두 장창을 들고 훈족처럼 활을 장비한다. 이 중 주력이 된 것은 말과 기수가 함께 갑옷을 착용하는 중장기병이다. 그들의 갑옷은 금속박판을 가죽끈 등으로 연결한 라멜라식이었고, 투구에서는 목을 덮는 체인 메일을 늘어뜨렸다. 경장기병은 갑옷을 입지 않았으나 역시 목을 보호하기 위해 겉옷 목덜미를 가죽으로 보강했다. 목 부분을 보호하는 이러한 장비는 아바르가 최초로 사용했다고도 한다. 경장기병의 겉옷은 어깨 부분에도 가죽 보강이 되어 있는데, 이를 통해 마상에서의 칼부림이 목에서 어깨에 집중되었다는 사실을 알 수 있다.

아바르 경장기병

아바르 중장기병

목제 안장은 말에 단단히 고정되어 마상전투에서 안정된 기승을 가능하게 한다. 아바르에 의해 전해지기 전까지 로마에는 가죽제 안장밖에 없었다. 목제 안장과 등자가 전래된 것은 유럽에 있어 군사기술상의 혁명이라고 부를 만한 대사건이었다. 등자는 돌격 시 기병창의 효과를 높여주었는데 충분히 가속하지 않아도 등자에 버티고 서는 것만으로 창끝에 말과 기수의 무게를 실을 수 있었다.

쌍두독수리 아래서

비잔티움 제국 [중기]

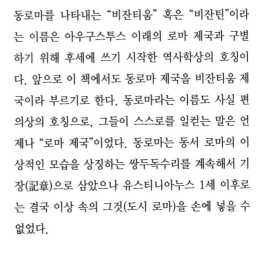

동로마를 나타내는 "비잔티움" 혹은 "비잔틴"이라는 이름은 아우구스투스 이래의 로마 제국과 구별하기 위해 후세에 쓰기 시작한 역사학상의 호칭이다. 앞으로 이 책에서도 동로마 제국을 비잔티움 제국이라 부르기로 한다. 동로마라는 이름도 사실 편의상의 호칭으로, 그들이 스스로를 일컫는 말은 언제나 "로마 제국"이었다. 동로마는 동서 로마의 이상적인 모습을 상징하는 쌍두독수리를 계속해서 기장(記章)으로 삼았으나 유스티니아누스 1세 이후로는 결국 이상 속의 그것(도시 로마)을 손에 넣을 수 없었다.

스쿠타투스(비잔티움 중기)
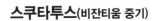

비잔티움 제국은 900년이 넘는 오랜 세월 동안 존속했지만 군의 병종이 크게 달라지는 일은 없었다. 그림은 9~10세기 무렵의 「스쿠타투스」이다. 이름에 걸맞게 대형 원형 방패 스쿠툼을 지니고 있다. 개중에는 팔과 다리에 금속제나 가죽제, 목제 방어구를 착용하는 사람도 있었다. 이러한 스쿠타투스 중에서도 더욱 중장인 병사는 전열의 선두에서 2열째까지, 아니면 선두 1열째와 최후미에 배치되었다.

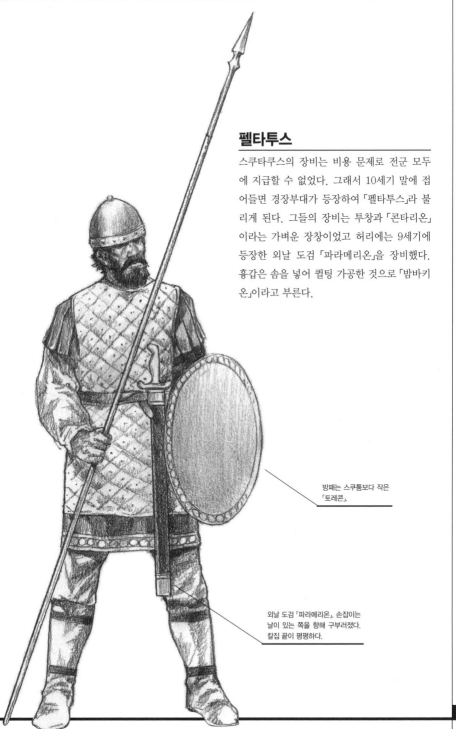

펠타투스

스쿠타쿠스의 장비는 비용 문제로 전군 모두에 지급할 수 없었다. 그래서 10세기 말에 접어들면 경장부대가 등장하여 「펠타투스」라 불리게 된다. 그들의 장비는 투창과 「콘타리온」이라는 가벼운 장창이었고 허리에는 9세기에 등장한 외날 도검 「파라메리온」을 장비했다. 흉갑은 솜을 넣어 퀼팅 가공한 것으로 「밤바키온」이라고 부른다.

방패는 스쿠툼보다 작은 「토레콘」.

외날 도검 「파라메리온」, 손잡이는 날이 있는 쪽을 향해 구부러졌다. 칼집 끝이 평평하다.

프실로스

그림은 경장보병 프실로스가 휴대한 여러 가지 무기 및 장비품. 활을 장비하는 병사는 보조무기로 투석구(슬링)도 지참한다. 이는 활의 기량을 신뢰할 수 없었기 때문이 아닐까 추측된다. 10세기 중반의 군사서적에서는 예비 활, 시위 4줄, 화살 40~60대를 담은 화살통 2개를 지참할 것을 권하고 있다.

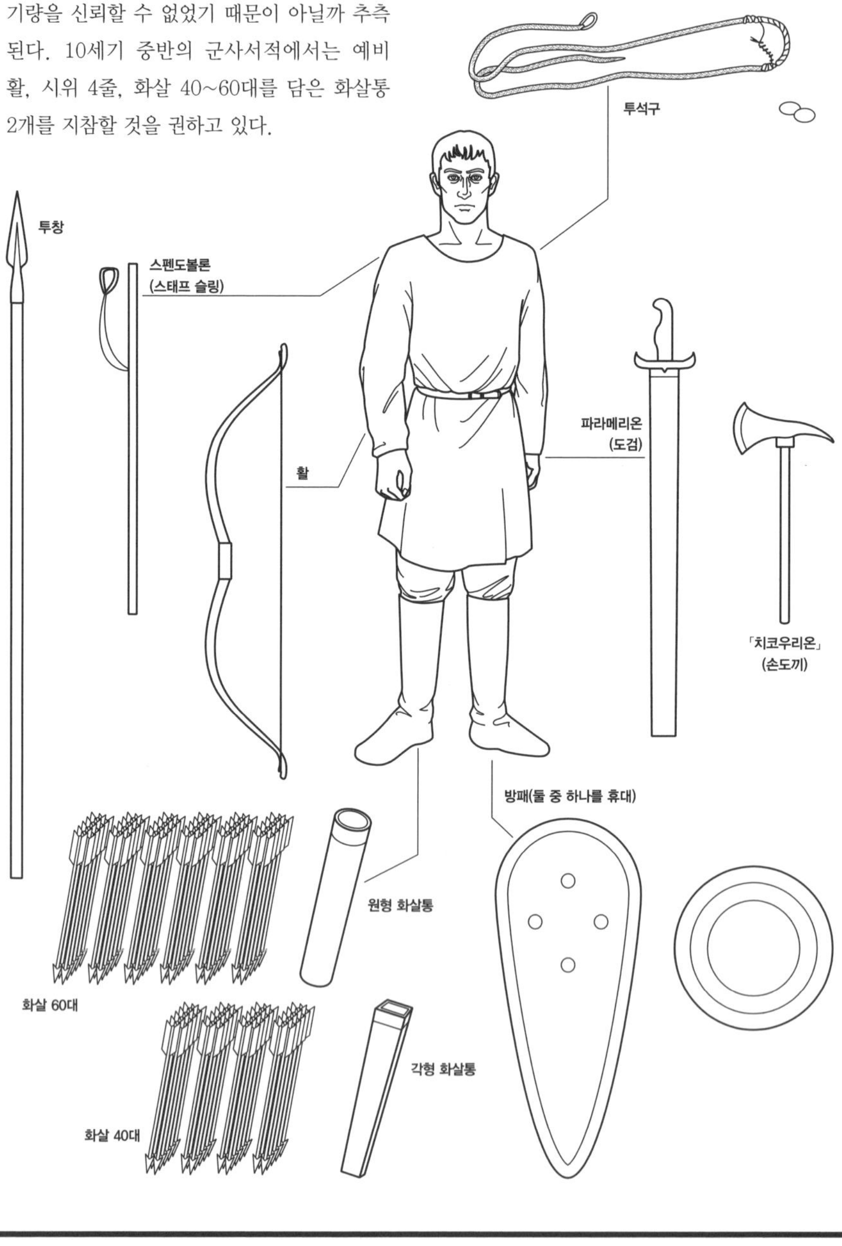

투석구

투창

스펜도볼론
(스태프 슬링)

활

파라메리온
(도검)

「치코우리온」
(손도끼)

방패(둘 중 하나를 휴대)

원형 화살통

화살 60대

각형 화살통

화살 40대

바랑인 친위대

비잔티움 황제 개인을 지키는 친위대는 당초 슬라브인이나 튀르크인으로 구성되어 「에테리 아르히스」(에테리아 부대)라 불렸다. 이러한 비잔티움의 외국인 친위대 가운데 오늘날 특히 유명한 것이 북유럽인으로 구성된 바랑 부대 즉 바랑인 친위대이다. 「바랑」이란 러시아인이 북유럽의 스칸디나비아인을 가리킬 때 쓰던 말로 굳은 계약 아래 싸우는 전사 집단이라는 의미가 있었다. 부대를 구성한 북유럽인 대부분이 과거 러시아 대공을 섬기던 자들이었기

콧날을 따라 네이절(코가리개)이 뻗은 물방울형 투구는 북유럽에서 나타나던 것.

체인 메일. 기장이 긴 것이 바랑풍.

금도금된 검.

때문에 이 이름이 사용되었을 것이다. 또한 그들은 장대한 전투도끼나 롬파이아를 어깨에 메고 있어 "도끼를 가진 위병"이라고도 불렸다. 평상시 궁정 내에서는 기장이 긴 붉은색 튜닉을 착용하고 진홍색 망토를 걸친다. 방패도 붉은색이며 까마귀로 보이는 그림이 그려져 있다. 머리에는 장식이 있는 두건을 썼다. 그림은 전장에서의 군장. 바랑인 친위대에는 1066년 노르만인에게 패해 잉글랜드에서 망명한 앵글로색슨인도 적잖이 포함되어 있었다.

카타프락투스

제국의 주력 병종은 중장기병 「카타프락투스」
이다. 비잔티움 시대에 저술된 다양한 군사서
적을 보면 세부적으로는 장비가 다르지만 대
체로 길이가 긴 체인 메일과 그 위에 라멜라식
「클리바니온」 갑옷을 입고 있다. 어깨에서 위
팔에 걸쳐 가죽제 갑옷을 장착하며 금속박판
을 엮은 팔보호대와 정강이받이도 착용한다.
무기는 장창 콘타리온, 활, 장검 「스파티온」이
다. 군사서적을 통해 콘타리온에 특화된 병사
와 활에 특화된 병사가 있었음을 확인할 수 있

는데, 전자는 서양식 연 모양을 한 대형 방패
를 들었고 후자는 지름 30cm가량의 둥근 방
패를 따로 팔 아래쪽에 끼워 장착했다. 행군
중에는 방수 가공된 망토를 걸치고 있다가 전
투에 돌입하면 포개서 안장 뒤에 묶는다.

카타프락투스

클리바노포로스

「클리바노포로스」는 로마 제정 말기에 편제되었던 클리바나리우스를 황제 니케포루스 2세 포카스(재위 963년~969년)가 부활시킨 것. 다만 예전보다 훨씬 중장이었다. 몸에는 라멜라식 클리바니온을 입고 그 위에 기장이 긴 누비 갑옷 「에필로리키온」을 걸쳤다. 머리에는 눈만 드러낸 사슬 형태의 덮개를 쓰고 그 위에 금속제 투구를 장착한다. 관절 부분도 역시 사슬 갑옷으로 가렸다. 다리와 팔에는 금속판을 엮은 팔보호대와 정강이받이를 착용한다. 또한 소형이지만 방패도 장비했다. 무기는 카타프락투스와 같은 장창 콘타리온, 장검 스파티온이며 원거리무기로 「마르조바르불론」이라는 표창을 몇 개 장비한다. 1071년 만지케르트 전투에서 패한 이후로는 편제되지 않았다.

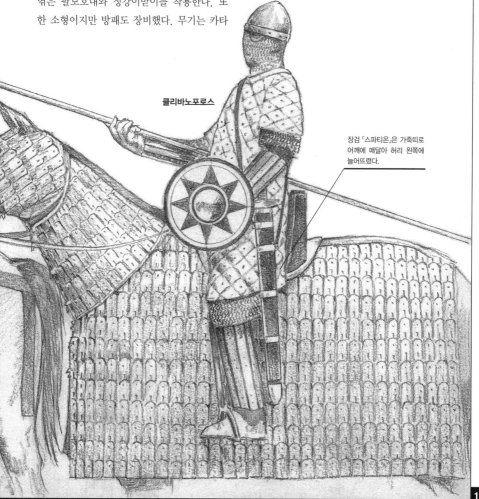

클리바노포로스

장검 「스파티온」은 가죽띠로 어깨에 매달아 허리 왼쪽에 늘어뜨렸다.

전쟁의 기술 5

비잔티움 제국의 비밀병기

비잔티움 제국에서는 다양한 무기가 고안되었다. 서방에서 로마의 문화적 유산이 버려지고 방치되어 암흑시대라 불리는 시대를 거치는 사이, 동방에 있던 비잔티움이 그리스·로마 문화의 유일한 정통 전승자가 된다. 그러한 국풍이 연구개발의 토양이 되었을 것이다.

대낫전차

비잔티움은 실험병기로서 대낫이 달린 "전차"(채리엇)를 제작한다. 이 병기는 거슬러 올라가면 아케메네스 왕조 페르시아에서 사용되었으므로 새로운 착상은 아니다. 하지만 이것을 다른 병종이 아닌 중장기병의 장비로 만들었다는 점이 중장기병을 주력으로 삼는 비잔티움답다고 할 수 있다. 과거의 대낫 달린 채리엇은 차체 위에 마부가 올라타서 말을 몰았으나, 비잔티움의 것은 별도의 탑승원 없이 견인과 조작을 중장기병이 직접 맡았다. 따라서 채리엇이라기보다 대낫 달린 "이륜마차"라고 하는 편이 좋을지도 모른다. 낮은 접이식으로 기수가 줄을 조작하여 수평으로 내

밀 수 있게 되어 있다. 견인과 조작을 한 것은 1~2기의 클리바노포로스이다.

기마노포

노포를 실은 사륜마차. 클리바노포로스 2기가 끌었으며 그들이 노포의 시수도 담당했디. 달리는 도중의 사격까지는 불가능하여, 중장기병이 전선까지 끌고 나가 빗발치는 원거리 무기 아래에서 말을 내려 사격하려고 했을 것이다. 발상으로서는 18세기 들어 등장하는 기마포병의 조상이라 할 수 있겠다.

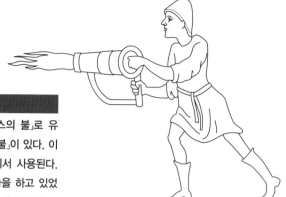

헬레니콘 피르(그리스의 불)

소이(燒夷)병기의 일종. 「그리스의 불」로 유명하며 「황야의 불」과 「바다의 불」이 있다. 이름 그대로 각각 육상과 해상에서 사용된다. 처음에 "불"은 투척병기의 모습을 하고 있었다. 「시포네스」라 불리는 통 속에 폭발성 고형혼합물을 가득 채우고 적선을 향해 혹은 성벽 위에서 적병을 향해 던졌다. 7세기 말이 되면 일종의 화염방사기인 「바다의 불」이 헬리오폴리스의 칼리니코스에 의해 전래된다. "불"은 고형물질에서 액체로 바뀌어 「사이폰」이라는 분사기를 통해 불타는 액체를 내뿜게 되었다. 수륙에서 모두 사용되며 해상에서는 적선을 불태우는 효과적인 병기였으나, 진동에 의해 발화하는 경우가 있어 육상에서는 다루기 힘들었기 때문에 「황야의 불」은 자취를 감춘다. "불"을 어떠한 원료로 제작하는지는 국가기밀이기도 했으므로 지금은 알 수 없다. 후세의 연구가는 원료로 석뇌유(나프타), 유황, 역청(아스팔트), 송진, 생석회, 기름, 테레빈유, 초석 등을 들고 있으며 그중 몇 가지를 섞어 만들었을 것으로 추측된다. 각각의 원료의 특질이 그대로 "불"의 여러 가지 특징이 되었을 것이다. 생석회는 물과 접촉하면 발화하고 유황은 유독가스를 발생시킨다. 또한 초석은 폭발을 일으킨다.

공성드릴

적의 성벽에 구멍을 뚫기 위한 병기. 크고 작은 여러 가지 타입이 있었다. 그림은 후세의 사본에 그려진 것. 사용할 때는 성병의 공격을 막을 대안이 필요하다. 아마도 지붕이 달린 공성차에 넣어 성벽 근처까지 운반했을 것이다.

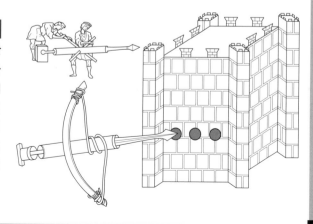

브리튼 섬의 게르만 전사

앵글로색슨인

앵글로색슨인이란 게르만인 일파였던 앵글족과 색슨(작센)족을 가리키는 말로, 그들은 혼재되어 거주하던 대륙을 벗어나 5세기 중반 브리튼 섬(지금의 영국 본섬)에 침입한다. 앵글족은 북동부에 정주하며 여러 왕국을 건설했고, 중남부에 정착한 색슨족은 브리타니아인과 뒤섞여 몇 개의 왕국을 세웠다. 그들의 군 편제는 독자적인 사회제도에 바탕을 두고 있다.

중세기의 사본으로부터, 창끝에 좌우 3개씩 돌기가 달린 창이 눈에 띈다. 이 돌기의 역할은 명확하지 않지만 적에게 깊숙이 박히는 것을 방지하는 장치라고도 한다.

퓌르드(민병)

잉글랜드에 정착한 앵글로색슨인은 농업 경제에 의존하는 독특한 징모병(徵募兵) 조직을 가지고 있었다. 「퓌르드」는 농민 중에서 소집된 민병을 일컫는다. 평범한 농민이던 퓌르드의 군장은 보잘것없었으나 본래 용감한 기질을 가진 부족 전사였기 때문에 사기왕성한 부대를 구성했다. 민족의 특징적인 무기인 외날 단검 「색스」, 그리고 그것을 그대로 길게 늘인 형태의 도검 「스크래머색스」를 휴대한다. 또한 그밖에 단창이나 투창도 장비했다. 중세의 시인이 "물푸레나무 손잡이"라고 읊은 것처럼 창의 손잡이는 물푸레나무로 만들어졌다. 길이는 1.5~3m 정도. 중세의 사본에는 한 자루의 창과 두 자루의 투창을 들고 싸우는 모습이 그려져 있다. 활이나 투석구를 사용하는 병사도 있었는데 활은 주목(朱木)제에 120~150cm로 길었다. 화살통은 왼쪽 어깨에 메거나 오른쪽 허리에 달았으나 사본을 보면 허리 뒤로 늘어뜨린 모습도 등장한다.

혹이 달린 것처럼 보이는
프리기아식 모자. 때때로 금
속제 투구를 쓰기도 했다.

상의는 양모 혹은 리넨제.
위에 가죽 갑옷을 걸치는 경
우도 있다.

단검 색스와 그보다 긴 스크래머색
스. 「색스」가 색슨이라는 명칭의 유
래가 되었다. 양쪽 모두 외날이며
스크래머색스의 길이는 70cm 정도.

세인

퓌르드에 비해 상급병이라고 할 수 있는 것이
「세인」이다. 본래 그들은 왕이나 족장 등 지도
자를 지키는 경호원이었는데 보수로 토지를
받고 때로는 고관이 되는 경우도 있었다. 잉글
랜드에서는 퓌르드보다 상층의 토지 소유자로
서 병력을 제공하며, 뒤에서 설명하는 「선발
퓌르드」, 「허스칼」과 함께 앵글로색슨군의 정
예가 된다. 이들 정예병은 금속 투구와 체인
메일을 착용하기도 하는 등 퓌르드와는 비교
도 안 될 만한 장비를 갖추었다. 주무기는 창
으로, 그것은 앵글로색슨인이라면 왕이든 하
층 병사든 똑같았다. 창은 게르만의 주신 보탄
의 무기이다. 또한 그들은 전장에서 도보로 싸
우고 말은 거기까지 이동하는 데만 사용했다.

세인

선발 퓌르드

앵글로색슨 사회에서는 자유민 일가족이 생계
를 유지하기에 충분한 농지면적을 하이드(약
40~120에이커)라 불렀으며, 1하이드의 소유
자는 한 사람의 병사를 제공할 의무가 있었다.
한편 세인은 5하이드당 한 사람이었는데, 그
외 비슷히게 5히이드가 협력해서 병사 한 사
람을 내보내는 제도가 생겨난다. 이런 병사를
「선발 퓌르드」라고 부른다. 사람은 하나라도
장비는 5하이드에 상응하게 맞춰야 했으므로
세인과 동등한 수준의 무장 전력이 보다 많아
지게 되었다.

영국 요크(코퍼게이트)에서 발굴된
철과 놋쇠로 제작된 투구. 8세기경
앵글로색슨인이 만들었다. 메일로 된
넥가드가 볼가리개와 연결되어 있다.
투구에는 룬 문자로 "우리 주 예수
그리스도, 성령이신 하느님. 우리는
모든 것을 대대에 걸쳐 전할 것입니
다. 아멘"이라고 새겨져 있다.

허스칼(가신)

토지 보유자가 된 세인과 달리 금전을 받으며
왕후귀족에게 봉사한 것이 「허스칼」이다. 무기
는 역시 창과 검이었으나, 그렇다고 앵글로색
슨인 병사가 다른 무기를 사용하지 않은 것은
아니다. 노르만인의 잉글랜드
정복을 주제로 제작된 바이외
태피스트리에는 방패 없이 곤
봉과 손잡이 긴 메이스, 도끼
를 들고 싸우는 색슨인이 묘사
되어 있다.

허스칼

영국 서퍽 주 서튼 후에서 발굴된 투구. 철과
놋쇠를 이용해 7세기경 제작한 것으로 면갑이
달려 있다. 전체적으로 상감 세공이 되어 있어
바이킹의 영향이 엿보인다. 이름난 용사나 족
장이 썼을 것으로 짐작된다. 무게는 2.5kg.

암흑시대(다크 에이지)의 프랑스군

프랑크 왕국

로마령 갈리아 북부에 왕국을 건설한 것이 게르만계 프랑크족 일파인 살리족이다. 프랑크 왕국은 최초의 왕조인 메로빙거 왕조(481년~751년) 초기에 갈리아의 대부분(지금의 프랑스)을 지배했고 후계 왕조인 카롤링거 왕조 때는 카롤루스(재위 768년~814년) 치세에 독일, 이탈리아 등으로까지 영토를 넓혔다. 그리고 그는 로마 황제의 대관을 받는다. 중세의 프랑스, 독일은 그가 죽은 후 분열된 프랑크 왕국을 기초로 성립하게 된다.

메로빙거 왕조 프랑크 왕국

클로타르 1세(재위 511년~561년) 시대에 갈리아 대부분을 지배하기에 이른 메로빙거 왕조는 로마의 관료제를 바탕으로 번영했으나 여전히 게르만 문화도 강하게 남아 있었다. 때문에 왕국은 게르만적 분할상속에 의한 분열과 통일을 되풀이하며 더 이상 확대되지 못했다. 7세기 말경까지의 메로빙거 왕조 전사의 모습은 로마 시대의 프랑크족과 별다른 차이가 없다.

메로빙거 왕조의 전사는 거의 프랑크족의 무장 그대로라 방패도 원형을 사용한다.

메로빙거 왕조 전사

프랑크 왕국 초기의 군대는 보병이 주체였다. 그들은 프랑크족의 전통에 따라 줄무늬 상의를 입고, 창 앙공과 투척용 도끼 프랑시스카를 휴대했다. 갑옷을 입기도 했으나 체인 메일에 국한되었으며 착용할 수 있는 것은 유력한 귀족이나 족장, 부대의 지휘관급뿐이었다.

메로빙거 왕조 기병

보병 주체의 프랑크군에 기병을 포함시켜 변화를 가져온 것이 프랑크 왕국의 궁재(마요르 도무스)였던 카를 마르텔이다(재임 720년 ~741년). 때는 마침 이슬람 세력(사라센)의 스페인 진출기에 해당되어 지브롤터 해협을 건너 서고트 왕국을 멸망시킨 사라센인은 여세를 몰아 프랑크령으로 침입한다. 이에 "철퇴"(마르텔)를 내려 격퇴한 것이 카를이다. 그가 기동 전력의 중요성을 깨달은 것은 사라센과 싸운 경험 때문이었다고 한다. 그림은 7~8세기 무렵의 석비를 바탕으로 재현한 기병. 라운드 실드(원형 방패)를 들고 갑옷으로는 체인 메일을 착용했다. 무기는 장창과 검으로, 창에 날개(윙)가 달린 것이 보인다.

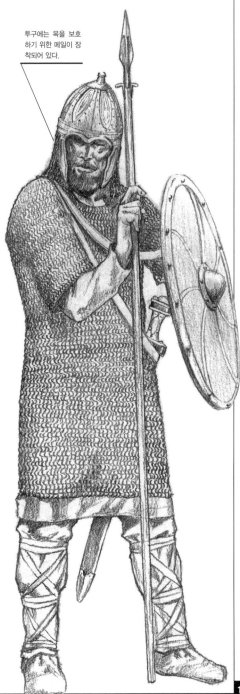

투구에는 목을 보호하기 위한 메일이 장착되어 있다.

당시의 석비에 새겨진 기병의 모습. 방패에 소용돌이무늬가 있다.

카롤링거 왕조 프랑크 왕국

번번이 분열되던 메로빙거 왕조에서는 관리직인 궁재가 왕국을 좌지우지하게 되었고, 그 직위를 대대로 세습한 카롤링거가의 피핀이 쿠데타를 통해 새로운 왕조 카롤링거 왕조를 열었다(751년). 피핀(재위 751년~768년)은 카를 마르텔의 아들이다. 기병 전력의 충실을 꾀했으나 한편으로 프랑크군은 여전히 자유민으로 구성된 보병에 의존하고 있었다.

창끝의 축 부분 좌우에는 날개처럼 생긴 돌기가 있었다. 현대 영어로 이런 종류의 창을 「윙드 스피어」(날개 달린 창)라고 부른다.

독특한 형태를 한 투구에는 닭의 볏 같은 정수리 장식이 달렸는데, 정면에 깃털 장식을 한 것과 꼭지에 백합 모양을 단 것도 찾아볼 수 있다.

스칼라리우스

브리튼 섬의 앵글로색슨인처럼 프랑크도 보유한 경지면적을 기준으로 자유민 병사를 징집했다. 자유민 일가족이 세금을 내고 생계를 유지할 수 있는 경지면적을 1망스로 정하고 4망스당 한 사람의 병사를 종군시킨다. 「스칼라리우스」는 그렇게 종군하는 보병 전사이다. 줄무늬였던 상의는 8세기 들어 흰색 무지나 푸른색 염색 옷감으로 바뀌고, 창은 「윙드 스피어」를 휴대하게 된다. 허리에는 단검 색스 혹은 그보다 긴 스크래머색스를 찼다. 망토는 브로치로 오른쪽 어깨에 고정했는데 켈트인과 같은 격자무늬도 있었다. 다리에는 각반처럼 붉은 천을 감는다. 특히 눈에 띄는 것이 넓은 차양을 가진 독특한 투구로, 로마군의 투구를 모방한 것이라는 말도 있다.

사본에 등장하는 카발라리우스.

기승해서 사용하는 장창은 중세처럼 겨드랑이에 끼지 않고, 아직까지는 거꾸로 잡고 어깨 위에 세워서 들었다.

카발라리우스

카롤링거 왕조의 중장기병「카발라리우스」. 1에서 8망스의 경지 보유자로 이루어진다. 평소 말을 사육한다는 점에서 알 수 있듯이 일반자유민보다 부유하여 장비도 한층 중장이었다. 더욱 많은 12망스 보유자는「브루니아」혹은「브루아뉴」라는 스케일 갑옷의 착용이 의무이다. 그림은 그러한 상층민 카발라리우스. 흉갑 외에 금속판을 연결해서 만든 정강이받이와 팔보호대를 장착하는 사람도 있었고 방패는 프랑크족 고유의 라운드 실드를 들었다. 투구는 보병의 것과 같다. 당시의 기록 중에는 이러한 장비의 가치를 소의 마릿수로 환산한 것이 있는데 그에 따르면 투구는 소 6마리, 브루니아 갑옷은 12마리, 검과 칼집은 7마리, 정강이받이와 팔보호대는 6마리, 창과 방패는 2마리, 말은 12마리분이었다. 전부 합하면 기병 한 사람의 장비 가치는 실제로 소 45마리에 상당했다는 뜻이 된다. 당연히 이러한 중장비는 일부 사람밖에 준비하지 못했다.

유럽을 석권한 해적군

바이킹

바이킹이라는 말의 의미에 대해서는 여러 가지 설이 있는데 "약탈품을 가지고 도주하는 해적", "바다표범 포획자", "만(灣)의 주민" 등이 그것이다. 취향에 맞게 마음대로 음식을 덜어 먹는 "바이킹식" 요리로 알려진 것처럼 그들은 유럽 각지를 돌며 닥치는 대로 약탈을 감행했다.

바이킹 전사

바이킹이라는 말을 들으면 바로 떠오르는 것이 좌우에 뿔이 달린 투구가 아닐까 한다. 하지만 그런 투구를 썼다고 증명된 바는 없다. 초기에는 동물을 본뜬 장식을 꼭지 부분에 얹기도 했으나 그 밖에는 전적으로 간소한 물방울형 투구를 썼다. 이 투구는 철판을 짜 맞춰 만드는 스팽겐헬름형으로 개중에는 차양이 발달하여

안경처럼 된 것이나 콧날을 따라 늘인 네이절(코가리개)이 달린 것이 있었다. 무기로 삼은 것은 창과 검. 그들의 검은 연구가들이 「바이킹 소드」라 부르는 독특한 것으로 도신 폭이 넓고(3~5cm) 두꺼우며 검신에 나란히 파인 풀러(홈)도 넓게 만들어져 있다. 이것을 힘껏 휘둘러 싸우는 것이 바이킹 방식이다. 또한 전투도끼도 그들이 선호한 무기였다. 원형 방패의 지름은 약 60cm 정도. 중앙의 컵 모양 방패심 안으로 뒤쪽의 손잡이를 잡은 손이 들어간다. 갑옷은 체인 메일을 착용하였는데 기장이 길어 넓적다리까지 덮었다. 그러나 이러한 갑옷은 족장을 모시는 종사단(「히르드멘」 또는 후스카를)에 국한된 것으로 추정되기도 한다. 갑옷 없이 싸운 전사도 있었을 것이다. 갑옷의 유무와 관계없이 망토를 두르고 아름답게 세공된 브로치로 어깨에 고정시켰다. 비슷한 것이 허리의 벨트에도 사용된다. 바지에는 바지 자락을 동여맨 것과 열어둔 것이 있다.

전형적인 바이킹 소드. 「풀러」는 검에 묻은 피가 이것을 타고 흘렀다 하여 「혈구(血溝)」라고도 부른다. 다만 본래는 검을 경량화하기 위한 장치.

풀러(홈)

바이킹이 전투에서 사용한 도끼 형태. 아랫부분이 더 많이 튀어나온 것을 "수염도끼"라고 한다.

망토는 검을 휘두를 수 있도록 오른쪽 어깨를 노출시켜 두른다.

방패는 판목을 나란히 붙여 만들었는데, 늘어놓았을 때 원형이 되도록 각각의 판 끝은 호를 그려 잘랐다. 방패 주위에는 모양이 무너지지 않고 검을 튕겨낼 수 있게 금속 테두리를 두른다. 표면에 가공한 쇠 장식을 붙인 것도 있다. 전장에서는 이 방패를 겹쳐 벽을 만드는 "실드 월" 대형을 취했다.

바이킹 기병

바이킹의 광범위한 활동은 오늘날 「롱십」이라 부르는 배에 의존한 바가 크다. 이 배는 흘수가 얕아 강을 거슬러 올라 유럽 대륙 깊숙이까지 들어갈 수 있었다. 말을 태우기에 충분한 크기도 있어 강가에서 보다 내륙으로 활동범위를 넓히는 것도 가능했다. 하지만 말을 탈 수 있는 것은 역시 유복한 자로 한정되었다. 부유한 가계로 추측되는 무덤의 부장품에서 재갈과 등자가 발견되었는데 그러한 마구는 동방으로부터 들어온 것으로 보인다. 그림의 기병 전사는 바이킹 전사가 평소 착용하던 복장과 전혀 다른 것을 몸에 걸치고 있으나, 고고학적 유물을 통해서는 그림과 같은 슬라브풍 기병상이 도출된다. 바이킹은 약탈하는 과정에서 새로운 물자를 도입하는 경우도 있었으며, 그렇게 자신들의 양식만을 고집하지 않는 것이 바이킹의 저력이라고도 한다.

바이킹 기병

울프헤드나르/베르세르크

「울프헤드나르」란 "늑대 가죽을 입은 자"라는 뜻으로 이름에 걸맞게 늘대 가죽을 머리부터 덮어쓴 특이한 전사를 말한다. 북유럽 설화를 보면 늑대의 울음소리까지 냈다고 한다. 마찬가지로 곰 가죽을 입은 전사 「비요른세르크」도 있었다. 그들은 모두 사가(북유럽의 산문문학)에 등장하는 야수로 변신한 전사였다. 한편

「베르세르크」는 짐승 가죽을 쓰지 않았을 뿐 현대인의 관점으로는 그보다 더 이해하기 힘든 모습을 하고 있었다(그림은 유물에 남겨진 단서와 상상을 섞어 묘사한 것). 그들 베르세르크는 싸우는 도중 반광란 상태가 되어 무시무시할 정도의 돌진력을 발휘해 적진을 돌파한다. 베르세르크란 "셔츠만 입은 자"를 의미하는 "바세르크"에서 유래한 것으로 보이는데, 사실은 이상한 전사가 아니라 갑옷도 입지 않은 채 검과 창을 휘두르며 적과 맞붙어 싸우는 용맹한 전사에게 주어지던 칭호였다.

울프헤드나르   베르세르크

기승전투의 혁명아
노르만

노르만인은 스칸디나비아 반도와 덴마크에 거주하던 민족으로 본래는 바이킹의 일파이다. 8세기부터 유럽 각지로 침입한 그들은 센 강 하구 일대(지금의 프랑스 노르망디 지방)에 영토를 마련하고 일부는 남이탈리아, 시칠리아를 점령했다. 중세 기사의 역사를 논할 때 제도의 기원을 게르만 혹은 프랑크 왕국에서 찾고, 무장 외관에 대해서는 노르만인부터 살펴보는 경우가 많다.

노르만 기사

노르만인의 무장은 바이킹보다는 세련되었으며 기승전투에 적합했다. 투구는 물방울형 「노르만 헬름」. 갑옷은 기장이 긴 체인 메일로 무게는 15kg 정도. 이것은 「호버크」라 불린다. 지휘관급 인물이 입는 호버크는 소매가 길었으며 다리에도 역시 사슬로 된 「쇼스」를 착용했다. 쇼스란 허벅다리 위쪽까지 올라오는 스타킹 형태의 방어구. 가장 큰 특징은 오늘날 「카이트 실드」라 불리는 이름에 걸맞게 서양식 연 모양을 한 긴 방패이다. 이 방패는 마상에서의 사용을 고려한 것으로, 어깨에서 정강이까지 커버하는 동시에 다루기 불편하지 않도록 쓸데없는 부분을 없애 발끝으로 갈수록 폭이 좁다. 무기는 창과 검 등 바이킹이 사용하던 장비와 다르지 않지만 메이스나 곤봉으로 무장하는 사람도 있었다.

기장이 긴 사슬 갑옷 「호버크」. 머리에 쓰는 후드가 일체화되어 있다.

카이트 실드의 표면에는 다양한 무늬를 그렸다.

투구에서 콧날을 따라 뻗은 판을 영어로 네이절(코가리개)이라 부른다. 노르만인은 모두 일체성형된 네이절 달린 물방울형 투구를 써서 "머리가 뾰족한 악탈자"라고 불렸다. 오늘날에는 이러한 형태의 투구를 영어로 「노르만 헬름」이라 한다.

방패 뒤에는 「엔암」이라 불리는 2줄의 짧은 가죽띠가 달려 있어 여기에 왼팔을 넣고 방패를 단단히 지탱했다. 또한 「기즈」라 불리는 긴 가죽띠도 달려 있었는데, 목에 걸어 방패를 떠받치는 한편 팔을 움직일 때 방패가 몸에서 멀리 떨어지지 않도록 했다. 이를 이용해 등에 멜 수도 있다.

바이외 태피스트리에 묘사된 노르만 기병. 바이외 태피스트리는 노르망디 공 기욤이 1066년 잉글랜드에 쳐들어가 노르만 왕조를 열었을 때의 전말을 색실로 엮어 표현한 직물이다. 중세 군사사에서 빼놓을 수 없는 회화 자료로 유명하다. 그림은 연구자들 사이에서도 의견이 분분한 태피스트리의 일부분. 호버크의 가슴에 있는 사각형이 무엇을 나타내는지에 대해 확실한 정설은 없다.

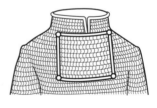

마찬가지로 바이외 태피스트리로부터. 운반되는 갑옷의 가슴에도 사각형이 있다.

재현하면 위 그림 같았을 것으로 짐작된다. 갑옷을 입기 쉽도록 아래 그림처럼 떼어내 목 부분을 넓혔을 것이다. 그런 장치가 로마군에도 있었다.

◆노르만인의 기승 돌격전법◆

노르만인은 말을 타고 싸우는 것이 특기였는데 그 기술은 정착지의 프랑크인에게 배운 것이었다. 한편 노르만인 스스로도 획기적인 기승전투 전법을 고안해낸다. 그것이 창을 옆구리에 끼고 말을 달려 돌격하는 전법이다. 이전까지 마상에서는 역수(逆手)로 잡은 창을 어깨 위에 올리고 공격했다. 이런 구식 자세로는 인마의 무게를 창끝에 충분히 전달하기 어렵다. 목표를 겨냥하기 위해 팔의 힘만으로 찌르는 경우도 있었다. 반면 옆구리에 끼우는 새로운 스타일로 싸울 때는

말을 충분히 가속시켜 인마의 무게를 그대로 창끝에 집중시킬 수 있었고 목표를 겨냥하기도 용이했다. 이 전투자세가 이후 4세기에 걸쳐 기병을 전장에서 절대적인 우위에 서게 만든다. 이 자세의 핵심은 안장에 있다. 노르만의 전법은 안장이 말의 등에 단단히 고정되면서 실현 가능해진 전법이기도 하다. 말의 흉부와 복부에 견고하게 걸쳐진 가죽띠와 높은 안장머리가 안정된 기승을 가능하게 했다.

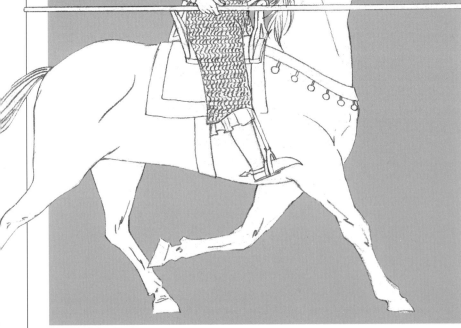

노르만 보병(궁병)

노르망디 공 기욤은 잉글랜드 원정에 앞서 궁병부대를 대규모로 편제한다. 바이외 태피스트리에는 활을 가진 2종류의 보병 전사가 묘사되어 있다. 기사와 비슷한 방어구를 걸치고 활을 들어 싸우는 전사, 그리고 의복만 입은 채 역시 활을 쏘는 전사가 그것이다. 그들의 활은 "데인인의 활"이라 불렸으며 약 50m 거리에서 호버크를 꿰뚫을 수 있었다. 곡선으로 쏘면 사정거리는 배까지 늘어나지만 그만큼 명중정밀도가 떨어진다. 화살통은 허리의 벨트에 다는 경우와 어깨에 메는 방식이 있던 것으로 보인다. 그처럼 표준화되지 않은 장비 방법을 통해 아직 그들이 균일한 능력을 지니지 못했음을 상상할 수 있다. 노르만인은 뒷머리를 짧게 치는 독특한 머리모양을 했다.

도검 각부 명칭

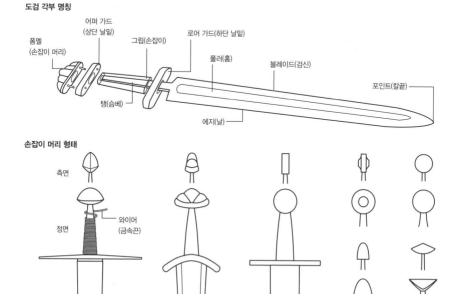

폼멜
(손잡이 머리)

어퍼 가드
(상단 날밑)

그립(손잡이)

로어 가드(하단 날밑)

풀러(홈)

블레이드(검신)

포인트(칼끝)

탱(슴베)

에지(날)

손잡이 머리 형태

측면

정면

와이어
(금속끈)

10세기 중반~11세기 중반에 볼 수 있던 폼멜(손잡이 머리)의 형태. 다양한 모양이 있었다.

성지를 향해서

십자군

"십자군"이란 그리스도교도의 성지 예루살렘 회복을 목적으로 한 일련의 군사행동을 의미한다. 시간이 흐르면 유럽 이교도 지역에 대한 포교와 이단 배제를 위한 군사행동도 마찬가지로 "십자군"이라 부르게 된다. 성지 회복을 위한 십자군은 1096년 시작되어 이후 2세기 남짓한 기간 동안 간헐적으로 행해졌다. 싸우다 전사한 사람은 순교자로 취급받았기 때문에 국가, 지방 영주, 거기에 사설 기사단과 일반신도까지 열광적으로 참가해 바다를 건넜다.

십자군 기사(제1차 십자군 당시)

가지각색의 다양한 사람들로 이루어진 십자군을 이슬람교도는 그저 "프랑크"라고 불렀다. 당시 유럽인을 총칭하는 이름은 프랑크 외에는 없었다. 제1차 십자군(1096년~1099년)에서는 실제로도 노르만과 프랑스 기사가 주력이었다. 노르만 기사는 여전히 노르만 헬름을 썼는데, 그것에 성전 참가를 의미하는 십자 마크를 넣어 사기의 고양을 꾀했다. 도검과 단검은 가죽벨트를 이용해 허리에 찬다. 노르만인의 경우 호버크 안쪽에 찬 다음 허리 부근에 뚫린 구멍으로 손잡이 부분만 내놓기도 했다(144페이지 참조). 방패는 「에퀴」라 불리는 카이트 실드이다.

호버크는 사슬 모양으로 엮은 철제 고리를 무두질한 짐승 가죽에 꿰매 붙인 것으로 무게가 9~14kg이나 된다.

방패 표면에는 자신의 문장과 십자를 조합한 무늬를 그려 넣었다.

기사수도회의 기사

12세기 중반부터 수도회를 모방한 기사단이 잇따라 창설된다. 이들을 "기사수도회" 또는 "종교기사단" 등으로 부른다. 그들은 군은 결속과 철의 규율로 이슬람 세력과 대치하며 점령한 성지를 수호하는 중요한 전력이 되었다. 무장은 당시 유럽 기사가 사용하던 것과 아무런 차이도 없기 때문에 십자를 디자인한 각 수도회의 독자적인 의장을 통해서만 구분할 수 있었다. 템플 기사단은 흰 바탕에 붉은 십자, 성 요한 기사단(또는 병원 기사단)은 검은 바탕에 흰 십자, 독일 기사단(그림의 기사)은 흰 바탕에 검은 십자라는 식이다. 이러한 의장은 주로 갑옷 위에 걸치는 면제(부유할 경우 비단제) 겉옷 「서코트」에 그렸다. 금속 갑옷은 태양 빛을 반사해 빛나지만 서코트를 위에 걸치면 갑옷 자체를 가리므로 빛나지 않는다. 따라서 대열을 구성한 아군 병사의 눈부심을 방지하는 동시에 멀리 있는 적에게 자군의 존재를 들킬 위험을 피할 수 있었다.

기사수도회는 설립 당초부터 풍족한 환경에 있었던 것은 아니다. 그림은 템플 기사단이 사용하던 "가난한 기사"라는 기장으로, 기사 두 사람당 말 한 마리밖에 없던 창설 당시의 초심을 상징하는 것이다. 당시 프랑크군은 북이탈리아산 군마 「데스트리어」를 사용했다. 종자가 잘 쓰는 쪽인 오른(덱스트라)손으로 재갈을 잡은 데서 유래한 이름이다. 이 말은 몸집이 크고 체고가 평균 17핸드(1.73m)나 되어 십자군 초기의 무장이라면 기사를 두 사람 태우는 것도 가능했다. 다만 전투에서 둘이 타면 이점이 없으므로 한쪽은 내릴 수밖에 없었다. 공격받는 거점으로 급히 이동할 때는 함께 타기도 했을 것이다.

십자군 기사(제3차 십자군 당시)

제3차 십자군(1189년~1192년)에는 독일, 잉글랜드, 프랑스 국왕이 나란히 참가하고 기사 수도회도 가세하여 대대적인 진용이 갖추어진다. 그들 역시 호버크를 착용하고 성지로 향했는데 그들의 것은 손가락 끝까지 덮는 형태였다. 또한 「메일 호즈」라 불리는 체인 메일 바지(혹은 타이츠)도 입게 되었다. 투구는 이전과 마찬가지로 노르만 헬름이지만 정수리 부분이 둥그스름한 것도 등장한다. 검은 정련 기술의 향상으로 고품질의 철을 사용할 수 있게 되면서 칼날 두께가 얇아졌다.

마체 측정 명칭

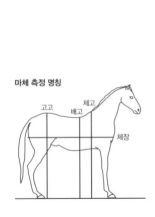

고고 / 배고 / 체고 / 체장

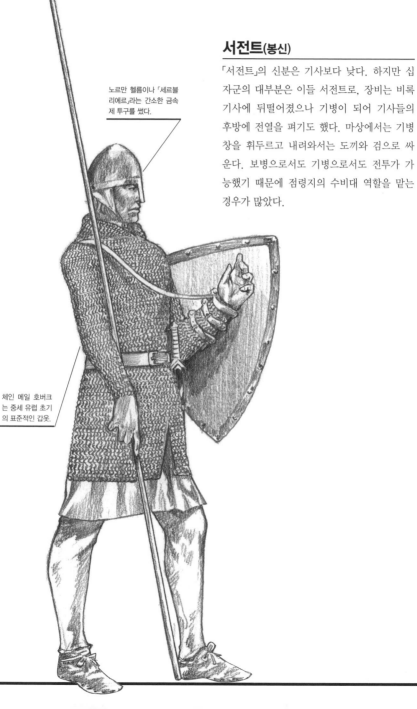

노르만 헬름이나 「세르블
리에르」라는 간소한 금속
제 투구를 썼다.

체인 메일 호버크
는 중세 유럽 초기
의 표준적인 갑옷.

서전트(봉신)

「서전트」의 신분은 기사보다 낮다. 하지만 십
자군의 대부분은 이들 서전트로, 장비는 비록
기사에 뒤떨어졌으나 기병이 되어 기사들의
후방에 전열을 펴기도 했다. 마상에서는 기병
창을 휘두르고 내려와서는 도끼와 검으로 싸
운다. 보병으로서도 기병으로서도 전투가 가
능했기 때문에 점령지의 수비대 역할을 맡는
경우가 많았다.

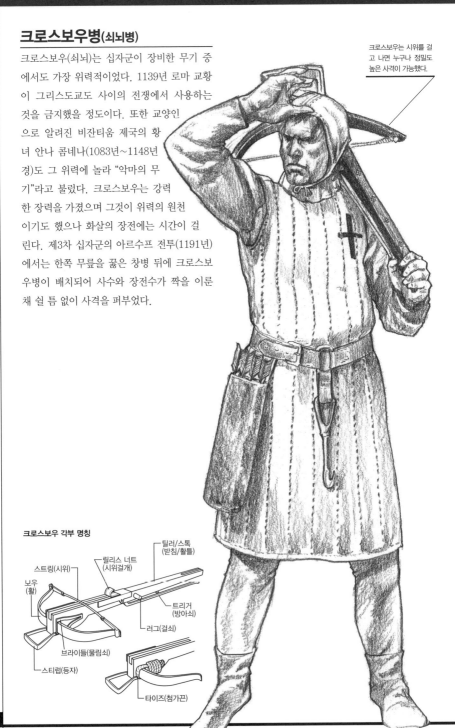

크로스보우병(쇠뇌병)

크로스보우(쇠뇌)는 십자군이 장비한 무기 중
에서도 가장 위력적이었다. 1139년 로마 교황
이 그리스도교도 사이의 전쟁에서 사용하는
것을 금지했을 정도이다. 또한 교양인
으로 알려진 비잔티움 제국의 황
녀 안나 콤네나(1083년~1148년
경)도 그 위력에 놀라 "악마의 무
기"라고 불렀다. 크로스보우는 강력
한 장력을 가졌으며 그것이 위력의 원천
이기도 했으나 화살의 장전에는 시간이 걸
린다. 제3차 십자군의 아르수프 전투(1191년)
에서는 한쪽 무릎을 꿇은 창병 뒤에 크로스보
우병이 배치되어 사수와 장전수가 짝을 이룬
채 쉴 틈 없이 사격을 퍼부었다.

크로스보우는 시위를 걸
고 나면 누구나 정밀도
높은 사격이 가능했다.

크로스보우 각부 명칭

- 틸러/스톡
  (받침/활틀)
- 릴리스 너트
  (시위걸개)
- 스트링(시위)
- 보우
  (활)
- 트리거
  (방아쇠)
- 러그(걸쇠)
- 브라이들(물림쇠)
- 스티럽(등자)
- 타이즈(첨가끈)

투르코폴/마론교도

「투르코폴」은 주로 튀르크인 아버지와 그리스
도교도 어머니를 둔 이슬람교도 또는 개종한
이슬람교도를 가리키고, 「마론교도」는 시리아
에 거주하던 그리스도교도를 말한다. 모두 현
지 거주 용병으로서 활약했다. 튀르크풍 무장
을 하고 기병이 되어 싸웠는데, 중장기병뿐인
프랑크군에서 이러한 경장의 기동력 있는 기
병(주로 기마궁병)은 때때로 중요한 역할을 수
행했다. 투르코폴은 이슬람 진영에서는 배교
자로 간주되었다.

방어구는 천을 누벼 만든 「액턴」. 이
것은 본래 「알쿠톰」이라는 동방의
갑옷에서 유래한 것이다.

십자군 기사(13세기)

그림은 13세기경의 십자군 기사. 호버크에 붙어 있던 두건 부분이 분리되어 독립적인 체인 메일 코이프가 되었다. 머리에는「그레이트 헬름」이라는 양동이 모양 투구를 쓴다. 또한 이슬람 세력의 전투 방식에 대응하기 위해 말에도 갑옷을 입히기 시작한다. 이슬람 세력은 기동력을 살려 적을 포위하고 합성궁을 이용해 대량의 화살을 빗발처럼 퍼부었다. 이에 어려움을 겪던 그리스도교 측 기사(기병)들이 기마에도 갑옷을 입혀 전장에 나가게 된 것이다. 당초에는 체인 메일이 그대로 드러난 형태였으나 태양 빛을 반사하지 않도록 천을 덮은 것으로 교체된다.

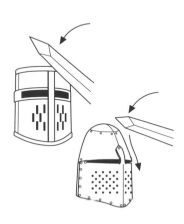

13세기 초가 되면 투구에 「그레이트 헬름」이 등장한다. 이 투구는 머리를 완전히 덮어버리기 때문에 시야가 크게 제한될 뿐만 아니라 공기도 잘 통하지 않아 계속해서 싸우면 숨을 쉬기가 힘들어진다. 하지만 방어효과 자체는 그것들을 상쇄하고도 남을 만큼 뛰어났다. 처음에는 정수리 부분이 평평하여 머리 위로 내려치는 타격을 그대로 흡수했지만, 13세기 말에는 타격력을 흘려보내 감쇄시킬 수 있도록 튀어나온 모양이 등장했다.

◆호버크 착용 순서◆

사슬 갑옷 호버크를 입는 순서. 피부를 보호하고
충격을 완화시키기 위하여 안에 누비옷을 착용한다.

① 의복을 벗고 속바지만
입는다.

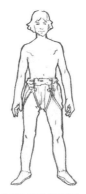

② 메일 호즈와 직접 맞닿는
다리를 보호하기 위해 천
으로 된 호즈를 입는다.

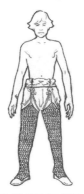

③ 메일 호즈를 입고 속바지
에 묶는다.

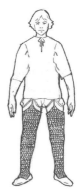

④ 상의를 입는다.

⑤ 낡은 천 등을 넣어 누빈
액턴(좌) 또는 갬버슨(우)
을 입는다.

⑥ 체인 메일을 입는다. 손바
닥 부분에는 틈이 있어
그곳으로 맨손을 꺼낼 수
있다.

⑦ 머리를 보호하
기 위해 누벼 만
든 코이프(두건)
를 쓴다.

⑧ 체인 메일 코이
프를 쓴다.

⑨ 서코트를
입는다.

그리스도교국과의 대치
이슬람 세력

이슬람이란 예언자 무함마드(570년경~632년)가 창시한 가르침을 말한다. 7세기 초반 아라비아에서 나타난 이 종교는 8세기 초에 이르기까지 중동 세계에 널리 퍼졌는데 서쪽으로 지브롤터를 경유하여 이베리아 반도까지, 동쪽으로 사산 왕조를 제압하고 인도까지 확대되었다. 그러는 동안 많은 이슬람교국을 낳고 그리스도교국과 대치하게 된다.

장창의 자루는 대나무로 되어 있다.

머리부터 완전히 전신을 감싸는 체인 메일. 눈 부분만 뚫려 있다.

안사르(이슬람 탄생기)

「안사르」란 아랍어로 "협력자"를 의미하며, 이슬람 탄생기에 예언자 무함마드를 지지한 메디나의 주민을 가리킨다. 예언자 사후에는 「무하지룬」("이주자"라는 뜻)과 함께 형성기 이슬람 국가 군대의 중핵이 되었다. 그들은 물방울 모양을 한 금속제 투구 위에 「칼란수와」라는 펠트 모자를 쓰고 노란색 「이마마」(터번)를 둘렀다. 이 노란색 이마마가 안사르의 상징이기도 하다. 또한 무릎 아래까지 내려오는 체인 메일로 머리를 포함한 전신을 감싸고 그 위에 옷을 걸쳐 입은 것도 특징이다. 왼손에는 원형 방패를 들고 무기로는 활과 장창을 장비한다. 활은 방패를 관통하여 상대에게 부상을 입힐 만큼 위력적이었다. 쿠란에는 "활은 사람의 손으로 다루기 힘든 무기지만 우리는 그것에 탁월함을 추구해야 한다"라고 적혀 있다. 실제로 그 말대로 많은 병사들이 활의 명수였다. 허리에는 직검을 찬다. 아랍의 이슬람 전사라고 하면 곡도를 장비했다는 이미지가 있으나 그것은 14세기 이후의 일이다.

중장기병

비늘 갑옷 「조산」. 기장이 무릎 위로 올라오는 것도 있다.

가죽제 부츠 「푸피」. 발끝이 뾰족한 것이 특징.

중장보병

우마이야 왕조 전사(661년~750년)

이슬람 세계를 서쪽은 이베리아 반도, 동쪽은 인더스 강까지 널리 확장한 것이 우마이야 왕조이다. 하지만 영역 주민 전부를 이슬람교로 개종시킨 것은 아니고 실제로는 소수의 아랍인이 이민족을 통치하는 형태였다. 그래서 군의 주력을 이룬 중장보병과 중장기병도 아랍인이었다. 그들은 무릎까지 오는 체인 메일 「디르」를 입고 스팽겐헬름형 금속제 투구를 썼다. 또한 기병은 비늘 모양 쇳조각을 꿰매 붙인 「조산」을 디르 위에 착용한다. 이렇게 중장으로 무장할 수 있던 것이 부유한 귀족과 그 자제라는 사실은 서양 세계와 다르지 않다. 이슬람 세계에서 가장 중요한 무기는 검 「사이프」이다. 이 곧은 양날 사이프를 「타칼라다」라는 가죽띠를 이용해 어깨에 대각선으로 멨다. 보병이 장비한 창의 길이는 2~7m로 가지각색이었으며 「티라드」, 「미트라드」, 「하르바」 등으로 불렸으나 차이는 알 수 없다. 기병은 손잡이 길이가 4.5m 정도 되는 기병창 「루마」를 사용했다. 손잡이를 대나무로 만드는 경우에는 「카나트」라고 부른다.

아바스 왕조 전사(750년~1258년)

이슬람법을 집행할 수 있는 유일한 자격자는
예언자 무함마드의 가계가 아니면 안 된다. 그
러한 사상을 바탕으로 일어난 "아바스 혁명"에
의해 탄생한 것이 아바스 왕조이다. 하지만 예
언자의 정통 후계자(정통 칼리파)가 실제로 실
권을 쥔 것은 10세기 무렵까지였다. 아바스 왕
조 전사의 특징은 검은색 군장이다. 이마마(터
번)는 물론 사슬 갑옷 디르 위에 입은 상의도
검정을 기조로 하고 있다. 무구를 비롯한 그
밖의 점은 전대 우마이야 왕조 시기와 별반 다
르지 않다.

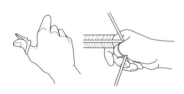

아바스 왕조의 병사는 활을 잘 사용했다. 이슬람 병사는 엄
지손가락으로 시위를 당겼으며, 시위를 거는 「키나나」라는
반지 모양 고리를 엄지손가락에 끼고 있었다.

파티마 왕조 전사(909년~1171년)

파티마 왕조는 종교 세력 이스마일파의 왕조로서 시아파 중 최초로 실효지배력을 가진 세력이기도 하다. 그들은 단기간에 절대적인 세력을 구축하였는데, 이는 북아프리카의 베르베르인을 대등하게 취급해 지지를 얻었기에 가능한 일이었다. 베르베르인은 군사적인 면에서 크게 공헌한다. 인종적으로 백인(코카소이드)에 속하지만 남쪽으로는 흑인과의 혼혈도 있었다. 그들은 망토처럼 생긴 의류를 몸에 감아 전신 대부분을 가렸다. 또한 무기는 창과 검을 사용한다. 한편 아랍인은 머리에 이마마를 두르고 얼굴을 드러냈다. 양쪽 모두 사슬 갑옷과 라멜라 흉갑을 착용하며 손에는 라운드 또는 카이트 실드를 장비했다.

베르베르인 전사
전신이 천으로 덮였고 터번도 얼굴을 거의 가리고 있다.

아랍인 전사

털가죽으로 테두리를 두른 모자. 지위가 높은 귀족들이 썼고 그들의 상징이기도 했다.

「나와크」. 자세한 것은 알 수 없으나 화살대를 딱 맞게 집어넣고 날아갈 방향을 고정시키는 일종의 가이드로 짐작된다. 쏘는 화살은 짧다.

셀주크 왕조 전사(1036년~1194년)

셀주크 왕조는 튀르크인 계열의 왕조로, 아바스 왕조의 칼리파에게서 역사상 첫 "술탄"(수니파 이슬람 왕조의 군주 칭호)의 이름을 얻는다. 소아시아를 지배하고 초기 십자군과 대결한 것이 그들이다. 강력한 합성궁은 십자군 기사를 크게 괴롭혔는데, 게다가 「나와크」 혹은 「마즈라」라는 일종의 사격 보조도구를 사용하여 화살의 명중률을 높였다. 다만 최종적으로 적을 괴멸시킨 것은 장창과 메이스를 장비한 기병의 돌격이었다. 그들 튀르크인의 도검은 아랍의 이슬람과 달리 완만하게 구부러진 외날 곡도이다. 갑옷은 체인 메일이며 그 위에 외투를 걸쳤다.

프리기아식 금속제 투구.
정수리 부분이 앞으로 뾰
족하게 튀어나왔다.

아이유브 왕조 전사(1169년~1250년)

아이유브 왕조는 서양에 살라딘으로 알려진
살라흐 앗 딘(1138년~1193년)이 세운 왕조
이다. 병사의 대다수가 경장으로 활을 장비하
여 재빨리 적을 포위하고 화살을 퍼부을 수 있
었다. 하틴 전투(1187년)에서는 포위한 십자
군을 언덕 위까지 몰아넣는다. 하지만 아르수
프에서는 크로스보우 공격과 중장기병(기사)
의 돌격을 받아 경장의 한계를 넘지 못하고 참
패했다. 그 결과 그들도 소수지만 중장기병을
편제하게 된다. 갑옷은 체인 메일 위에 라멜라
흉갑을 입고 손에는 서양풍 카이트 실드를 들
었다. 무기는 검과 창이다.

맘루크 왕조 전사(1250년~1517년)

"맘루크"란 튀르크, 체르케스, 몽골, 슬라브,
그리스, 쿠르드 등의 백인계 노예를 말한다.
아바스 왕조 시기에 칼리파의 친위대로 편제
되었고 대대로 이어진 왕조들 역시 자신들의
정예부대로 활용한다. 통치자를 가까이에서
섬겼기 때문에 맘루크이면서 요직에 오르는
사람도 나타났으며 그중 튀르크계가 쿠데타를
일으켜 맘루크 왕조를 열었다. 맘루크 중장기
병은 정권 탈취 이전에 싸운 몽골인의 영향을
강하게 받아 동방풍 무장을 하고 있었다. 그
들의 무술교본에는 창을 양손으로 사용하라고
나와 있는데, 그럴 경우 방패는 아마도 목에
걸었을 것이다.

맘루크 왕조에서는
라멜라식 갑옷과 스
팽겐헬름을 사용했다.

맘루크 왕조는 끊임없는 몽골군의 공격에 시달렸
으나 다른 여러 나라가 침략을 허용한 데 반해 최
초로 그 침략 의도를 좌절시킨다. 그들이 사용한
대몽골 전법은 불꽃으로 무장(?)한 기병을 돌입
시켜 적진을 혼란에 빠트리는 것이었다. 병사와
기마에 폭죽처럼 생긴 불꽃을 장착한 방화복을
입히고 무기에도 불꽃을 붙인 다음 돌격했다. 그
림은 사본의 삽화에 등장하는 모습.

이슬람의 마술

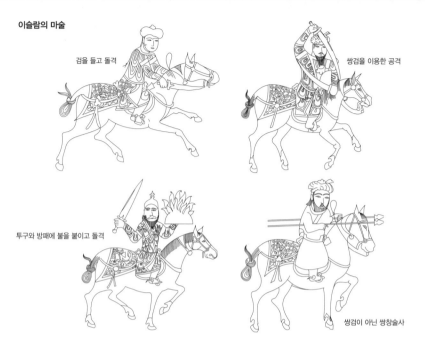

검을 들고 돌격

쌍검을 이용한 공격

투구와 방패에 불을 붙이고 돌격

쌍검이 아닌 쌍창술사

이슬람 기병은 뛰어난 마술(푸루시야)을 구사하며 싸웠다. 그 기술이 처음으로 책에 기록된 것은 맘루크 왕조 시대의 일이다. 그림은 1400년경 활약한 무함마드 이븐 알 아크사라이가 쓴 『기병 활동 교수 요강』에서 발췌한 것. 양손으로 무구를 다루는 기술은 동시대의 서양 기사에게서는 거의 찾아볼 수 없다.

■이슬람 세력의 도검

이슬람 세력의 동방 확장은 아랍인이 곡도를 도입하는 계기가 되었다. 11세기 들어 셀주크 튀르크가 곡도를 일부 사용하기 시작하지만, 아랍의 이슬람 진영은 13세기경까지 직검(a)이었으며 곡선부가 있더라도 키용(날밑) 끝 부분이 칼끝을 향해 구부러지거나 일자 손잡이가 약간 구부러지는 정도였다(b). 13세기경 셀주크 튀르크가 몽골인의 영향을 받아 검의 대부분을 곡도로 바꾸면서 칼끝 부근만을 양날('폴스 에지」)로 만든 도검이 등장한다(c). 양쪽 모두 점차 이슬람권에 침투하여 14세기까지 이슬람 세계의 도검은 전부 외날 곡도(d) 또는 칼끝 부근에 양날을 가진 것으로 교체된다.

a) 양날 직검.

b) 양날. 손잡이와 날밑에 곡선이 나타난다.

c) 칼끝 부근이 양날.

d) 외날 곡도.

전쟁의 기술 6

이슬람 세계의 기술

암흑시대에서 중세에 이르기까지 서양 세계는 기술을 발전시킬 만한 사회적, 경제적 기반을 갖추지 못한다. 그래서 군사기술 분야에서도 오랜 공백기가 이어진다. 반면 이슬람 세계는 느린 속도로나마 문명과 문화를 숙성시켜갔다.

쇠뇌

이슬람 세계에서는 쇠뇌를 "다리 활"이라는 의미의 「카우스 알 리즐」이라고 불렀다. 이 이름은 양발로 활 부분을 밟고 시위를 당긴 데서 유래한 것이다. 받침 끝에 달린 등자에 한쪽 발을 걸고 당기는 것은 「잔부라크」라 한다.

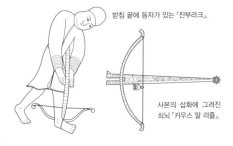

받침 끝에 등자가 있는 「잔부라크」.

사본의 삽화에 그려진 쇠뇌 「카우스 알 리즐」.

투석기

서유럽에서 사용된 거대한 캐터펄트(투석기) 「트레뷰셋」은 이슬람을 기원으로 한다. 이러한 평형추식 투석기는 최대 230kg의 돌덩이를 300m가량 날릴 수 있었다. 인력을 이용하는 견인식은 경량의 탄환을 투척하는 용도로 50kg의 돌덩이를 50m가량 날렸다. 투석병기는 공성 측이 주로 사용하였지만 성벽의 탑에 설치해서 농성 측이 사용하기도 했다.

평형추식 투석기. 중앙에 있는 추가 무게에 의해 내려가면서 완목(암)을 움직인다.

견인식 투석기. 사람이 밧줄을 아래로 당겨 완목을 움직인다.

투시기

틀에 설치된 쇠뇌 「카우스 알 리즐」. 손잡이 쪽 좌우에 있는 원형 타륜을 돌리면 톱니바퀴가 돌아가면서 맞물려 있던 평판 랙이 미끄러져 시위를 당긴다. 또한 「샤르크카만」이라는 투시기(投矢機)는 여러 발의 화살을 동시에 발사하지만 조작은 한 사람이면 충분했기 때문에 수비병이 다수 있는 것처럼 위장할 수 있었다.

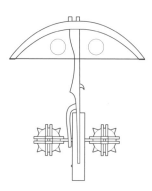

소이병기

이슬람 세계에서는 예로부터 소이병기가 사용되고 있었다. 지리적으로 자연히 솟아나는 원유를 이용할 수 있었기 때문이지만, 화석연료 이외의 것을 원료로 하는 여러 가지 소이병기도 개발되었다. 소이병기 전용부대도 편제되었는데 이 부대를 「바파툼」이라고 부른다. 원료가 된 것은 자연적으로 분출되는 액상 석유 또는 피치. 이것들을 주성분으로 삼고 거기에 생석회, 수지(樹脂), 역청, 유황을 혼합한다. 생석회를 섞으면 물로 발화가 가능하다. 완성된 혼합물은 도기나 유리 용기에 담아 투척했다. 또한 「자르라카」라 불린 화염분사기도 있다. 이슬람 세계의 증류 기술은 9세기의 사본에 이미 등장하고 있는데 정제된 나프타를 피스톤식 펌프에서 분사했다. 분사구 끝에는 「와르다」라는 점화기가 있어 대략 10m 앞까지 화염의 창을 뿜어냈다고 한다.

화염분사기 「자르라카」. 그림은 평면적으로 그려진 사본의 삽화를 추측으로 입체화한 것.

소이탄. 불을 붙여 던지면 용기가 깨지면서 불이 번진다.

1300년경 저술된 「셈즈 에딘 모하메네드 문서」에 나오는 「미드파」를 들고 있는 병사. 척탄을 사출하는 병기처럼 보인다.

비잔티움 제국 [후기]

비잔티움 제국은 한 가지 자부심을 가지고 있었다. 그것은 자국이 "천상을 다스리는 그리스도 제국의 불완전한 모조품이기는 하지만 지상에 최후의 심판이 내려질 때까지 모든 인류를 통일하도록 신에게 위탁받은 유일한 제국"이라는 점이었다. 그래서 그들은 이슬람 세력이나 다른 그리스도교국과 대치를 계속했다.

비잔티움 중장보병

전 시대의 대형 방패 스쿠툼이 아니라 대형 카이트 또는 다리미형 히터 실드를 장비했다. 상반신에는 튜닉 위에 체인 메일을 입고, 코이프를 쓴 머리에는 물방울형 투구를 착용한다. 하반신에는 메일 호즈를 입고 부츠를 신었다. 무기는 장창. 허리의 도검은 곡도로 교체되었다.

바랑인 친위대(궁정복장)

그림은 14세기 중반의 바랑인 친위대 병사. 파란 튜닉을 입고 흰 바탕에 금테두리를 두른 특이한 형태의 모자(?)를 썼다. 부대에서 가장 강한 전사가 호위로서 장검을 들고 황제 바로 곁에 선다. 다른 병사들은 독특한 모양의 도끼를 장비하고 대기했다.

바랑인이 휴대한 독특한 모양의 도끼(혹은 롬파이아).

비잔티움 중장기병

기병도 보병과 같은 형태의 새로운 방패를 장비하게 된다. 도검은 곡도로 교체되고 활도 장비했다. 사본의 삽화에서는 전원이 통일된 갑옷을 착용한 모습을 찾아볼 수 없는데 머리, 얼굴, 목을 보호하는 코이프나 애번테일(투구드리개)의 소재도 가죽, 사슬 등으로 다르다. 또한 얼굴을 전부 덮고 눈만을 노출시킨 코이프도 있었다. 말의 전면에 카타프락투스처럼 마갑을 장착한 모습도 나타나며, 아마도 전면에 배치된 병사가 보다 중장의 갑옷을 입었을 것으로 짐작된다.

비잔티움 기병(튀르크풍 기마궁병)

15세기 무렵의 튀르크풍 장비를 갖춘 비잔티움 기병. 오스만 왕조 튀르크에 압박당하던 비잔티움이 그 영향을 받아 편제한 것이다. 당시의 사본에는 그들의 장비에 대한 기술이 남아있다. 그에 따르면 붉은색 튜닉 위에 녹색 외투를 입고 흰색·붉은색·검은색을 배색한 「카멜라우키온」이라는 모자를 썼다고 한다. 다리에 신은 것은 황색 부츠. 무기로 외날 곡도와 활을 사용하였는데, 활집과 화살통은 회색을 띠었다. 군장은 실전적으로 싸우기 편한 것이었으며 궁정 내에서도 색조가 아름답다 하여 선호되었다.

튀르크풍 장비를 한 기마궁병
모자 「카멜라우키온」. 흰색. 차양 부분은 붉게 칠하고 검은 테두리를 넣었다.

비잔티움 중장기병

인도의 이슬람군

중세 인도/남아시아

8세기에 이르기까지 이슬람 세력의 힘은 인도 북부에까지 다다른다. 이후 이슬람 세력에 의해 그곳을 지배하는 왕조가 연이어 세워졌다. 여기에서는 그들 이슬람 왕조를 다루며 16세기에 인도 아대륙을 지배하게 되는 무굴 왕조 이전의 모습을 소개한다.

기병

가즈나 왕조 전사(977년~1186년)

가즈나 왕조는 도망친 튀르크인 맘루크가 지금의 아프가니스탄에 건설한 이슬람 왕조이다. 군의 주력은 튀르크인이지만 장비는 몽골인의 영향을 받았다. 기승한 상태로 활을 다뤘고 체인 메일 「지리흐」와 길이가 긴 라멜라 갑옷 조샨을 입었다. 활 이외에는 직검과 손도끼, 메이스 등을 사용한다. 보병부대로는 페르시아 남부 카스피 해 연안에 거주하던 다일람족을 채용하였는데, 그들은 최대 120cm의 장타원형 방패 「카르와」를 들었다. 그리고 긴 손잡이와 두 갈래 창끝을 가진 투창 「주페인」 또는 손잡이가 짧은 창 「실리」를 사용했다. 실리는 창끝이 날카로운 데다 단면이 사각형이어서 체인 메일을 구성한 고리 사이를 벌리고 깊이 찌를 수 있었다. 레그 가드(다리 방어구)로서 가죽띠를 게이터(각반)처럼 감아 착용하기도 했다.

다일람족 보병
방패 「카르와」는 목제. 테두리를 금속으로 보강하고 표면을 채색했다.

고르 왕조 전사(1148년~1215년)

고르 왕조는 아프가니스탄 동부의 고르를 중심
으로 일어난 왕조. 가즈나 왕조의 쇠퇴와 함께
세력을 확장한다. 보병과 기병 모두 무명을 누
벼 만든 「바르구스타완」이라는 오버코트 형태
의 방어구를 착용했다. 기병은 안에 체인 메일

지리흐를 입지만 보병은 입지 않는다. 다만 상
체에 라멜라식 흉갑 조샨을 걸치는 것은 보병
과 기병이 동일하다. 체인 메일과 스케일 메일
은 「하자간드」 또는 「지리흐 하자르 마이키」("천
개의 손톱")라고도 불린다. 하자간드는 서양으
로 건너가 「재즈런트」가 된다. 이 갑옷은 직물
위에 메일(금속 고리나 판을 연결해서 갑옷으
로 만든 것)을 꿰매 붙인 셔츠형 갑옷으로 이라
크의 아랍인이 처음 제작하였는데, 인도 북부
의 왕조에서는 자수 등으로 꾸민 천을 바깥에
달아 사용했다. 무기는 장창이었으며 허리에는
직검을 차고 손에는 장방형 방패를 들었다. 이
방패는 카르와라 불린 방패 중에서도 대형이
다. 머리부터 발끝까지 보호할 수 있어 기병의
돌격을 저지하는 데 사용되었다. 투구는 「쿠드」
라 불리는 반구형으로 정수리 부분에 원뿔형
돌기가 있다. 투구에는 금속제 혹은 가
죽제 목가리개가 있으나 투구 안에 쓰
는 가죽제 스컬 캡(두개모)이 뒤로 드
리워지는 경우도 많았다.

방패 본체에는 삶아서 강화한 가
죽을 사용했으며 앞뒤에 누빈 무
명을 대고 기웠다. 표면이 화려하
게 꾸며져 있다.

투구에는 원뿔형과
반구형이 있다.

할지 왕조/투글루크 왕조 전사

할지 왕조(1290년~1320년)는 튀르크계 할지
족이 고르 왕조를 대신해 세운 왕조, 투글루크
왕조(1320년~1413년)는 투글루크족이 할지
족을 대신해 일으킨 왕조이다. 양쪽 모두 인도
에서의 영토 확장을 꾀하는 한편 북쪽에서 닥
쳐오는 몽골의 압력에 저항했다. 그래서 두 왕
조의 군장에서는 몽골의 영향을 여실히 엿볼
수 있다. 몽골풍 라멜라 「갈타카」와 가죽제 외
투 「바갈타카」가 가장 좋은 예이다. 레그 가드
에는 평범한 가죽제와 비늘 모양 쇳조각으로
보강한 것이 있다. 또한 시대의 특색으로서 완
만히 구부러진 외날 곡도가 쓰이기 시작한다.
마상에서는 그 밖에 활과 장창을 사용했다.

라시드 웃 딘의 「집사(集史)」에
등장하는 투글루크 왕조 전사.
투글루크가 사용한 장창에는
창끝이 두 갈래인 「판디 발람」
이 있으며 원형 방패 「시파르」
를 장비했다. 그들의 말고삐는
길이가 길어 마상에서 활을 쏠
때도 잡고 있을 수 있었다.

투구는 몽골의 것과 생김새가 비슷하다.

방패는 갈대나 등나무 줄기를 엮어 만든다. 표면을 비단실로 장식했고 중앙의 방패심은 금속으로 제작한다.

사이이드 왕조 전사(1414년~1451년)

사이이드 왕조는 티무르와 동맹을 맺고 있던 북인도의 호족이 투글루크 왕조 멸망 후에 창건한 왕조. 기병은 중장기병이었으며 기수는 몽골풍 갈타카를 입었다. 투구에는 원형 귀덮개가 달린 것도 있다. 아래팔에 장착한 팔보호대는 길이가 팔꿈치까지 닿았고 손등을 가리는 가죽판도 붙어 있었다. 다리 방어구는 금속판을 연결한 것으로 무릎 부분에는 원반형 보호대가 있다. 말에는 채색된 천으로 만든 마갑을 입히고 안장에 지름 30~70cm의 원형 방패「파리」를 매달았다.

로디 왕조 전사(1451년~1526년)

로디 왕조는 사이이드 왕조를 대신해 북인도를 지배한 아프간계 왕조. 중장기병이 착용한 갑옷은 메일을 가죽제 조끼에 꿰매 붙인「지리흐」, 아니면 사슬과 금속판을 이어 만든「지리흐 바크타르」를 입었다. 목가리개도 체인 메일이다. 무기는 활, 곡도를 사용하지만 마상전투에서는 근접전에 대비해「피아지」라는 플레일(도리깨 모양의 무기)을 장비하기도 한다.

타르타로스에서 온 사자

몽골

중세 유럽에서는 세상의 동쪽 끝에 그리스도교를 믿는 국왕이 있다고 믿었다. 그 왕의 이름은 프레스터 존으로, 유럽인의 믿음대로라면 머지않아 이슬람교도의 군세를 물리치기 위해 유럽으로 달려올 터였다. 하지만 동쪽에서 찾아온 것은 무시무시한 몽골군이었다. 13세기 초반 몽골의 대군단은 동유럽을 석권하고 대살육을 반복한다. 유럽인은 그들을 타르타로스(지옥)에서 온 사자 "타르타르"(타타르)인이라 부르며 두려워했다.

몽골 기마궁병

어린 시절부터 마술과 궁술 훈련을 쌓는 몽골인은 궁술이 뛰어난 기마 군단을 구성했다. 방어구는 매우 단출하다. 부유한 사람은 금속판을 붙인 갑옷을 입기도 했으나 그들의 힘의 원천은 기동력이었기 때문에 경장을 선호했다. 비단 바지, 기장이 긴 펠트 상의, 그리고 가죽제 흉갑으로 이루어진 옷차림이다. 비단 의복은 고가지만 탄력이 있고 상처를 입었을 때 압박하여 지혈하는 효과도 있다. 그래서 중장 갑옷보다 선호되었던 것이다.

넓은 차양에 털가죽으로 테를 두른 모자.

몽골의 활은 대략 200m의 실상범위를 가지고 있다. 이를 이용해 화살의 비를 뿌려 적군을 괴멸시켰다.

소형 말(프르제발스키 말). 몽골군의 군마는 암말이 많았다. 출정 전에 새끼를 낳게 하면 뿔뿔이 흩어져도 말의 귀소본능으로 본거지에 돌아갈 수 있었기 때문이다.

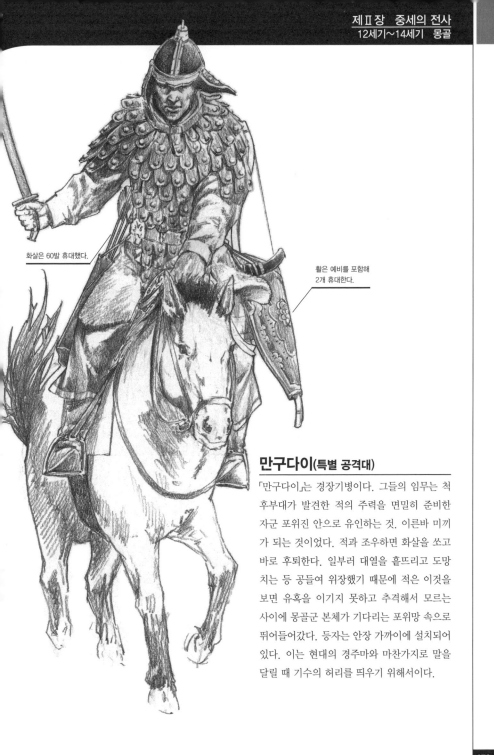

화살은 60발 휴대했다.

활은 예비를 포함해
2개 휴대한다.

만구다이(특별 공격대)

「만구다이」는 경장기병이다. 그들의 임무는 척
후부대가 발견한 적의 주력을 면밀히 준비한
자군 포위진 안으로 유인하는 것. 이른바 미끼
가 되는 것이었다. 적과 조우하면 화살을 쏘고
바로 후퇴한다. 일부러 대열을 흐트리고 도망
치는 등 공들여 위장했기 때문에 적은 이것을
보면 유혹을 이기지 못하고 추격해서 모르는
사이에 몽골군 본체가 기다리는 포위망 속으로
뛰어들어갔다. 등자는 안장 가까이에 설치되어
있다. 이는 현대의 경주마와 마찬가지로 말을
달릴 때 기수의 허리를 띄우기 위해서이다.

몽골 중장기병

몽골의 중장기병은 활 공격으로 혼란에 빠진 적에게 치명타를 가하는 역할을 했다. 4m 정도 되는 기병창을 들고, 그 밖에 외날 곡도, 잡다한 용도에 사용하는 소도, 거기다 그들 역시 활을 장비했다. 기수와 기마는 라멜라식 갑옷으로 전신을 감싸고 발에는 부리가 위로 올라간 부츠 「몽골고탈」을 신는다. 영어로 「몽골리안 부츠」라 불리는 이 부츠에는 일상용과 전투용이 있는데 후자는 안에 금속편을 넣고 꿰맸다.

몽골 중장기병

케식텐(친위병)

「케식텐」은 몽골군의 최정예로 전군에서 선발된 우수한 병사만이 될 수 있었다. 처음 기록에 등장한 13세기 초반 시점에서는 1,500명이었으나 칭기즈 칸이 몽골의 지배자가 되었을 때는 1만 명에 달했다. 그들의 군단 조직은 「케식테이」라 불렸으며 주된 임무는 대칸의 경호였지만 사관을 양성하는 간부양성제도로서도 기능하였고 그쪽에 보다 큰 의미가 있다. 병사는 중장 갑옷을 착용했는데, 이는 선발된 우수한 병사였을 뿐 아니라 사관에 걸맞은 유복한 출신이기도 했다는 사실을 뒷받침해준다.

◆몽골의 매복 전술◆

몽골군은 특유의 기동력을 살린 매복 전술을 많이 사용했다. 원정에 나선 군단은 항상 척후가 되는 분견대를 파견하여 주위에 초계망을 펼쳐 두었다. 적을 발견한 초계부대 「카라울」은 전위부대가 되어 적에 대항하는 한편 본대에 적 발견을 알린다. 연락을 받은 본대는 즉시 경장기병을 전개시켜 적을 유인하기에 적절하다고 상정된 전장을 포위했다(그림①). 분견대는 만구다이를 활용하여 그곳으로 적 부대를 유도한다(그림②). 기다리고 있던 본대는 대략 200m 거리에서 일제히 화살을 쐈다. 적병이 혼란에 빠지면 바로 「나카라」(북) 소리가 울려 퍼지고 중장기병이 돌격했다(그림③).

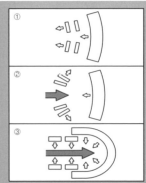

투구 꼭지에는 말총 장식이 있다.

케식텐

라멜라식 갑옷.

화살통에 늘어뜨린 치타의 꼬리. 용도는 불명. 일설에 는 화살촉에 묻은 끈적끈적 한 피를 이것으로 닦았다고 한다.

■아우루크(치중대)

몽골군의 힘은 신출귀몰한 기동력과 전군을 기계처럼 움직이는 높은 명령전달 능력에 있었다. 이러한 기동 전술을 근저에서 떠받친 것이 우수한 치중대(수송 대) 조직이다. 치중대는 물자 수송을 임무로 하며 몽골에서는 「아우루크」라고 불 렀다. 아우루크의 이동은 대규모 이사와 비슷하여 양과 염소 등 대량의 가축과 함께 이동식 대형 텐트(게르)를 끌고 갔다. 그야말로 전선에서 싸우는 몽골의 기 마 군단을 지원하는 이동식 보급거점이라 할 만한 것으로 식료, 물, 무기를 필요 한 만큼 군단병에게 공급했다. 강이 얼면 왕래가 수월하니 한겨울의 러시아를 침공하자는 일견 어리석어 보이는 작전이 전대미문의 승리로 끝난 것도 이런 병 참 조직이 있었기 때문이다.

「나카라」를 실은 낙타와 고수.

몽골의 화약과 공성병기

호라즘 왕조와 싸우기 시작한 당초 몽골군은 참패를 당하고 있었다. 제대로 된 공성병기를 갖지 못했기 때문이다. 그 후 페르시아와 중국에서 기술자를 초빙한 덕분에 호라즘 왕조, 나아가서는 중국을 석권할 수 있었다. 몽골군은 공성병기를 야전에서도 사용했다. 노포를 이용해 유황의 악취를 내뿜는 탄이나 화약을 넣은 작렬탄 「철화포」를 발사하여 적진을 혼란에 빠트렸다.

포

「포」(파오). 포는 중국식 인력 투석기. 1개의 지렛대를 가진 천칭형 장치 한쪽에 여러 개의 밧줄을 매달고 그것을 일제히 잡아당겨 반대쪽에 놓인 바위 등을 투척한다.

회회포

「회회포」(回回砲, 후이후이파오). 회회포는 페르시아식 천칭 투석기. 한쪽에 추를 달고 그것을 낙하시켜 다른 한쪽에 있는 바위를 투척했다. 그림 속의 물레방아처럼 생긴 수레바퀴는 추를 들어올리기 위한 것으로, 안에 사람이 들어가 걸어가면 수레바퀴가 돌면서 추가 위로 올라갔다. 이는 고대 로마의 건축용 기중기에 쓰이던 방식이므로 로마에서 페르시아를 거쳐 전해진 것인지도 모른다.

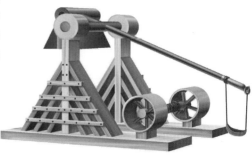

노포

중국에는 「상노」(床弩, 창누)라 불리는 노포가 있었다. 이것은 쇠뇌를 대형화한 것으로 궁목의 복원력을 이용한 노포이다. 한편 페르시아에서는 "비틀림"식 노포가 사용되었다. 이들 중 소형은 1kg의 돌덩이를 약 100m, 대형은 10kg의 돌덩이를 150m 거리까지 투척할 수 있다. 몽골군은 이것을 개량해서 사용하였는데 개량에 의해 사정거리는 약 350m까지 늘어났다. 공성전뿐만 아니라 야전에서도 충분히 활용된다.

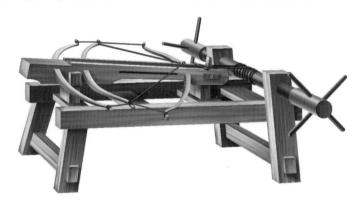

화약의 발명

화약은 중국에서 늦어도 10세기 말에는 발명되어 있었으며, 이르게는 7세기경의 문헌에 화약에 관한 기술이 등장한다. 몽골은 중국을 공략함으로써 화약을 손에 넣었다. 여몽 연합군의 일본 원정 때 사용된 「철화포」는 수류탄처럼 적진에 투척해서 폭발시켜 파편과 내부의 작은 조각으로 적을 상처 입히는 것. 서유럽에는 13세기 초~중반 몽골과 접촉했던 동유럽으로부터 전래되었다. 화약(흑색화약)은 초석(질산칼륨), 유황, 목탄을 일정 범위의 성분배합비율로 혼합하면 정제할 수 있다. 성분배합에 따라 연소특제가 바뀌기 때문에 용도에 맞춘 배합이 필요하다.

흑색화약의 성분배합

	초석	유황	목탄
성분배합의 범위	40~80%	3~30%	10~40%
10세기 말경 중국	50%	25%	25%
1260년경 서유럽	41%	29.5%	29.5%
1275년~1300년경 서유럽	67%	11%	22%
1400년경 서유럽	71%	13%	16%

국토 회복 전쟁(레콘키스타)

중세 스페인

이베리아 반도에 침입한 이슬람 세력은 프랑크 왕국 침공에 실패한 후 북진을 포기하고 이베리아 반도 남부·중부(지금의 스페인)에 머무르며 번영의 길을 걸었다. 이에 이베리아 반도에 잔존하던 그리스도교 세력은 이슬람으로부터 반도를 해방시키고자 "국토 회복 전쟁"(레콘키스타)에 나선다. 최종적인 국토의 회복이 이루어진 것은 1492년의 그라나다 함락을 통해서이다.

중세 스페인 기병(11세기)

엘 시드(로드리고 디아스. 1043년경~1099년) 가 활약하던 11세기, 그와 같은 기사계급은 호버크를 입었지만 대부분의 기병은 갑옷을 입지 않았다. 기껏해야 네이절이 있는 노르만 헬름 형 투구를 쓰고 카이트 실드를 들었을 뿐이다. 검은 안장형 손잡이 머리를 가진 바이킹 시대의 검과 비슷하다.

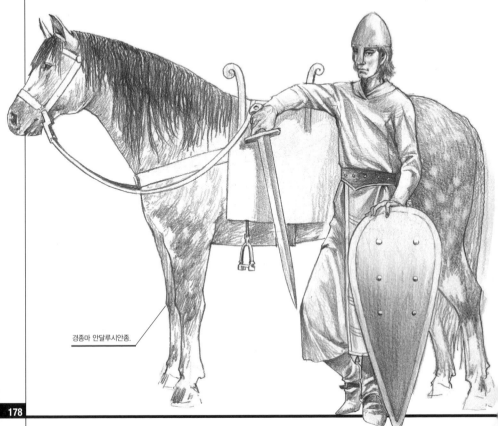

경종마 안달루시안종.

스페인 기사(12세기~13세기 초)

12세기 들어 기사들의 중장화가 시작된다. 고정식 면갑이 달린 투구를 쓰고 호버크(스페인에서는 「아우스베르그」라고 불렀다)를 입었다. 이것은 당시 서유럽에서 볼 수 있던 기사의 왕도를 달리는 장비이다. 하지만 이러한 장비는 비잔티움 제국에서 아랍을 거쳐 전해진 듯 카타프락투스처럼 말에도 갑옷을 입혔다. 기사는 호버크 위에 비늘 모양 쇳조각으로 만든 스케일 아머나 벨벳 천에 철판을 덧댄 「코트 오브 플레이트」를 걸치기도 했다. 그러한 장비는 스페인에서 활발히 사용되던 크로스보우에 대비하기 위한 것으로 추측된다.

방패는 서양에서 일반적이던 히터나 카이트 실드뿐 아니라 이슬람풍 라운드 실드도 사용했다.

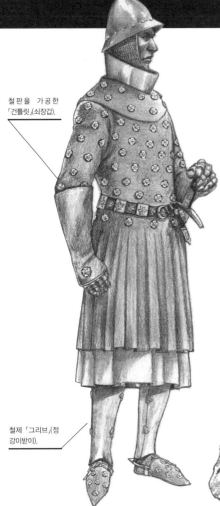

철판을 가공한 「건틀릿」(쇠장갑).

철제 「그리브」(정강이받이).

스페인 기사(13세기 말~14세기)

14세기 초의 고귀한 기사는 사치스러운 갑옷을 입었다. 그림은 돈 알바로 데 카브레라 공의 조각상을 바탕으로 한 것으로, 여러 개의 브로치 모양 장식이 달린 붉은 서코트를 호버크 위에 걸치고 있다. 목둘레의 스탠딩 칼라처럼 생긴 방어구는 목과 어깨를 보호하는 「고깃」(목가리개)으로 짐작된다. 하지만 후세의 것과는 달리 크게 여유가 있는 모습이며 마치 거북이가 등껍질 속에 반쯤 머리를 집어넣고 있는 듯 보인다. 공의 조각상은 코이프만을 쓰고 있으나 실제로는 투구도 썼을 것이다.

구조가 간단한 반구형 투구.

크로스보우병

이베리아 반도에서는 크로스보우인 「바예스타」가 널리 사용되었다. 또한 카스티야에서는 중장 갑옷을 차용한 「알모가바르」라는 쇠뇌병부대가 활약했다. 그들은 호버크를 입고, 그 위에 커다란 비늘 또는 거북 등껍질을 닮은 큰 육각형 스케일로 이루어진 갑옷을 걸쳤다. 말을 탄 채 크로스보우를 사용하기도 했는데 기사에게는 무서운 천적이었다.

히네테

이슬람군은 북아프리카에서 경종마 「바브」를
들여왔다. 이 말은 뛰어난 기동성으로 십자군
을 고전시킨 아랍종과 쌍벽을 이룬다. 바브와
스패니시 포니의 교배로 태어난 것이 스페인
굴지의 명마 「안달루시안」종이다. 스페인의 기
사는 일찍부터 이러한 경종마를 도입하고 기동
력을 중시하여 장비도 경장화했다. 중장화 추
세이던 다른 서양 세계와는 그 점이 다르다.
전장에서는 전열 중앙에 중장 기사가 포진하기
는 하였으나 양익에는 「히네테」라 불린 경장기
병이 배치되었다. 견본이 된 것은 적이었던 이
슬람 기병이다. 히네테라는 이름도 용병으로

방패 잡는 법
하트 모양을 한 「아다르
가」 방패. 수직으로 매
단 2개의 가죽띠를 쥐
고 든다.

고용한 베르베르인의 부족명 세나타에서 따온
것이다. 하트 모양을 한 가죽제 방패 「아다르
가」를 들고 머리에는 금속제 간이 투구를 썼지
만, 원조 베르베르인 용병은 터번을 둘렀다.
긴 투창 「아르체가이」를 두세 자루 장비했는데
이것은 찌르기용 창으로도 사용되었다. 기병끼
리 돌격해 맞붙을 경우에는 적의 기병창이 닿
기 전에 투척하여 공격한다. 도검은 "히네테
검"이라고도 불리는 세검(細劍)이다.

북방의 거친 무사
스코틀랜드/아일랜드

스코틀랜드와 아일랜드는 로마 제국 전성기에는 변경의 야만족이 사는 땅으로서 제국 밖에 놓인 채였다. 그 결과 유럽 문명에 비해 크게 뒤떨어지게 된다. 하지만 바로 그렇기에 독자적인 문화를 끊임없이 계승하며 고유의 사회를 형성해갈 수 있었다.

스코틀랜드 기사(1300년 전후)

14세기 들어서도 스코틀랜드에는 잉글랜드 기사와 같은 장비를 갖춘 기사가 얼마 없었다. 그럼에도 불구하고 배넉번 전투(1314년)에서는 "돌격"한 스코틀랜드군 기병이 잉글랜드의 궁병을 격퇴하여 승리에 공헌한다. 하지만 실제로는 스코틀랜드 기병 대부분이 말에서 내려 싸웠으며 기승하고 있던 것은 극히 일부의 정찰부대뿐이었다. 일설에 따르면 이때 돌격한 것은 당시 해산당한 상태였던 템플 기사단의 일원이라고 한다. 그림은 당시의 부조를 바탕으로 재현한 로버트 브루스(로버트 1세. 재위 1306년~1329년). 마의(馬衣)와 방패에 그려진 사자는 스코틀랜드 국왕의 문장이다. 그는 배넉번 전투 첫날 잉글랜드군의 전위 지휘관 헨리 드 분에게 일대일 결투를 신청하고는, 기병창을 들고 돌격해오는 상대를 전투도끼로 받아치고 손잡이가 부러질 정도로 거세게 때려눕혀 승리한다. 배넉번 전장 터에서는 그림과 같은 장비로 전투도끼를 손에 쥔 기마상이 옛날의 영광을 굽어보고 있다.

스코틀랜드 장창병

화려한 기사가 있는 반면 도보로 싸우는 병사
는 변변치 못한 의복을 그대로 입고 전장에 나
갔다. 12세기 말의 연대기에는 스코틀랜드 대
부분의 병사가 "알몸이나 다름없는" 장비로
싸웠다고 기록되어 있다. 그들 대다수는 소매
가 긴 양모 셔츠에 일족 고유의 타탄체크(격자
줄무늬. 게일어로는 브레아칸) 망토라는 차림
새였으며 발도 거의 맨발이었다. 유일한 방어
구였던 것이 둥근 소형 방패이다. 이런 유형의
소형 방패는 일반적으로 「타깃 실드」라 불린
다. 무기로는 길이가 4~5m나 되는 장병창을
장비하고 어깨가 서로 닿을 정도로 가까이 밀
집해서 싸웠다. 이 대형은 「실트론」이라는 스
코틀랜드 고유의 전술이다. 13세기 말이 되면
장창병의 장비도 "알몸이나 다름없는" 상태에
서 탈피하게 된다.

중세기의 장병창은 보통 기병에 대항하려는 목적으로 사용했으나, 방어구가 빈약한 스코틀랜드에서는 가능한 한 적과 떨어져 싸우려 했던 것인지도 모른다.

12세기의 장창병

방패의 지름은 30cm 정도. 방패심이 있는 목제 방패로 표면에 소 가죽을 씌웠다.

13세기 말의 장창병

「팔랑」이라 불리는 반원
형 망토.

아일랜드 전사(12세기~13세기)

12세기 말에 저술된 『아일랜드 지지
(地誌)』에는 아일랜드의 전사가 도
끼와 활로 무장했다는 내용이 적혀
있다. 그들은 바이킹의 영향을 크게
받은 무장을 계속해서 사용했으나
그렇다고 바이킹만큼 풍족한 것은
아니었다. 평상복을 입은 채로 전장
에 나아갔으며 사슬 갑옷은 14세기
말이 되기까지 기록에서 거의 찾아
볼 수 없다. 활은 단궁으로 금속 갑
옷에는 그다지 효과가 없었다. 그래
도 19세기까지 꾸준히 사용된다. 중
무장한 적에게는 슬링(투석구)으로
돌을 날려 대항했다.

로마 제국의 후계자

독일(신성 로마 제국)

카롤루스가 죽자 프랑크 왕국은 분할상속에 의해 셋으로 나뉜다. 이윽고 그들 왕국은 프랑스, 독일이 되어 독자적인 역사를 걷게 된다. 독일을 통치한 동프랑크 왕국에서는 911년 카롤링거 왕가가 단절되고 이후 몇 개의 왕가가 일어섰다. 작센가의 오토 1세(재위 936년~973년) 대에는 로마 교황에게 대관을 받고 서로마 제국 황제(962년)가 되어 "신성 로마 제국"이 탄생한다.

노르만 헬름형 투구. 독일에서는 정수리 부분이 앞으로 돌출된 것을 선호했다.

독일 기사(11세기경)

상반신에 메일 코트(긴 사슬 갑옷)「판처헴트」를 입고 하반신에 쇼스「아이젠호제」를 착용한다. 메일 코트의 옷자락은 옆구리가 갈라져 있다. 다른 대부분의 지역에서는 기승할 때 편리하도록 앞뒤를 터놓았으나 독일에서는 11세기경까지 이와 같은 구형을 사용했다. 투구는 네 이절을 일체화시킨 노르만 헬름형. 카이트 실드도 노르만풍이지만 중앙에 방패심이 나타난다. 방패심은 보통 손잡이를 쥐는 손을 집어넣기 위해 만드는데 여기서는 단순한 의장이다. 다른 카이트 실드와 마찬가지로 뒷면에 리벳으로 고정시킨 가죽띠를 쥐고 방패를 지탱했다.

영어의 「헬름」이라는 말은 일반적으로 투구의 총칭으로 사용된다. 하지만 중세 유럽에서 헬름이라고 하면 머리부터 얼굴까지 뒤덮는 「대형 투구」를 가리켰다. 프랑스어의 「옴」, 독일어의 「토프헬름」이 이에 해당한다. 독일의 기사들은 헬름의 정수리 부분에 각자 독특한 투구 장식을 서로 경쟁하듯 달았다. 그림은 사본에 등장하는 투구 장식.

미니스테리알레

독일에는 기사 신분에 속하지 않는 「미니스테리알레」라는 기승전사 신분이 있었다. "가사(家士)" 등으로 번역된다. 봉건제도하의 기사계급이 군사적인 공헌을 대가로 주군에게 토지와 보상을 받았던 데 비해 그들은 이른바 고용계약 기사로서 여러 주인을 모시기도 했다. 많은 주군(이라 부를 수 있을지 여부는 제쳐두고)을 섬긴다는 것은 자랑스러운 일이었다. 하지만 전리품을 목적으로 한 충성이라고 해도 전장에서의 공적은 나름대로 기대할 만했다. 장비는 기사와 전혀 다르지 않다. 머리에 쓴 「헬름」(대형 투구. 독일어로 「토프헬름」)은 정수리 부분이 평평한데 독일에서는 이런 형태가 선호되었다. 투구 꼭지에는 전공을 과시하기 위해 자신의 문장을 나타내는 깃발이나 장식을 달았다.

중세 전성기의 군대

중세 프랑스

카롤루스 사후 프랑스를 계승한 것이 서프랑크 왕국이다. 하지만 독일과 마찬가지로 카롤링거 왕가는 단절되고 새로이 위그 카페(재위 987년 ~996년)를 시조로 하는 카페 왕조가 열렸다. 머지않아 왕권의 신장과 함께 중앙집권화가 이루어져 프랑스는 이 왕조 아래에서 번영을 맞이한다.

프랑스 전사(10세기경)

그림의 전사는 10세기 말경 제작된 사본을 바탕으로 재현한 것. 호버크를 입고 정수리 부분이 앞으로 튀어나온 노르만 헬름을 쓰고 있다. 투구의 구조는 부품을 조합해서 만드는 스팽겐 헬름형. 손에 든 라운드 실드(원형 방패)는 카롤링거 왕조 시기 흔히 사용하던 것으로 표면에 소용돌이무늬와 원뿔형 방패심이 있다. 「밀레스」라 불린 이들 전사는 소규모 토지를 보유한 신분에 지나지 않았으나 갑옷과 투구, 방패에 검, 그리고 기병창까지 장비하는 것이 의무였다. 때문에 카롤링거풍 원형 방패에 물방울 모양 신형 헬름이라는 언밸런스한 차림새가 대다수를 차지했다. 또한 카이트가 아닌 라운드 실드를 장비한 것은 당시 아직 「밀리테스 페디테스」라는 보병 중심의 보기(步騎) 혼성부대가 존재했던 영향도 있다.

프랑스 기사(11세기경)

노르만인의 침공을 받고 프랑크인은 많은 적든 그 영향을 받게 된다. 특히 노르만 헬름과 마상에서 다리를 보호할 수 있는 카이트 실드의 보급이 대표적이다. 11세기는 이 2종의 무구가 유럽에 공통적으로 보급된 시기이기도 하다. 기사가 입은 호버크에는 코이프(두건. 프랑스어로는「쿠아프」)가 일체화되어 있었다. 코이프의 턱 부분은 개폐식「애번테일」(드리개)로 이루어져 전투 시 이외에는 아래로 늘어뜨릴 수 있다.

애번테일이 코이프에서 드리워진 상태. 끝에 달린 가죽끈이 관자놀이 부근에서 묶어 턱을 가린다. 턱과 목을 보호하는 체인 메일 드리개를 영어로 애번테일이라고 한다. 프랑스어로는「방타유」.

프랑스 기사(12세기경)

12세기가 되면 얼굴가리개가 달린 투구 옴(헬름)이 등장한다. 갑옷은 기장이 짧은 호버크를 입었는데, 그에 따라 다리를 보호하는 사슬 갑옷「쇼스」를 착용하게 된다. 이것은 앞에서 감싸는 형태로 다리를 가린 다음 뒤에서 몇 군데를 묶어 고정했다.

프랑스어로「샤펠 드 페르」("철 예배당"이라는 뜻)라 불리는 형태의 투구. 모자 같은 모양으로 둘레 전체에 차양이 있다. 이 차양은 프랑스 남부의 강한 햇볕을 피하기 위해 달았다고 한다.

다리의 사슬 갑옷「쇼스」. 발끝까지 덮는다.

어깨를 보호하기 위한 판 「엘레트」.

13세기가 되면 호버크의 소매가 손끝까지 길어져 장갑 형태가 된다. 그것을 영어로 「머플러」(프랑스어로는 「무플」)라고 부른다.

프랑스 기사(13세기경)

13세기 들어 체인의 소재가 되는 철사의 제조 기술이 향상되면서 메일 제조법이 눈에 띄게 발달한다. 한편 말에도 사슬 갑옷을 입히게 되어 전장에서는 더욱더 누가 누구인지 구별하기 힘들어졌다. 그래서 방패와 서코트(프랑스어로는 「쉬르코」)에 자신의 문장을 그려 넣게 된다. 다리를 감싸는 쇼스는 다리에 묶는 형태에서 양말처럼 신는 형태로 바뀐다. 이것을 허리에 매달고, 흘러내리지 않도록 무릎 아래 등에서 가죽띠로 고정했다. 무릎 부분을 보강하는 무릎보호대 「폴레인」(프랑스어로는 「주누예르」)도 등장한다.

■긴 손잡이 무기(폴암)

중세가 되자 유럽 각지에서 「폴암」(긴 손잡이 무기)이
발달한다. 이것은 긴 손잡이에 형태와 기능이 서로 다
른 여러 가지 창끝을 장착한 무기를 가리킨다. 한마디
로 길다는 특성을 활용하는 것인데, 창끝의 차이에 따
라 다양한 방법으로 공격할 수 있었다. 아래는 당시의
여러 가지 회화에 그려진 11세기 말~14세기 초의 창
끝 형태이다.

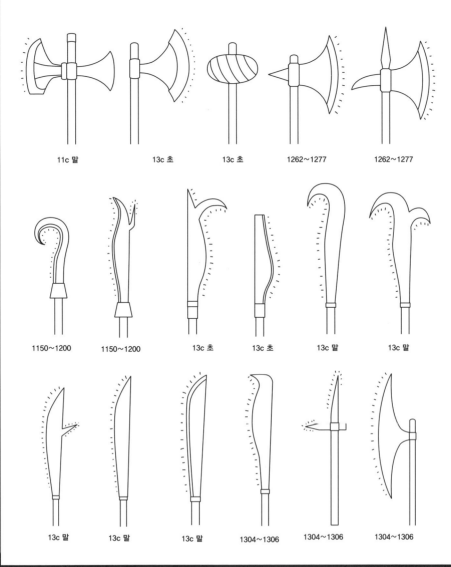

11c 말   13c 초   13c 초   1262~1277   1262~1277

1150~1200   1150~1200   13c 초   13c 초   13c 말   13c 말

13c 말   13c 말   13c 말   1304~1306   1304~1306   1304~1306

■고덴닥

긴 손잡이 무기는 말을 탄 기사를 지상에서 공격할 때
위력을 발휘했다. 기사의 전성시대였던 중세에는 긴
손잡이 무기 외에도 기사에 대항하기 위한 무기가 발
명된다. 플랑드르의 반란에서 프랑스 기사를 격파한
「고덴닥」이 대표적이다. 하지만 사실 이 무기가 어떠
한 것이었는지는 확실하지 않다. 겐트의 류그메테 벽
화에 그려진 끝이 뾰족한 곤봉을 고덴닥이라 하는
설이 있는가 하면, 피렌체의 상인
조반니 빌라니의 『연대기』에는
「창 손잡이처럼 철제 가시가
달린 커다란 머리 부분을 쇠
사슬로 연결한 곤봉」이라고
기록되어 있다. 그림은 재현
한 그 2종을 들고 있는 플
랑드르 병사.

프랑스 vs 잉글랜드

백년 전쟁

프랑스의 왕위 계승권을 둘러싸고 프랑스와 잉글랜드 사이에 벌어진 것이 백년 전쟁이다. 잉글랜드 왕 에드워드 3세(재위 1327년~1377년)의 어머니는 후계자를 남기지 않고 죽은 프랑스 왕의 여동생으로 왕가의 직계였다. 한편 프랑스 왕좌에 오른 필리프 6세(재위 1328년~1350년)는 방계인 발루아가에 속했다. 프랑스에서는 여자의 계승권을 인정하지 않았으나 에드워드는 직계에 의한 계승을 주장하며 프랑스와 전쟁을 시작한다. 이 싸움은 당사자를 바꿔가며 100년에 걸쳐 계속된다.

■롱소드/쇼트소드

검신(블레이드) 길이가 80~90cm인 서양 도검을 「롱소드」, 70~80cm 범위 안에 들어가는 것을 「쇼트소드」라고 부른다. 롱소드는 마상에서의 사용을 고려한 직검으로 칼날 폭이 2~3cm 정도. 쇼트소드는 근접전에서 적과 맞붙을 때 사용하기 편리한 길이이며 개중에는 칼날 폭이 보다 넓은 것도 있다.

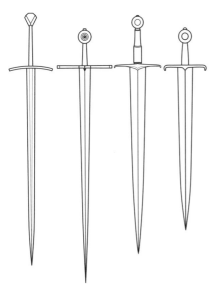

롱소드　　　　　쇼트소드

백년 전쟁 전기의 기사(14세기 전반)

백년 전쟁 직전인 14세기 초반부터 갑주는 호버크에서 철판을 조합한 갑옷으로 변화하고 있었다. 흉갑은 옷감 안쪽에 철판 또는 가죽판을 댄 것으로 바뀌었는데 이러한 형태를 「플레이트 메일」이라고 부른다. 이 흉갑 안에는 호버크를 입고, 또 그 안에는 「갬버슨」(프랑스어로는 「감비송」)이라는 내갑의를 입는다. 호버크의 기장은 넓적다리 중간쯤까지 내려오는 길이이다. 또한 호버크와 일체형으로 머리에 썼던 코이프(두건)는 분리되어 「배서닛」(프랑스어로는 「바시네」)이라는 투구에 부착되었다. 부유한 사람은 배서닛 위에 헬름형 투구를 쓰기도 했지만 그대로 싸우는 경우가 많았다. 다리를 보호하는 폴레인(무릎보호대)에 추가로 「그리브」(정강이받이), 발등에는 「살러렛」(프랑스어로는 「솔레」)이 달렸다. 손끝에서 아래팔의 방어에는 건틀릿(쇠장갑. 프랑스어로는 「강틀레」)이 사용된다.

원뿔형 투구 「배서닛」. 14세기 전반부터는 이 형태의 투구가 중세 기사의 표준 장비가 된다. 테두리에 탈착 가능한 사슬 드리개 「카메일」(프랑스어로는 「카마유」)이 부착되기도 한다.

카메일에는 네이절 (코가리개)이 달린 것도 있다. 그림은 들어올린 네이절을 투구의 이마 부분에 있는 단추로 고정하는 타입.

손에서 놓쳐도 회수하기 쉽도록 단검에는 사슬을 달아 가슴에 고정했다.

벗은 건틀릿은 검의 날밑(키용)에 걸었다.

호버크가 짧아진 데 맞춰 서코트도 기장이 더욱 짧아졌다. 잉글랜드에서는 앞보다 뒤가 긴 「시클라스」도 착용했다.

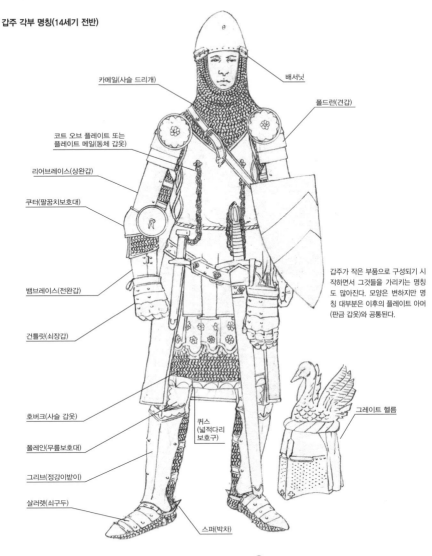

갑주 각부 명칭(14세기 전반)

카메일(사슬 드리개)

배서닛

폴드런(견갑)

코트 오브 플레이트 또는
플레이트 메일(동체 갑옷)

리어브레이스(상완갑)

쿠터(팔꿈치보호대)

뱀브레이스(전완갑)

건틀릿(쇠장갑)

갑주가 작은 부품으로 구성되기 시
작하면서 그것들을 가리키는 명칭
도 많아진다. 모양은 변하지만 명
칭 대부분은 이후의 플레이트 아머
(판금 갑옷)와 공통된다.

호버크(사슬 갑옷)

퀴스
(넓적다리
보호구)

그레이트 헬름

폴레인(무릎보호대)

그리브(정강이받이)

살러렛(쇠구두)

스퍼(박차)

■박차

박차는 기수의 발뒤꿈치 부분에 고정된다. 예리한 가
시가 달려 있는데 이것으로 말의 옆구리를 차서 말의
속도를 컨트롤한다. 초기에는 단순한 가시 모양을 하
고 있어 「프릭 스퍼」(찌르기 박차)라고 불렀다. 그 후
나타난 톱니바퀴 형태의 가시가 달린 것은 「라월 스퍼」
라고 부른다. 라월 스퍼가 보급된 것은 14세기 중반부
터이다.

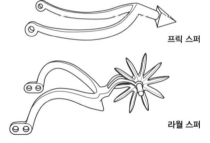

프릭 스퍼

라월 스퍼

"검은 갑주"를 입은
흑태자 에드워드

■검은 갑주

백년 전쟁 시기는 체인 메일에서 플레이트(판금)를 많이 사용한 갑옷으로 변화하는 과도기였다. 플레이트라고는 해도 이 무렵의 갑옷은 후대의 것처럼 표면이 연마되어 있지 않다. 때문에 검푸른 색을 띠고 있어 "검은 갑주"라고 불렸다. 백년 전쟁 초기에 활약한 잉글랜드의 황태자 에드워드(1330년~1376년)에게는 "흑태자"(블랙 프린스)라는 별명이 있었는데 이는 갓 등장한 "검은 갑주" 플레이트 메일을 착용했기 때문이라는 설도 있다. 그림은 조각상을 바탕으로 한 흑태자의 갑옷. 팔다리를 금속 갑옷으로 감싸고 관절 등 가동 부분에는 체인 메일을 사용했다. 쓰고 있는 투구는 정수리 부분이 뾰족한 원뿔형 배서닛, 카메일이 부속되어 있다. 왼쪽 무릎 아래에 맨 가터벨트(양말대님)는 에드워드 3세가 창설한 가터 기사단의 구성원임을 나타내는 최고 훈위의 가터 훈장. 훈장에는 "부정한 생각을 하는 자에게 재앙 있으라"(HONI SOIT QUI MAL Y PENSE)라고 적혀 있다. 검은 갑주는 영불 양군에서 14세기 말까지 사용되었다.

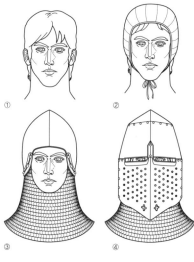

①
②
③
④

그림은 그레이트 헬름을 쓰는 순서. ①~②제일 안쪽에는 천을 누벼 만든 코이프를 쓴다. ③카메유 달린 배서닛 투구를 쓴다. ④그레이트 헬름을 쓰는 경우에는 배서닛 투구 위에 그대로 쓴다.

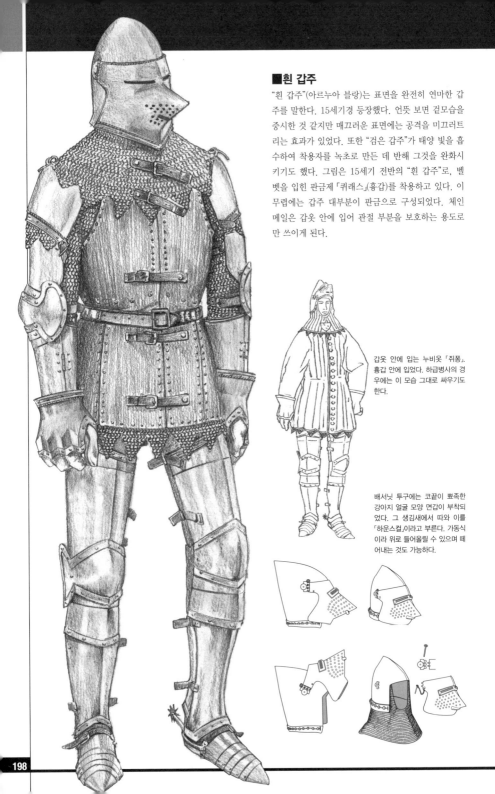

■흰 갑주

"흰 갑주"(아르누아 블랑)는 표면을 완전히 연마한 갑주를 말한다. 15세기경 등장했다. 언뜻 보면 겉모습을 중시한 것 같지만 매끄러운 표면에는 공격을 미끄러뜨리는 효과가 있었다. 또한 "검은 갑주"가 태양 빛을 흡수하여 착용자를 녹초로 만든 데 반해 그것을 완화시키기도 했다. 그림은 15세기 전반의 "흰 갑주"로, 벨벳을 입힌 판금제 「퀴래스」(흉갑)를 착용하고 있다. 이무렵에는 갑주 대부분이 판금으로 구성되었다. 체인메일은 갑옷 안에 입어 관절 부분을 보호하는 용도로만 쓰이게 된다.

갑옷 안에 입는 누비옷 「쥐퐁」. 흉갑 안에 입었다. 하급병사의 경우에는 이 모습 그대로 싸우기도 한다.

배서닛 투구에는 코끝이 뾰족한 강아지 얼굴 모양 면갑이 부착되었다. 그 생김새에서 따와 이를 「하운스컬」이라고 부른다. 가동식이라 위로 들어올릴 수 있으며 떼어내는 것도 가능하다.

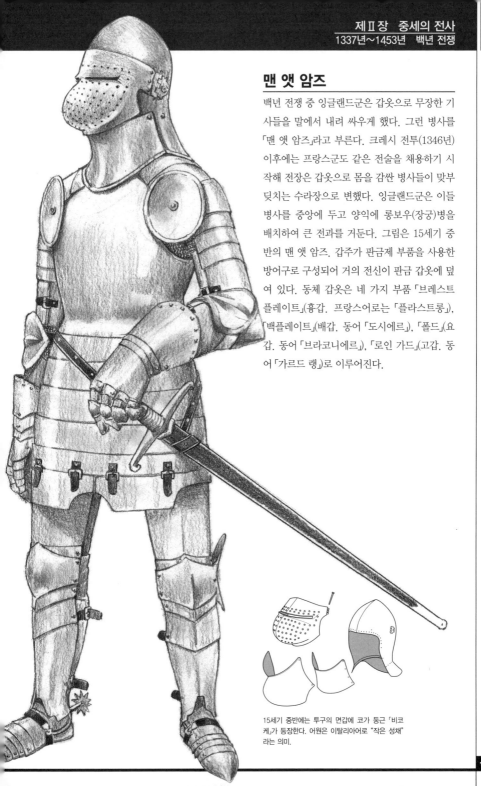

맨 앗 암즈

백년 전쟁 중 잉글랜드군은 갑옷으로 무장한 기사들을 말에서 내려 싸우게 했다. 그런 병사를 「맨 앗 암즈」라고 부른다. 크레시 전투(1346년) 이후에는 프랑스군도 같은 전술을 채용하기 시작해 전장은 갑옷으로 몸을 감싼 병사들이 맞부딪치는 수라장으로 변했다. 잉글랜드군은 이들 병사를 중앙에 두고 양익에 롱보우(장궁)병을 배치하여 큰 전과를 거둔다. 그림은 15세기 중반의 맨 앗 암즈. 갑주가 판금제 부품을 사용한 방어구로 구성되어 거의 전신이 판금 갑옷에 덮여 있다. 동체 갑옷은 네 가지 부품 「브레스트 플레이트」(흉갑. 프랑스어로는 「플라스트롱」), 「백플레이트」(배갑. 동어 「도시에르」), 「폴드」(요갑. 동어 「브라코니에르」), 「로인 가드」(고갑. 동어 「가르드 랭」)로 이루어진다.

15세기 중반에는 투구의 면갑에 코가 둥근 「비코케」가 등장한다. 어원은 이탈리아어로 "작은 성채" 라는 의미.

◆오를레앙의 처녀와 사기의 효과◆

로렌과 샹파뉴 경계에 위치한 동레미 마을에서 태어난 소녀 잔(1412년~1431년)은 신의 계시에 이끌려 프랑스 왕 샤를 7세(재위 1422년~1461년)를 알현하고 오를레앙을 포위한 잉글랜드군을 격퇴하는 데 크게 활약한다. 이 「처녀」(라 퓌셀)의 이야기는 여러 차례 영화화되는 동안 전장에서 검을 휘두르는 늠름한 모습으로 그려졌다. 하지만 실제로는 왕에게 받은 흰 갑주를 입고 자신의 위치를 나타내는 깃발을 든 채 아군을 고무했을 뿐이라는 설도 있다. 아무런 예비 훈련도 받지 않은 소녀가 갑주를 입고 검을 휘두를 수 있을 만큼 중세의 전장은 만만하지 않았다. 다만 사기를 고무시키는 존재가 있다는 것은 기량이 뛰어난 검사 한 사람이 있는 것보다 「군대」라는 조직에 커다란 영향을 미친다. 실제로 오를레앙의 해방에는 그녀의 존재가 크게 작용했다. 그러나 그녀가 남장을 하고 깃발을 흔들며 사기를 고양했던 일은 훗날 이단 심판을 통해 화형에 처해지는 구실이 되었다. 그녀의 깃발이 흰색을 기조로 한 것이었기 때문에 그녀의 죽음으로부터 프랑스 혁명이 일어나기까지 350년간 프랑스에서는 흰색이 국민을 상징하는 색으로 쓰인다.

잔 다르크의 초상. 생전에 그려진 유일한 것. 그려진 날짜는 1429년 5월 10일. 오를레앙이 해방되고 이틀 후이다.

15세기의 세밀화에 그려진 잔. 그녀의 갑주는 샤를 7세에게 받은 것으로 당시로서는 확실히 최신형이었으나 왼쪽 어깨의 옷깃 모양 돌기(방지턱, 「오트 피스」)는 시대에 비해 조금 이르다.

잔의 문장. 1429년 7월 17일 잔의 활약으로 프랑스 왕이 된 샤를 7세는 그녀에게 작위와 문장을 내렸다.

잔이 사용한 군기를 재현. 그녀는 「나의 검보다 나의 깃발을 사랑한다. 사십 배나 사랑한다」라고 말했다. 이단 심문에서의 진술에 따르면 「나의 깃발은 바탕이 백합이 수놓였고 양옆에 천사를 거느린 우주가 그려져 있습니다. 깃발 원단은 부카생이라는 하얀 천 중에서도 특히 새하얀 것으로, 그 위에 "IHS MARIA"(예수, 마리아)라고 적혀 있습니다. 테두리 장식은 비단이었습니다」라고 한다. 나중에는 「한 송이 백합을 축복하는 신의 모습과 두 사람의 천사가 그려졌고 뒷면에는 프랑스의 문장이 들어 있었습니다」라고도 했다. 잔을 재판한 심판관은 그녀가 든 깃발이 마법을 일으킨 것이라고 생각했다.

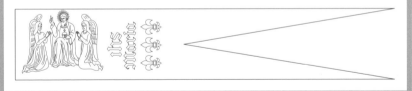

잉글랜드의 롱보우병

「롱보우」(장궁)는 잉글랜드 특유의 무기이다. 길이 2m에 조금 못 미치는 활로, 강철 화살촉을 박은 1m짜리 화살을 사용했다. 사정거리는 300~350m 정도. 주목을 주재료로 사용하고 쇠심줄을 감아 탄성을 높였다. 시위는 염소 가죽을 한 가닥으로 꼬아서 만든다. 이 활을 다루기 위해서는 긴 단련과 훈련이 필요하기 때문에 타국이 도입하려고 해도 부대를 편제하는 단계까지는 이르지 못했다. 멀리 있는 적에게는 곡선으로 탄도를 그리며 쏘고, 가까이 있는 적에게는 종래의 활처럼 직선으로 쏜다. 곡선 탄도로 날아간 화살은 머리 위에서 비가 내리듯 쏟아진다. 적은 피할 틈도 없이 찔려 죽었다. 이와 같은 곡사(曲射)의 가능 여부가 크로스보우와 롱보우의 큰 차이점이다. 곡사가 가능한 롱보우는 병사 앞뒤에 공간만 있으면 앞에 있는 병사에게 방해받지 않고 종심 대형에서도 사격할 수 있다. 그래서 좁은 전장에서는 롱보우가 압도적으로 유리했다. 또한 크로스보우보다 롱보우의 발사속도가 빠르고 가볍게 다룰 수 있었다.

14세기 중반의 롱보우병

15세기 초반의 롱보우병

15세기 중반의 롱보우병

프랑스의 역사가 프루아사르(1337년경~1410년경)의 『프랑스 연대기』에 그려진 크레시 전투(1346년) 삽화. 롱보우병과 크로스보우병의 싸움이 그려져 있다.

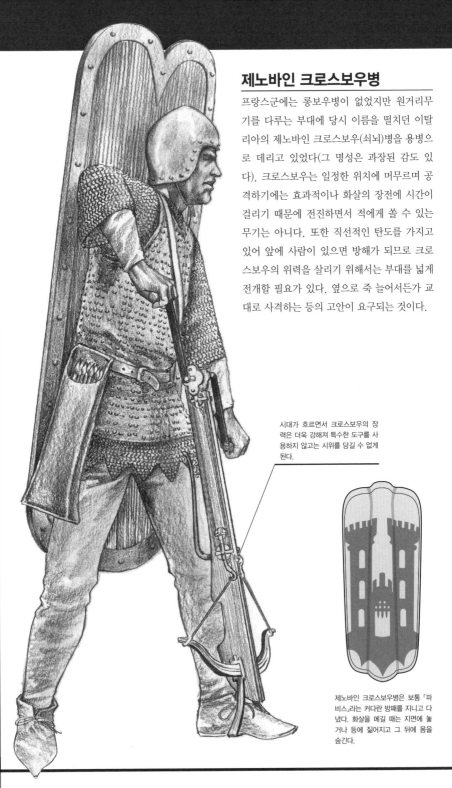

제노바인 크로스보우병

프랑스군에는 롱보우병이 없었지만 원거리무기를 다루는 부대에 당시 이름을 떨치던 이탈리아의 제노바인 크로스보우(쇠뇌)병을 용병으로 데리고 있었다(그 명성은 과장된 감도 있다). 크로스보우는 일정한 위치에 머무르며 공격하기에는 효과적이나 화살의 장전에 시간이 걸리기 때문에 전진하면서 적에게 쏠 수 있는 무기는 아니다. 또한 직선적인 탄도를 가지고 있어 앞에 사람이 있으면 방해가 되므로 크로스보우의 위력을 살리기 위해서는 부대를 넓게 전개할 필요가 있다. 옆으로 죽 늘어서든가 교대로 사격하는 등의 고안이 요구되는 것이다.

시대가 흐르면서 크로스보우의 장력은 더욱 강해져 특수한 도구를 사용하지 않고는 시위를 당길 수 없게 된다.

제노바인 크로스보우병은 보통 「파비스」라는 커다란 방패를 지니고 다녔다. 화살을 메길 때는 지면에 놓거나 등에 짊어지고 그 뒤에 몸을 숨긴다.

◆크로스보우 시위 당기는 법◆

크로스보우(쇠뇌)에는 「볼트」라 불리는 짧고 굵은 화살이 사용된다. 장전만 되어 있으면 목표를 정확히 조준하고 이 화살을 발사할 수 있다. 하지만 화살을 메길 때는 활보다 많은 시간을 들여야 했다. 한층 강력하게 멀리 날리고자 하면 활의 장력도 당연히 강해지기 때문에 시위를 당기는 데 점점 더 큰 힘이 필요하게 된다. 아래는 크로스보우에 화살 메기는 법. 강력한 활에는 특수한 도구가 사용되었고 결과적으로 발사속도는 더욱더 늦어졌다.

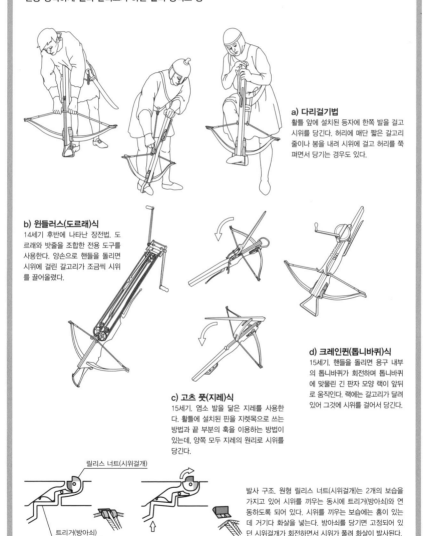

a) 다리걸기법
활틀 앞에 설치된 등자에 한쪽 발을 걸고 시위를 당긴다. 허리에 매단 짧은 갈고리 줄이나 봉을 내려 시위에 걸고 허리를 쭉 펴면서 당기는 경우도 있다.

b) 윈들러스(도르래)식
14세기 후반에 나타난 장전법. 도르래와 밧줄을 조합한 전용 도구를 사용한다. 양손으로 핸들을 돌리면 시위에 걸린 갈고리가 조금씩 시위를 끌어올렸다.

d) 크레인퀸(톱니바퀴)식
15세기. 핸들을 돌리면 용구 내부의 톱니바퀴가 회전하며 톱니바퀴에 맞물린 긴 판자 모양 랙이 앞뒤로 움직인다. 랙에는 갈고리가 달려 있어 그것에 시위를 걸어서 당긴다.

c) 고츠 풋(지레)식
15세기. 염소 발을 닮은 지레를 사용한다. 활틀에 설치된 핀을 지렛목으로 쓰는 방법과 끝 부분의 훅을 이용하는 방법이 있는데, 양쪽 모두 지레의 원리로 시위를 당긴다.

릴리스 너트(시위걸개)

트리거(방아쇠)

발사 구조. 원형 릴리스 너트(시위걸개)는 2개의 보습을 가지고 있어 시위를 끼우는 동시에 트리거(방아쇠)와 연동하도록 되어 있다. 시위를 끼우는 보습에는 홈이 있는데 거기다 화살을 넣는다. 방아쇠를 당기면 고정되어 있던 시위걸개가 회전하면서 시위가 풀려 화살이 발사된다.

북방 십자군
동유럽

성지 예루살렘을 향한 십자군 운동이 커다란 좌절에 직면한 13세기 초반 동유럽에서는 다른 십자군이 시작되려 하고 있었다. 유럽 변경에 거주하는 이교도의 개종을 명목으로 한 이 십자군은 성지에서 활약할 기회를 잃은 독일 기사수도회(독일 기사단)에 의해 추진되었다.

독일 기사단의 기사(13세기)

독일 기사수도회(독일 기사단)의 기원은 제3차 십자군 때 독일 출신자가 창설한 병원단에 있다(1190년). 1199년에는 기사수도회임을 교황에게 정식으로 인정받는다. 하지만 바로 그때 성지에서의 무력투쟁이 좌절되어 이미 그들이 활약할 장소는 없었다. 그들은 성지에서 동유럽으로 활약의 장을 옮긴다. 13세기의 독일 기사수도회사(기사단원)는 호버크(독일어로는 판처헴트) 위에 서코트(동어 「바펜로크」)를 걸치고 투구는 헬름(동어 토프헬름)을 쓰는 속세 기사와 다름없는 모습을 하고 있었다. 흰색 서코트에 검은 십자가가 그려져 있는 점이 차이라면 차이라고 할 수 있겠다. 독일 기사단의 작전행동은 강이 어는 겨울철에 이루어졌다. 흰색 서코트는 설원에서 위장 효과를 발휘할 수도 있었으나 싸울 때는 치중대에 맡겼다.

러시아인 기사(13세기)

독일 기사단은 발트 해 연안을 따라 프로이센에서 동쪽으로 세력을 넓혀 1237년에는 지금의 라트비아 지방을 산하에 두었다. 이에 따라 러시아의 노브고로드 공국과 국경을 접하게된다. 이 무렵 러시아는 몽골의 침략에 한창시달리던 시기로 1240년에는 몽골군에 키예프를 함락당하기도 한다. 몽골과 독일 기사단의 협공을 받는 형태가 된 노브고로드 공 알렉산드르 야로슬라비치(1220년~1263년)는 몽골에는 복종하고 서쪽에서 다가오는 독일 기사단에 대항했다. 공은 스웨덴군을 네바 강에서 격퇴했다고 하여 알렉산드르 "넵스키"라는이름으로 불리고 있었다. 독일 기사단 또한 페이푸스(슈드) 호 전투(1242년)에서 그에게 패퇴하여 러시아에 대한 야망은 꺾인다. 당시 러시아인 기사의 장비는 유럽에서는 한 세대 전의 것이었는데, 호버크는 그들의 선조인 바이킹(발트제족)이 입던 길이가 긴 타입을 착용했다. 물방울형 투구에도 네이절(코가리개)이 달려 있다. 한편 부유층은 동유럽에서 들여온 라멜라 갑옷을 사용했고 그것이 차츰 13세기의주류가 되어간다. 다리미형 방패는 서유럽의영향을 받은 것. 가죽제 부츠는 11세기 초반부터 신기 시작했으며 붉은색, 황색, 녹색 중한 가지 색으로 물들였다.

방패는 버드나무를 주재료로 한 2층 구조이다. 표면에 비단 또는 가죽을 씌웠다.

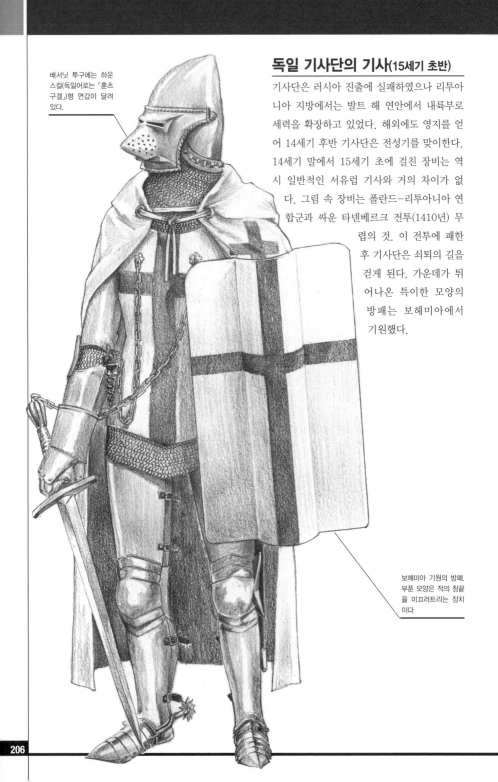

배서닛 투구에는 하운
스컬(독일어로는 「훈츠
구겔」)형 면갑이 달려
있다.

독일 기사단의 기사(15세기 초반)

기사단은 러시아 진출에 실패하였으나 리투아
니아 지방에서는 발트 해 연안에서 내륙부로
세력을 확장하고 있었다. 해외에도 영지를 얻
어 14세기 후반 기사단은 전성기를 맞이한다.
14세기 말에서 15세기 초에 걸친 장비는 역
시 일반적인 서유럽 기사와 거의 차이가 없
다. 그림 속 장비는 폴란드−리투아니아 연
합군과 싸운 타넨베르크 전투(1410년) 무
렵의 것. 이 전투에 패한
후 기사단은 쇠퇴의 길을
걷게 된다. 가운데가 튀
어나온 특이한 모양의
방패는 보헤미아에서
기원했다.

보헤미아 기원의 방패.
부푼 모양은 적의 창끝
을 미끄러트리는 장치
이다.

리투아니아인 기사

리투아니아인 기사

그림은 폴란드와 연합하여 독일 기사단을 격파한 리투아니아인 기사. 통일되지 않은 장비에서 다양한 외국의 영향이 엿보인다. 둘레에 차양이 있는 「카팔린」 투구는 비잔티움 제국의 영향을 받은 것. 라멜라식 흉갑은 동방을 기원으로 하며 다리를 보호하는 쇼스는 서유럽풍 장비이다.

폴란드인 기사

폴란드는 서유럽의 영향을 강하게 받아 독일 기사단과 장비의 차이가 별로 없다. 그래서 적과 아군을 구별하려면 일정한 표식이 필요했다. 중세 최대 규모로 기사들의 전투가 벌어진 타넨베르크에서는 매듭을 지은 천을 위팔에 감았다고 한다. 한편 하급병사 대부분은 스케일 아머를 입었다. 무기로는 기병창뿐만 아니라 장창과 크로스보우도 사용했다. 크로스보우가 폴란드에 보급된 것은 14세기 무렵으로 이전까지는 원거리무기라고 하면 길이 150cm의 큰 활을 가리켰다. 14세기 말에는 화약을 이용한 「핸드 캐넌」(수포)도 사용된다.

폴란드인 기사

■코트 오브 플레이트

여러 개의 철판을 천이나 가죽 사이에 끼워 넣은 동체 갑옷을 말한다. 14세기에 많이 쓰였으며 고틀란드 섬의 비스뷔 전투(1361년)에 참가한 병사가 착용했던 것이 발굴되어 있다. 쥐퐁 등의 옷 안에 입기도 한다. 그림은 13세기 말에서 14세기 무렵의 장비와 조합한 것이다.

■케틀 햇

케틀 햇(프랑스어로 「샤펠 드 페르」)은 12세기에서 17세기 말경까지 사용된 투구. 프랑스에서 개발되어 십자군 시대에 통풍이 안 되는 헬름을 대신해 쓰이면서 유럽에서 전성을 누렸다. 중산모처럼 투구 둘레에 차양이 있는 것이 특징으로 위의 인물도에 나와 있듯이 눈 구멍이 뚫린 것도 있다.

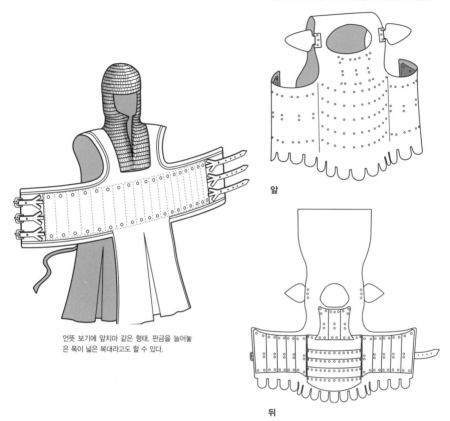

가슴 위와 어깨의 방어도 고려한 형태. 서유럽에서 나타난다.

앞

언뜻 보기에 앞치마 같은 형태. 판금을 늘어놓은 폭이 넓은 복대라고도 할 수 있다.

뒤

◆ 라이제(군려) ◆

북방 십자군은 점령한 토지에 그리스도교도를 이주시켜 신의 나라를 확장하면서 싸움을 계속했다. 요충지에는 견고한 요새를 쌓아 방어거점으로 삼고 군선으로 하천을 왕래하며 주변을 공격했다. 보다 저항이 거센 지역에서는 「라이제」(군려)라 불리는 방법이 쓰였는데, 강하게 저항했던 리투아니아가 대표적인 예이다. 이 군사행동은 여름과 겨울의 두 차례로 나뉘어 이루어진다. 여름의 군려는 통상적인 작전행동과 다름없이 적의 요충지를 공략하거나 우군의 요새를 구축하는 것을 목적으로 했다. 병력도 대규모로 투입된다. 반면 겨울의 군려는 적을 소모시키기 위해 이루어져 병력은 많아야 2,000명 정도였다. 적지에 침입한 부대는 임시 거점을 설치하고 그곳에서 뿔뿔이 흩어져 약탈과 파괴를 일삼았다. 그리고 작전이 끝나면 약탈품을 모아 신속히 철수한다. 표적이 된 것은 저항하지 않는 일반주민이었다. 병사들은 갈 때는 말에 여물을 싣고 가서 돌아올 때는 약탈품을 가득 싣고 귀환했다.

화약의 전래와 화기의 등장

화약과 그에 이은 화기의 등장은 전쟁의 양상을 크게 바꿔놓은 사건이었다. 화약이 서양에 전해진 것은 13세기로 추측되며, 14세기 전반에는 전장에서 화기를 사용한 것으로 확인되고 있다.

핸드 캐넌/핸드건

유럽에 화약이 전래된 당초에는 탄환이나 대형 화살 등의 고형물을 발사하는 것과 굉음을 이용해 적을 놀라게 하는 것으로 용도와 효용의 평가가 갈렸다. 고형물을 발사하는 병기는 『밀리메이트의 수사본』(1326년경 제작)에서 확인할 수 있으며 여기 그려진 것을 통칭 "밀리메이트 캐넌"이라 부르고 있다. 그림은 동 사본

에 그려진 발포 모습. 굉음을 내는 병기는 1327년에 "크래키스 오브 워"라는 이름으로 전장에서 사용되었다. 초기의 총포는 목제 봉 끝에 총포신을 장착하였는데 이를 「핸드건」 또는 「핸드 캐넌」이라 부른다. 늦어도 14세기 중반부터 보급되어 이탈리아 반도에서는 1364년에 500정의 핸드 캐넌이, 1381년의 아우크스부르크에서는 30정이 도시 방어에 이용된다.

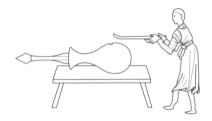

타넨베르크 캐넌. 현존하는 가장 오래된 총. 1399년에 폐허가 된 타넨베르크 성의 잔해 속에서 1849년에 발견되어 붙은 이름이다. 구경은 11mm, 총신 부분의 길이는 33cm. 무게는 1.24kg이며 수평으로 조준해도 문제없이 사격할 수 있었다. 아마도 대인용으로 사용되었을 것이다.

●사격 순서●

초기의 총포는 탄환과 화약(발사약)을 총구로 밀어 넣어 사용했다. 이러한 방식을 전장식(前裝式)이라고 하는데 현재와 같은 후장식(後裝式) 총이 19세기에 실용화되기까지는 일반적인 방식이었다. 발사약과 점화약은 조성이 같은 화약을 사용하였으나 전자가 알갱이형인 데 비해 후자는 잘게 부수어 연소속도를 높였다. 발화 연소한 화약은 53%의 고형물(그을음)과 47%이 가스가 되며 발생한 가스의 힘(가스압)으로 탄환을 날린다.

①총구로 발사약을 부어 넣는다. 이어서 탄환을 밀어 넣고 막대 모양 도구(「꽂을대」라고 부른다)로 눌러서 다진다.
②소공(「화문」 또는 「점화구」)에 점화약인 「귀약」을 부어 넣는다.
③불씨로 점화약에 불을 붙인다. 불은 점화약을 통해 총신 내부의 발사약에 다다라 이를 발화시켜 탄환을 발사한다.

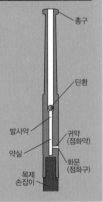

총구

단환

발사약

귀약
(점화약)

약실

화문
(점화구)

목제
손잡이

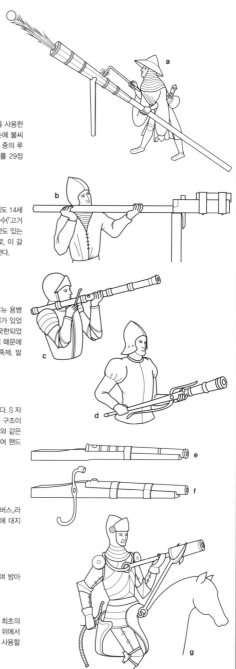

점화법

총포는 보다 점화와 조준이 수월한 형태로 변화해갔다. 아래는 초기 화기의 점화 방식 및 본체 형태의 변화.

a) 터치 홀식

1405년의 군사논문에 기록된 것. 점화하는 데 끝을 가열한 L 자형 철봉을 사용한다. 그 밖에 달군 석탄 등도 불씨로 이용되었다. 당초의 총포는 이처럼 손에 불씨를 들고 점화하는 방식으로 이것을 「터치 홀식」이라고 부른다. 백년 전쟁 중의 루앙에서는(1435년) 잉글랜드의 수비대가 「컬버린」이라는 이 종류의 총포를 29정 장비했다.

b) 갈고리 총(혹 건)

부르고뉴 공국에서 사용된 핸드 캐넌. 1470년경의 사본에 나타나지만 적어도 14세기 말에는 등장한 것으로 보인다. 경우에 따라서는 총을 드는 사람과 점화수(「고거트」)가 2인 1조를 이루어 사용하기도 했다. 총신 아래쪽에 갈고리가 달린 것도 있는데 이것을 독일어로 「하켄뷕세」라고 부른다. 갈고리 총(혹 건)이라는 의미로, 이 갈고리(하켄)를 가슴팍에 걸어 조준을 용이하게 하고 발사 시의 반동도 흡수한다.

c) 어깨메기형

현대의 바주카포처럼 어깨에 메는 방식. 잉글랜드의 장미 전쟁 때 부르고뉴 용병이 사용했다는 기록이 있다. 잉글랜드에는 롱보우라는 우수한 원거리무기가 있었지만 그것을 다룰 수 있는 것은 오랜 시간 특별한 훈련을 받은 사람에 국한되었다. 반면 화기를 다루는 데는 그렇게까지 높은 숙련도가 필요하지 않았기 때문에 그 점에서 주목받았다. 본체는 통대 모양으로 전체가 금속 또는 삶은 가죽제. 발사 시 폭발할 위험이 있어 그림과 같이 갑옷을 입고 사용했다.

d) 서펜타인식

15세기 말이 되면 S 자형 쇠붙이 끝에 불씨를 붙여 점화하는 방식이 나타난다. S 자형 쇠붙이가 중앙에 총대에 리벳으로 고정되어 그곳을 지렛목 삼아 회전하는 구조이다. 손잡이를 앞으로 당기면 반대쪽에 있는 불씨가 내려가 불이 붙는다. 이와 같은 금속 도구를 「서펜타인」이라고 부른다. 부르고뉴 공국이 가장 먼저 도입하여 핸드 캐넌에 장착했다. 공국에서는 이러한 화기를 "개"라든가 "용"이라고 불렀다.

e) 총대 부착 핸드건

목제 받침(「총대」)에 총신을 고정했다. 그 후 총포는 하켄뷕세에서 「아쿼버스」라 불리게 된다. 이 받침은 크로스보우 등에서 가져온 것으로 처음에는 어깨에 대지 않고 짚어진 상태로 사용했다.

f) 총대와 서펜타인식

현재의 소총과 같은 형태가 되었다. 총대는 짚어지지 않고 어깨에 견착하며 방아쇠 역할을 하는 서펜타인이 설치되었다.

g) 기승 핸드거너

1449년의 사본에 나타나는 모습. 아마도 마상에서 화기를 사용한 서양 최초의 예일 것이다. 핸드건은 발사하는 데 양손을 사용하기 때문에 이동하는 말 위에서는 안정적으로 사격하기 어렵다. 기병용 화기가 보급된 것은 한손으로 사용할 수 있는 소형 화기가 등장한 뒤의 일이다.

화기와 전차의 군대

후스 전쟁

15세기 전반 동유럽 보헤미아에서는 후스교도와 신성 로마 제국 황제 간의 싸움이 벌어지고 있었다. 후스교도란 교회의 세속화를 거세게 비난한 얀 후스(1369년경~1415년)의 교설을 신봉하는 사람들을 가리킨다. 교회의 압박에 고통받는 사람들의 공감을 얻으며 민족의식과도 결부되어 널리 퍼졌다. 1415년 후스가 화형에 처해지고 그의 본거지 프라하 시가 교회로부터 파문당하자 시민이 봉기하기에 이른다. 반란은 급속도로 확대되어 1419년에서 36년까지 이어진 후스 전쟁이 발발하였다.

후스교도 세프니키

후스교도군 가운데 전쟁 초기에 활약한 것은 농민들이었다. 일종의 인민군이었다고 할 수 있다. 무기는 그들에게 익숙한 농기구를 개조하여 얻었다. 탈곡용 도리깨는 플레일이 되고 풀베기용 긴 손잡이 낫, 쇠스랑, 장작을 패는 도끼가 그대로 폴암(긴 손잡이 무기)이 되었다. 특히 도리깨를 든 병사는 「세프니키」라 불리며 후스교도의 상징적 존재로 자리 잡는다. 후스교도군처럼 농민과 일반시민으로 구성된 군대에서는 방어구를 착용하려 해도 워낙 고가인 탓에 약탈하지 않는 한 방법이 없었다. 그래서 방패가 유일한 방어구였다. 무엇보다 당시 보헤미아 지방에는 갑주사의 수가 적어 금속 갑옷 자체가 얼마 보급되어 있지 않았다. 갑옷과 투구를 바라는 것은 근본적으로 무리였던 것이다.

방패에 있는 컵 그림은 후스교도의 상징 중 하나.

핸드건을 의미하는 「피슈탈라」라는 말은 이탈리아로 건너가 「피스톨」의 어원이 되었다고도 한다.

후스교도 핸드건병

1420년 이후 후스교도군에는 황제(보헤미아 왕이기도 하다) 측에 있던 귀족이 지휘관(헤트만)으로서 합세하게 된다. 이에 따라 변변치 못한 무장을 하고 있던 군대도 본격적인 야전군의 모습으로 변모해갔다. 부대에는 여성과 아이도 참가하고 있어 어수선한 느낌이 완전히 사라지지는 않았지만, 하사관 대부분을 소귀족과 능력 있는 일반인이 맡아 각각의 부대를 정비하면서 효율적으로 전투를 벌였다. 핸드건은 「푸슈카」 또는 「피슈탈라」라고 불리며 후스교도군 사이에 급속히 보급된 무기이다. 사용할 때는 탄환의 장전, 점화, 사격이라는 단계마다 인원을 배정해 분업함으로써 원활하게 운용했고 갑옷을 입은 기사에 대한 필살의 무기로 삼았다. 대부분의 전투에서 핸드건이 사용되어 싸움을 승리로 이끈다.

후스교도의 "전차 전술"

후스교도는 짐을 운반하는 수레를 개조해서 이동식 방벽 전차로 만들었다. 전장에서는 총안(銃眼)을 설치한 방호판 달린 수레를 몇 대씩 연결하여 원진을 친다. 그렇게 만전의 방어 태세를 갖추고 나서 공격해오는 적군을 접근 단계에서는 화기로, 더욱 가까워지면 긴 손잡이 무기로 격퇴했다. 이동요새라고도 할 수 있는 이러한 "전차 전술"을 후스교도가 발명한 것은 아니다. 하지만 그들에 의해 최초로 전장에서 효과가 실증되었다고 해도 좋을 것이다. 특히 기승 돌격에 특화된 기사군(騎士軍)을 상대하는 데 효과적이었다. 적의 기세가 꺾여 물러나면 나팔과 북소리로 신호를 보내 즉시 추격하여 적을 섬멸했다.

후스교도가 사용한 방벽 전차. 개조 수레라고도 할 수 있다. 차체 아래에도 총안을 뚫은 판이 달렸다.

중세기의 사본에 그려진 동종 전차. 왼쪽 그림의 것은 가운데 부분이 미닫이로 되어 있다.

맹인 장군 얀 지슈카. 전차와 화기를 이용한 전투 방식을 고안한 것으로 알려져 있다. 후스교도 가운 데서도 과격한 타보르파 지휘관이었다. 적은 그를 "무적"이라 여기며 두려워하여 때로는 싸우지 않고 도망치기도 했다. 나중에 맹인이 되지만 부하에게 전장의 지형을 듣고 부대 배치를 지시해서 승리를 거듭한다. 사후에는 그의 피부로 북을 만들어 죽어 서도 계속 적을 괴롭혔다고 한다. 그림은 지금의 타 보르 시 광장에 있는 입상과 17세기 초반의 사본에 서 이미지를 얻어 갑주를 입은 모습으로 재현했다. 손에 든 워 픽은 15세기의 사본에 그려져 있는 것.

제Ⅱ장에서는 "암흑"과 "중세"의 시대를 다루면서 머지않아 도래할 「화기의 시대」로 이르는 길을 더듬어보았다.

고대 세계에 군림하던 로마 제국의 멸망은 기존의 질서를 붕괴시켰고, 그 파동은 국가뿐만 아니라 그때까지 구축되었던 군대의 양상에도 영향을 미친다.

중세의 전장을 지배한 것은 기마에 올라탄 기사였는데, 이는 전장에서 다시 개인의 기량이 무엇보다 우선되는 상태로 역행했다는 사실을 의미한다. 전쟁의 기술은 후퇴하였으며 기사도와 종교를 정신적 지주 삼아 사기를 고양시킨 기사들이 시대의 꽃이 되었다. 반면에 무구는 보나 견고하게 발전해간다. 전사들은 견고한 방어구를 격파할 강력한 무기를 필요로 했고 그것을 손에 넣고 나면 이번에는 다시 그 무기에 견딜 수 있는 방어구를 찾았다. 문자 그대로 「모순(矛盾)」의 시대를 반복했던 것이다. 이윽고 그러한 개발 경쟁은 「화기」의 등장으로 종결된다.

RENAISSANCE WARRIORS

근세의 전사

재생과 혁신
르네상스 이탈리아

14세기 들어 이탈리아에서는 정체와 폐색감에 **빠졌던** 중세를 벗어나 새로운 발전을 지향하려는 움직임이 나타난다. 16세기까지 이어진 이 "르네상스" 운동은 고전 문화를 본보기 삼아 인간성의 "재생"을 꾀하는 것이었으나, 고전의 모방에 머무르지 않고 새롭고 자유로운 표현과 기술을 만들어낸다. 혁신의 물결은 문화와 예술은 물론 갑주 제작 현장에도 영향을 미쳐, 백년 전쟁의 적수인 프랑스와 잉글랜드 쌍방에 최신 갑주를 공급한 것도 이탈리아 북부의 여러 도시였다.

이탈리아 고딕식 갑주(15세기)

이탈리아 북부의 여러 도시 가운데 특히 밀라노에서는 수준 높은 갑주가 대규모로 제작되어 발리니, 모드로네, 메라테 등 유명한 무구사들의 가게가 줄지어 있었다. 그중에서도 미살리아 일족은 밀라노 공을 비롯한 각국 귀족의 지지를 받았다. 이 시대의 갑주는 귀족이라면 치수를 재서 맞춰 입고, 일반병사라면 기성품 중에서 치수 맞는 것을 찾아 입는다. 그림은 미살리아 일족이 개발한 "이탈리아 고딕식" 갑주인 「카프 아 피에」. "전신을 덮는 갑주"라는 의미가 있다. 이름에 걸맞게 전신이 판금제 부품으로 덮이며 체인 메일은 관절 등을 보호하는 데 약간 사용될 뿐이다. 오른쪽 가슴에 있는 돌기는 공격자세를 취할 때 랜스(기병창)를 지탱하는 「랜스 레스트」(창받침). 쓰고 있는 투구는 새로 등장한 「바벗」(이탈리아어로는 「바르부타」). 그 밖에 머리 전체를 감싸는 「아멧」 등 르네상스기의 이탈리아에서는 다양한 형태의 투구가 고안되었다.

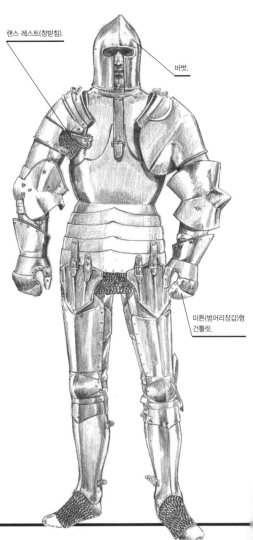

랜스 레스트(창받침).

바벗.

미튼(벙어리장갑)형 건틀릿.

■첼라타

목덜미를 보호하기 위한 부품이 추가된 투구. 「샐릿」의 원형이라고 할 수 있다.

■바벗

고대 그리스의 코린트식 투구를 본떠 만든 투구. 때때로 보이는 개구부의 테두리 장식은 칼끝이 얼굴 쪽으로 미끄러지는 것을 방지하는 장치이다.

■아멧

아르메(프랑스어), 아르메트(독일어). 양동이형 투구와는 달리 머리 형태를 따라 만들어진다. 여러 개의 부품을 조합하여 제작하며 일부를 탈착·개폐한 다음 머리에 쓰게 되어 있다. 후두부에 있는 작은 원반은 「런들」(프랑스어로는 롱델)이라 불리는 것으로 초기 아멧의 특징. 다만 그 목적은 알 수 없다. 일설에는 「비버」(턱받이)를 잡아맨 가죽끈 및 멈춤쇠(버클)를 보호하기 위한 것이라고 한다.

얼굴 가리개가 달린 「첼라타」.

말안장에 앉을 수 있도록 둔부에는 판금이 아닌 유연한 체인 메일을 사용한다.

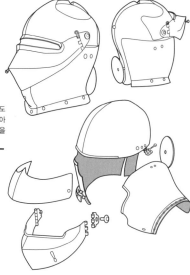

르네상스식 갑주(15세기 말~16세기)

르네상스 초기(15세기)의 고딕식 갑주는 좌우
대칭으로 만들어졌다. 그런데 15세기 말경부
터는 좌반면을 강화한 좌우비대칭형이 등장한
다. 이는 왼손에 방패를 들고 싸우던 시절의
흔적이라 할 수 있는 것으로, 전신을 판금으로
감싸 방패를 들지 않게 된 후에도 여전히 좌반
면의 방어를 중시했기 때문이다. 왼쪽 어깨의
「폴드런」(견갑)은 옆구리까지 연장되었고, 칼
끝과 창끝을 미끄러뜨리기 위한 옷깃 모양 돌
출 부품 「오트 피스」(방지턱)도 등장했다. 또
한 흉갑 중심에 좌우를 분할하듯 일자로 튀어
나온 부분은 화기를 포함해 화살과 탄알이 직
격하지 않도록 연구한 결과이다. 이러한 기능
상의 개량이 진행되는 한편 16세기가 되면 보
다 장식화된 갑주가 나타난다. 이 시대에 미살
리아 일족과 함께 각광 받았던, 교차하는 2개
의 열쇠를 상표로 사용한 네그로니 일족의 갑
주는 가지각색의 조각을 넣어 기능보다도 외
관의 호화로움을 강조했다.

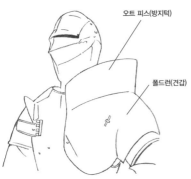

오트 피스(방지턱)

폴드런(견갑)

■갑주 각부 명칭(판금 갑주)

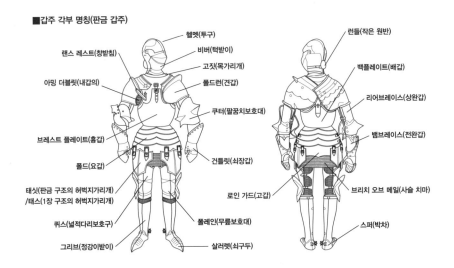

헬멧(투구)

랜스 레스트(창받침)

비버(턱받이)

고짓(목가리개)

아밍 더블릿(내갑의)

폴드런(견갑)

쿠터(팔꿈치보호대)

브레스트 플레이트(흉갑)

건틀릿(쇠장갑)

폴드(요갑)

태싯(판금 구조의 허벅지가리개)
/태스(1장 구조의 허벅지가리개)

로인 가드(고갑)

퀴스(넓적다리보호구)

폴레인(무릎보호대)

그리브(정강이받이)

살러렛(쇠구두)

런들(작은 원반)

백플레이트(배갑)

리어브레이스(상완갑)

뱀브레이스(전완갑)

브리치 오브 메일(사슬 치마)

스퍼(박차)

스트라디오트

경장으로 기동력이 뛰어난 이슬람군에 대항하
기 위해 등장한 기병이 「스트라디오트」이다.
그 이름은 그리스어로 "전사"를 의미하는 "스
트라티오티스"에서 유래한다. 1480년 베네치
아에서 처음 도입하였는데 주로 그리스, 크로
아티아, 달마티아, 에스토니아, 알바니아 등의
용병으로 이루어졌다. 그림은 15세기 초반의
스트라디오트로 동유럽의 복장을 갖추고 있다.
기병창과 같은 돌격전용 무기를 꺼려 양단에
창끝이 달린 「아세가이」라는 투창을 사용했다.
아세가이는 백병전에서도 사용 가능하지만 주
로 적 주위에 무리 지어 투척하는 것이 기본.
그 밖에는 곡도와 메이스, 동방의 합성궁 등을
장비했다. 안쪽으로 패인 부분이 있는 방패는
보헤미아에서 탄생한 것으로, 기병창을 통과시
키기 위한 구멍이라고 오해받고 있으나 실제로
는 적을 엿보는 용도이다. 갑옷은 나중에 이탈
리아풍 금속 갑옷을 착용하게 된다.

르네상스기 이탈리아 병사

이전까지 갑주는 귀족 등 한정된 계급의 소유물로 여겨졌으나 이
탈리아에 융성한 갑주 문화의 확산으로 일반병사에게도 허용되
는 분위기가 나타난다. 그래도 귀족이 착용하는 화려한 중장 갑
주는 여전히 신분에 맞지 않는다 하여 일반병사는 보다 가볍고
실전적인, 그리고 당연하지만 값싼 갑주를 선호했다. 대표적인
것이 14세기 중반 이탈리아에서 등장한「브리건딘」갑옷이다. 이
것은 소매가 없는 재킷 안쪽에 금속 미늘을 박은 흉갑으로 코
트 오브 플레이트보다 가볍고 (약 9kg) 유연하게 만들어졌
다. 15~16세기에 활발히 사용되면서 허리까지 내려오
는 것이나 목을 보호하는 옷깃이 달린 것, 귀족용으로
호화로운 장식과 주름을 넣은 것까지 제작된다. 투
구는 바벗과「샐릿」의 원형이 된「첼라타」(이탈리
아어). 목덜미를 보호할 수 있도록 뒷면 하단
이 넓게 퍼진 것이 특징이다. 하지만 15세
기 말에는 자취를 감췄다.

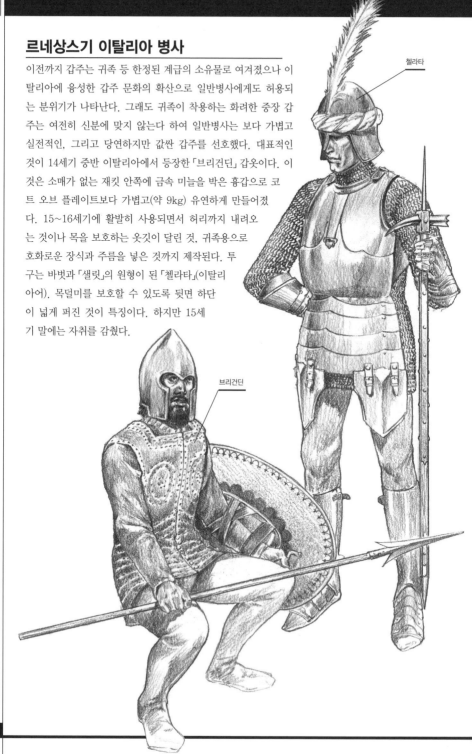

첼라타

브리건딘

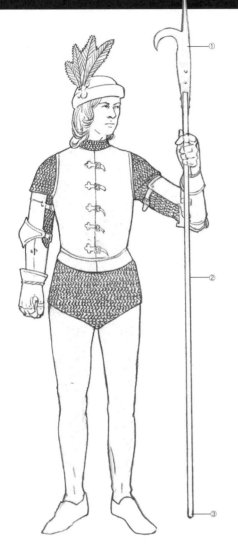

■빌

「빌」은 농기구 "빌훅" 또는 "시클"이라는 원형 낫에서 발전한 긴 손잡이 무기. 언제부터 무기로 쓰이기 시작했는지는 확실하지 않다. 다만 13세기 무렵에는 사용되고 있었으며 무기로서의 이름은 이탈리아에서 불린 「론카」 혹은 「론코네」가 시초이다. 당초에는 농기구 그대로 매우 단순한 모양을 하고 있어 형태와 기능이 복잡한 「핼버드」(도끼창)와 달리 다루기도 간편했다. 그래서 농촌이나 시민 공동체 등 비교적 미숙한 군대에서 많이 사용된다. 하지만 시대가 흘러 긴 손잡이 무기가 발달하고 용도도 다양해지면서 다른 긴 손잡이 무기의 영향을 받아 점차 복잡한 형태로 변화해갔다. 그로 인해 본래 빌이 가지고 있던 취급의 용이함이 사라져 무기로서의 특성을 잃어버리고 만다. 빌과 같은 긴 손잡이 무기가 제일선에서 자취를 감춘 것은 16세기 중반. 새로운 타입의 군대, 즉 총을 가진 보병이 등장하고 나서의 일로 그전까지는 일반보병의 효과적인 무기로 자리하고 있었다.

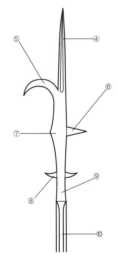

■빌 각부 명칭

①스피어 헤드　　　　머리 부분.
②폴/샤프트(손잡이)
③버트(물미)　　　　　창끝 반대쪽의 명칭으로 컵 모양 쇠붙이를 끼우기도 한다.
④스파이크(창끝)　　　앞에 있는 상대를 찌른다.
⑤플루크(갈고리)　　　상대에게 걸거나 잡아당겨 쓰러뜨린다.
⑥핀(가시)　　　　　　휘두르며 찌른다.
⑦액스 블레이드(도끼날)　도끼 모양 날. 상대를 벤다.
⑧러그(돌단)　　　　　핀과 같은 효과를 가진 가시. 또는 적의 공격을 막는다.
　　　　　　　　　　　별칭 「크로스 가드」.
⑨소켓(꼭지쇠)　　　　손잡이를 꽂는다.
⑩랑겟(연장판)　　　　리벳으로 머리 부분을 손잡이에 고정하기 위한 연장판(延長板).
　　　　　　　　　　　또는 손잡이가 잘려나가지 않도록 방지하는 것.

■빌의 창끝 형태(11세기~16세기)

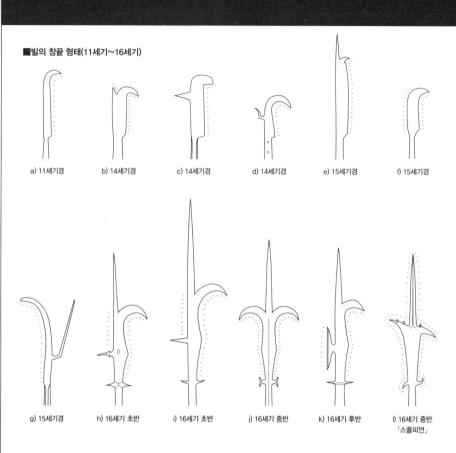

a) 11세기경   b) 14세기경   c) 14세기경   d) 14세기경   e) 15세기경   f) 15세기경

g) 15세기경   h) 16세기 초반   i) 16세기 초반   j) 16세기 중반   k) 16세기 후반   l) 16세기 중반
「스콜피언」

■빌 형태의 변천

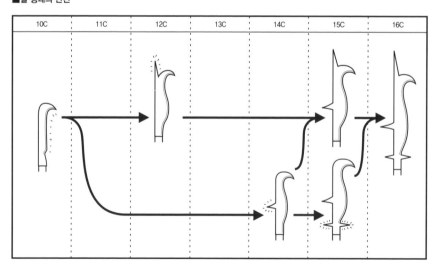

	13C	14C	15C	16C	17C
글레이브					
포차드					
파르티잔					
런카			쇼브수리		

■글레이브/포차드

「글레이브」는 언월도 같은 날을 가진 긴 손잡이 무기. 고대 로마군이 사용하던 검 글라디우스를 어원으로 한다. 하지만 원형은 농기구인 대낫, 또는 북유럽 민족이 쓰던 외날 도검 펄션에 손잡이를 단 것으로 추측된다. 대략 13세기 무렵부터 각국 군대에서 사용되었다. 15세기가 되면 날 반대쪽에 갈고리가 달린다. 이는 싸울 때 무기끼리 맞대고 밀어붙여 상대를 제압할 수 없다는 점이 문제가 되어 개량한 것이다. 이 갈고리 달린 글레이브를 「포차드」(프랑스어로는 「포샤르」)라고 부른다.

■파르티잔

「파르티잔」은 아래쪽이 넓은 양날 창끝을 가진 긴 손잡이 무기. 밑동 부분은 점차 좌우대칭의 작은 돌기가 된다. 15세기 중반 「랜드베브」(프랑스어로는 「랑그 드 뵈프」)라는 장창의 발전형으로서 등장했다. 파르티잔이라는 이름은 15세기 말 프랑스와 이탈리아에서 체제에 반대하던 게릴라(즉 파르티잔들)이 이 무기를 사용한 데서 유래한다.

■런카

「런카」는 윙드 스피어에서 발전한 것으로 15세기 이탈리아에서 나타나 17세기 초까지 주로 이탈리아와 프랑스에서 사용되었다. 전자는 「코르세스카」, 후자는 「코르세크」라고 불렸다. 다양한 종류가 존재하는데, 특히 윙의 모양에 따와 「쇼브수리」("박쥐"라는 뜻)라 부르던 것과 선단의 날이 길고 2장의 윙이 바깥쪽으로 젖혀져 있는 통칭 「프리울리 스피어」가 유명하다. 프리울리 스피어는 베네치아와 프리울리 등 해양도시국가에서 해군이 사용했다.

■배틀 훅

「배틀 훅」은 13~16세기 무렵 빈발한 농민반란에서 사용된 갈고리형 무기. 말에 탄 적을 끌어내리거나 중무장한 적을 잡아당겨 넘어뜨리는 용도로만 사용되었다. 상대에게 거는 것만을 고려한 단순한 디자인 덕분에 농민 등의 미숙련 병사가 사용하기에 적합했다.

15세기경

신의 군대
신성 로마 제국

신성 로마 제국 앞에 붙는 "신성"이란 로마 교황으로부터 제관(帝冠)을 받았음을 의미하며, 관념상 신성 로마 제국군은 상비군을 갖지 않는 교황을 위한 그리스도교도를 대표하는 군대였다. 하지만 12세기에 교황과 황제가 대립하면서 13세기 말 이후로는 7인의 선제후가 황제를 선출하게 된다. 그 결과 황제는 각 제후와 자기 가문의 이해를 우선하는 정책을 취하여 유럽을 전란의 소용돌이로 몰아넣는다.

독일 고딕식 갑주(15세기 초기)

15세기 초 이탈리아 고딕식 "전신을 덮는 갑주"(카프 아 피에)가 이탈리아에서 독일로 전해져 1430년경에는 독일 기사들도 착용하게 된다. 이로부터 그림과 같은 "독일 고딕식 갑주"가 탄생했다. 네모난 형태의 흉갑은 「카스텐브루스트」라 불리는 것으로 1420년경 등장하여 같은 세기 중반까지 일반적인 양식으로 사용된다. 오른쪽 가슴 부분에는 랜스(기병창)를 받치는 랜스 레스트(독일어로는 「뤼스트 하켄」)가 있다. 스커트 모양 「폴드」(요갑)는 1430~1440년 초반에 나타났으나 말을 타는 경우에는 떼어내고, 그 대신 안장 형태에 맞춰 앞뒤를 아치형으로 도려낸 「태싯」(허벅지가리개)을 장착했다. 투구는 프랑스에서 「비코케」라 불리던 타입. 독일에서는 1420년경부터 사용되었다. 검과 단검은 가죽띠로 허리에 고정한다.

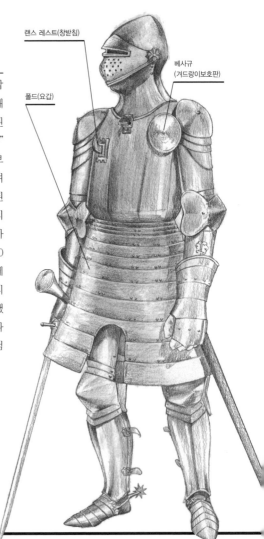

랜스 레스트(창받침)

베사규
(겨드랑이보호판)

폴드(요갑)

하이 고딕식 갑주(15세기 중기)

독일에서 발달한 고딕식 갑주 가운데 일반적인 갑주에 비해 정교하게 만들어진 것을 "하이 고딕식"이라 부른다. 흉갑은 15세기 중반이 되면 가슴을 덮는 판과 배를 덮는 판의 상하 2장 구조로 바뀌고, 턱을 보호하는 「비버」(턱받이. 독일어로는 「바르트」)와 연결된다. 길었던 폴드(요갑)는 짧아졌다. 갑옷 표면에 보이는 줄무늬는 갑옷의 무게를 줄이고 강도는 높이기 위해 고안한 것. 갑옷 안에는 체인 메일을 입어 관절 부분을 보호했다. 투구는 이탈리아를 기원으로 하는 「샐릿」(독일어로는 「샬러」). 발 끝이 극단적으로 뾰족한 살러렛(쇠구두)은 독일어로 「슈나벨슈」라 하는데 등자에서 발이 잘 빠지지 않도록 연구한 결과이다. 건틀릿은 「글러브」(손가락장갑)형(독일어로는 「한트슈」).

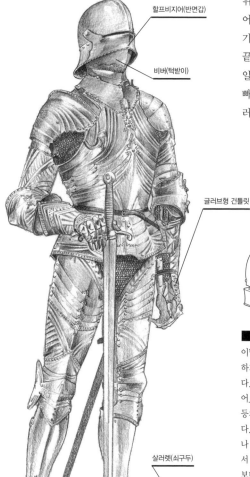

할프비지어(반면갑)

비버(턱받이)

글러브형 건틀릿

살러렛(쇠구두)

■샐릿

이탈리아를 기원으로 하는 투구. 목덜미 부분을 보호하기 위해 길어진 「나켄시름」(목가리개)을 가지고 있다. 당초에는 면갑(독일어로 「아우프슐레히티겐 비지어」)이 있었으나 두부 위쪽 반이 분리되면서 빰과 턱 등의 아래쪽 반을 보호하는 「바르트」와 짝을 이루게 된다. 결과적으로 투구 부분만을 착용하는 병사가 늘어나 넓은 범위의 형상을 가리키는 명칭이 되었다. 코에서 윗부분을 덮는 「할프비지어」(반면갑)를 가진 것이나 보다 간소하게 일체화된 것도 있다.

경량화 고딕식 갑주(15세기 말기)

15세기 말이 되면 갑주를 더욱 경량화하려는 움직임이 나타난다. 그림은 독일의 예술가 알브레히트 뒤러(1471년~1528년)의 수채화를 바탕으로 한 재현도. 전신을 덮고 있던 판금 부품이 일부 생략되어 경량화에 대한 모색이 시작되었음을 알 수 있다. 전완갑을 없애고 정강이받이와 턱받이를 떼어냈다. 또한 갑옷 안에 입었던 체인 메일은 천 의복으로 바뀌었다. 허리에는 손잡이가 긴 검을 차고 있는데, 이는 마상에서 사용할 때 다루기 편리하도록 검신과의 균형을 고려해서 늘인 것으로 「핸드 앤드 하프 소드」라 불리는 종류에 속한다. 랜스 끝에는 여우 모피를 달았다.

막시밀리안식 갑주

그림은 1480년경 갑주사 로렌츠 헬름슈미트가 막시밀리안 1세(1459년~1519년)와 그의 기사가 입은 갑주를 그린 삽화 2장을 바탕으로 했다. 말의 갑주는 보통 머리와 몸통 부분만 있으나 이 마갑은 전신을 덮고 있다. 이른바 궁극의 갑주. 기사의 갑옷에서 보이는 밭이랑 모양 요철은 갑옷을 경량화하는 동시에 강도를 높이기 위한 것으로, 이러한 종류의 갑주를 「플루팅 아머」(독일에서는 「리펠 하르니슈」)라고 부른다. 또한 「막시밀리안식 갑주」(플루티드 아머)라고도 한다. 요철은 철판의 강도를 높이기는 했으나 검의 칼끝이 걸려 충격을 흘려보내지 못하는 경우도 있었다.

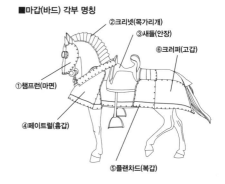

■마갑(바드) 각부 명칭

②크리넷(목가리개)
③새들(안장)
⑥크러퍼(고갑)
①챔프런(마면)
④페이트럴(흉갑)
⑤플랜차드(복갑)

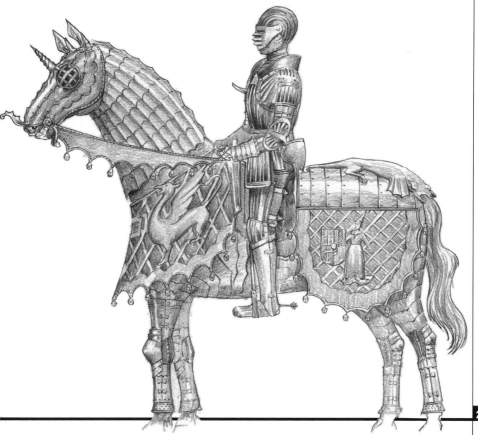

■판금 갑주 착용 순서

그림은 전신에 판금 갑옷을 착용하는 순서. 판금 갑주의 각 부품은 「아밍 더블릿」이라는 내갑의에 끈으로 묶는다. 착용할 때는 종자 등이 시중을 든다.

① 속바지를 입는다.

② 셔츠를 입는다.

③ 호즈(타이츠)를 입고 신발을 신는다.

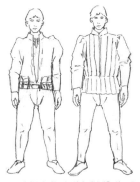

④-a 일상복일 때는 ③ 위에 더블릿을 입고 호즈(타이츠)를 끈으로 묶는다. 거기다 잭을 걸친다.

④-b 갑주를 입는 경우에는 ③에 「메일 쇼스」를 착용하고 갑주를 잡아매기 위한 끈이 달린 아밍 더블릿을 입는다.

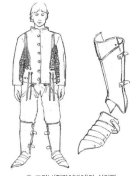

⑤ 그리브(정강이받이)와 살러렛(쇠구두)을 장착한다.

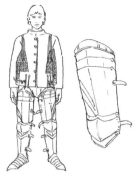

⑥ 폴레인(무릎보호대)이 달린 퀴스(넓적다리보호구)를 더블릿에 잡아맨다.

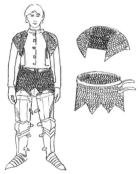

⑦ 브리치 오브 메일(사슬 치마)과 「메일 칼라」(사슬 견갑)를 장착한다.

⑧ 브레스트 플레이트(흉갑)와 백플레
이트(배갑)을 장착한다.

⑨ 폴드런(견갑), 리어브레이스(상완갑), 쿠터(팔꿈치보호
대)가 포함된 일체형 완갑을 장착한다.

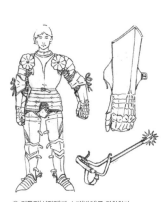

⑩ 건틀릿(쇠장갑)과 스퍼(박차)를 장착한다.

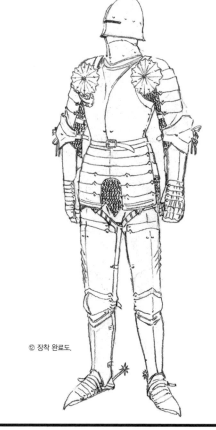

⑪ 아밍 캡(보호모)을 쓰고 투구(여기서는 샐릿), 비
버(턱받이)를 장착한다.

⑫ 장착 완료도.

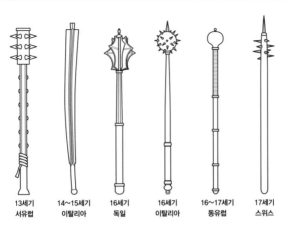

13세기
서유럽

14~15세기
이탈리아

16세기
독일

16세기
이탈리아

16~17세기
동유럽

17세기
스위스

■메이스

「메이스」는 손잡이 머리를 가진 복합형 곤봉의 총칭으로 그 종류가 많다. 대표적으로 두꺼운 선단에 가시가 박힌 형태, 철편을 방사형으로 배치한 형태가 있다. 성구(星球)를 단 「모르겐슈테른」도 유명하다. 금속판에 덮인 기사를 상대할 때 가장 위력적인 무기이다.

기병

보병

기병

그림은 15세기 말 신성 로마의 경장 일반기병. 샐릿을 장착하였으며, 그 안에 쓴 두건형 모자는 스카프처럼 목에 감아 묶었다. 샐릿은 독일에서는 15세기 말경까지 보기 드물었다. 1440~1460년 이탈리아에서 들어올 무렵에는 연마되지 않은 볼품없는 것밖에 없었기 때문에 "검은 샐릿"이라고 불렸다. 그래서 표면에 색을 칠하거나 무늬가 있는 천을 씌우기도 했다. 방어구로는 더블릿과 소매가 긴 의복을 착용한다. 길이가 긴 승마화는 검은색 혹은 암갈색으로 보통 무릎 아래에서 접어 신었다.

보병

그림은 15세기 중반의 사본에 등장하는 일반보병. 방어구로 「이어가드」(귀덮개)가 달린 샐릿을 쓰고 손에는 가죽제 건틀릿과 방패를 장비한다.

■플레일

「플레일」또한 메이스와 마찬가지로 강렬한 일격을 가하기 위한 타격무기이다. 적당한 길이의 막대를 2개 연결하여 한쪽을 잡고 휘두름으로써 선단을 가속시켜 타격력을 높인다. 연접부가 있기 때문에 선단의 움직임을 예측하기 어렵고 간격을 취하기 곤란하므로, 피하기 까다로운 공격을 반복할 수 있다.

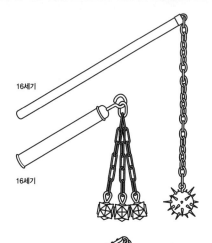

16세기

16세기

15~16세기

■랜스(기병창)

랜스는 기병이 사용하던 창의 총칭. 전체적으로 삼각뿔 형태이며 경우에 따라서는 「뱀플레이트」라 불리는, 잡은 손을 보호하는 커다란 갓 모양 날밑이 달린다. 기사들이 일대일로 벌이던 「주스트」라는 마상전투경기에서 사용한 것으로도 유명하다. 전장에서 장비한 것은 창처럼 날카로운 창끝을 가졌으나 주스트에서는 3개의 돌기가 있는 「코로널」이란 왕관 모양 창끝을 사용했다. 랜스의 길이는 4~5m.

15세기
영국

15세기
프랑스

15세기
스페인

17세기
독일

토너먼트(무예시합)용 「코로널」.
15세기 독일

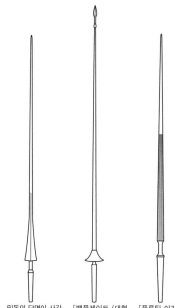

밑동의 단면이 사각형인 랜스. 16세기 프랑스

「뱀플레이트」(대형 날밑)가 달린 랜스. 16세기 독일

「플루팅」이라는 세로 홈이 있는 랜스 「부르도나스」. 17세기 독일

민병 군단의 싸움

스위스

유럽의 거의 중앙에 위치한 스위스에서는 도시부와 농촌부의 자치적
공동체가 결속하여 동맹을 맺고 있었다. 14~15세기에 걸쳐 이 동맹
단은 세력 확장과 신성 로마 제국 및 부르고뉴 공국으로부터의 자치
독립을 내건 싸움에 매진한다. 그들은 강력한 군대에 대항하기
위해 징병적 민병제도를 도입하고 민병이기에 가능한 무기와
전법을 이용하여 봉건기사군을 호되게 괴롭혔다. 당시 가
장 전투적인 집단 중 하나였던 스위스는 훗날 우수한 용
병 수출국으로서 여러 나라에 병사를 배출하게 된다.

핼버드병

「핼버드」는 찌르기용 창과 도끼를 조합한 만능
긴 손잡이 무기로, 15세기 초까지 스위스인
부대의 주요 무기로서 사용되었다. 손잡이
길이는 2.5m 정도이다. 병사들은 독일이
나 이탈리아에서 제작된 갑주를 입었
다. 투구는 샐릿 혹은 「케틀 햇」(냄비
형 철모), 「세르블리에르」(사발형
철모. 이탈리아어로는 「체르벨
리에라」) 등을 착용했는데
개중에는 그 위에 터번
같은 천 조각을 두르거
나 덮어쓰는 사람도
있었다. 방어구를
변변히 갖추지
못한 병사도 많아 어수선한 분위기였으며 옷
에 단 하얀 십자만이 스위스 병사임을 나타내
는 표식이 되어주었다.

◆스위스 전술◆

스위스의 전투대형은 과거 고대 그리스에 나타나던 팔랑크스처럼 긴 손잡이 무기를 든 민병의 밀집방진이 주체가 되었다. 부대는 "포어후트"(전위 집단), "게발트후트"(중앙 집단), "나흐후트"(후위 집단)로 나뉘는데 각각 전후좌우에 거리를 두고 떨어진 다음 예를 들어 전위는 30×30명, 중앙은 50×50명, 후위는 40×40명이라는 식으로 방진을 짠다. 당초에는 핼버드(도끼창)를 주무기로 사용했으나 알베도 전투(1422년) 이후로는 길이가 5~6m나 되는 파이크(장병창)의 비율을 늘려간다. 각 방진의 선두에는 크로스보우, 나중에는 핸드건을 장비한 병사를 배치하여 적과 맞부딪칠 때까지 탄막을 펴면서 전진하다가 단숨에 강습했다.

핸드건병

적과 맞붙기 직전까지 사격을 가하던 산병(散兵)부대는 "쉬첸펜라인"(저격대)이라 불리며 주로 크로스보우를 사용했다. 하지만 화약의 보급과 함께 서서히 핸드건을 장비한 핸드건병의 모습이 많이 보이게 된다. 그들은 허리에 손잡이가 긴 「바스타드 소드」를 차고 있다가 산병전이 끝나고 본대가 교전하기 전 단계에서 이것을 휘둘러 백병전을 벌였다. 긴 손잡이는 적의 창끝을 자루에서 잘라내기 위한 것으로, 손잡이가 길어야 양손으로 힘껏 휘두를 수 있기 때문이다. 이 검은 알베도 전투 때부터 사용되기 시작했다는 기록이 있다. 저격대 병사는 산병전을 벌여야 했으므로 옷차림이 가벼웠는데, 그림의 병사는 원반 모양 귀덮개가 달린 사발형 투구 세르블리에르만을 방어구로 착용하고 있다. 귀덮개에는 발포음에 대한 방음효과도 있었다.

■핼버드

핼버드(독일어로는 헬레바르데)의 기원은 북유럽 전사가 쓰던 스크래머색스에 긴 손잡이를 붙인 것으로, 스위스인은 이 즉석 긴 손잡이 무기를 13세기 무렵까지 사용했다. 그것이 보다 강력하게 개량되다가 15세기 무렵 「플루크」(갈고리)가 달리면서 거의 최종적인 핼버드의 형태가 완성된다. 무기 하나로 베고 찌르고 걸고 때리는 네 가지 기능을 수행하며, 특히 「액스 블레이드」(도끼날)는 장갑기병을 상대하는 보병의 전투 능력

을 비약적으로 향상시켰다. 15~16세기 사이 유럽에서 이 부류의 무기를 장비하지 않은 나라는 없었는데, 원형이 나타난 13세기부터 헤아리면 화기가 유행하기 시작하는 16세기 말까지 무려 300년이라는 세월 동안 유럽 병기의 꽃으로서 자리를 유지한다.

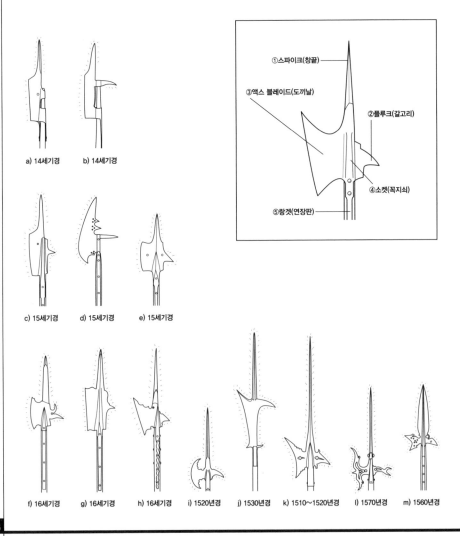

a) 14세기경   b) 14세기경

①스파이크(창끝)
③액스 블레이드(도끼날)
②플루크(갈고리)
④소켓(꼭지쇠)
⑤랑겟(연장판)

c) 15세기경   d) 15세기경   e) 15세기경

f) 16세기경   g) 16세기경   h) 16세기경   i) 1520년경   j) 1530년경   k) 1510~1520년경   l) 1570년경   m) 1560년경

파이크병

1422년 알베도 전투에서 대패한 스위스군은 핼버드를 대신할 무기로서 파이크의 중요성을 통감한다. 동맹회의는 즉시 파이크병의 비율을 늘릴 것을 결의하고 방진 대형의 구성도 가장자리 다섯 열의 파이크병, 중앙 내부의 핼버드병 집합으로 바꾸었다. 다음 페이지까지 이어지는 그림은 14세기 말에서 16세기의 스위스 파이크병. 갑옷으로 몸을 완전히 감싼 것은 부대장 등 지위가 높은 사람이다. 허리의 단검은 "I"자형 손잡이가 특징인 「바젤라드」(독일어. 영어로 「베이슬러드」). 스위스 바젤에서 탄생했다.

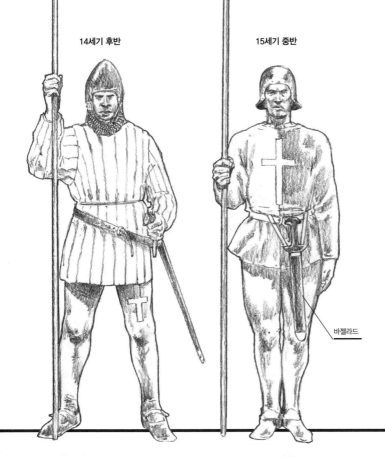

14세기 후반

15세기 중반

바젤라드

■파이크

파이크의 손잡이 길이는 5m 정도에서 점차 길어져 최종적으로 6m에 달한다. 오른쪽 아래 그림은 방진 구성 시 파이크병의 방어자세. 방진 가장자리부터 다섯 열을 점하는 파이크병은 4열째까지 전방으로 창끝을 내밀었다. 그중 최전열 병사는 허리를 굽힌 채 창끝을 낮게 들고, 2열째는 파이크를 비스듬하게 든다. 3열째는 허리 위치에서 수평으로 들고, 4열째는 머리 위로 양손을 들어 잡는다. 파이크는 본래 기병에 대한 방어적 무기였으나 스위스 병사는 공격병기로서도 활용하여 적극적으로 전진하면서 압박을 가하는 전법을 사용했다. 전진할 때는 가슴 높이에서 수평으로 들고 창끝을 조금 내린다.

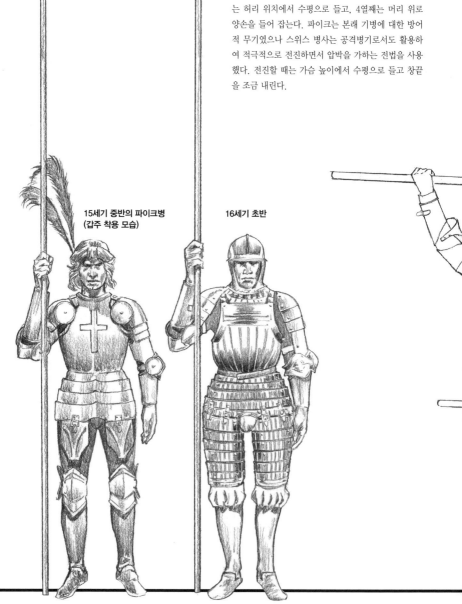

15세기 중반의 파이크병
(갑주 착용 모습)

16세기 초반

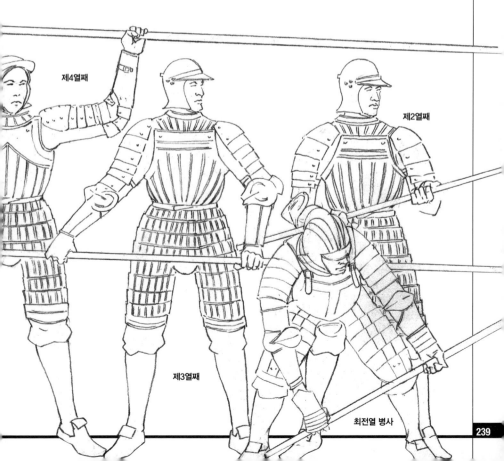

제4열째

제2열째

제3열째

최전열 병사

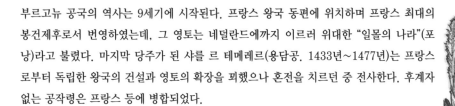

1364년~1477년

「일몰의 나라」(포낭) 대공의 군대

부르고뉴 공국

부르고뉴 공국의 역사는 9세기에 시작된다. 프랑스 왕국 동편에 위치하며 프랑스 최대의 봉건제후로서 번영하였는데, 그 영토는 네덜란드에까지 이르러 위대한 "일몰의 나라"(포낭)라고 불렸다. 마지막 당주가 된 샤를 르 테메레르(용담공. 1433년~1477년)는 프랑스로부터 독립한 왕국의 건설과 영토의 확장을 꾀했으나 혼전을 치르던 중 전사한다. 후계자 없는 공작령은 프랑스 등에 병합되었다.

부르고뉴 기병

그림은 부르고뉴 공국의 중장과 경장 양 기병. 중장기병은 이탈리아제 고딕식 갑주를 입고 있다. 프랑스 동편에 위치한 공국은 갑주 제작으로 유명한 이탈리아, 독일과 지리적으로 가까워 두 나라의 갑주를 손에 넣을 수 있었다. 다만 이탈리아, 특히 밀라노제가 보다 뛰어나다 하여 선호되었다. 흉갑에는 주홍색 벨벳으로 커다란 "X" 표시를 했는데 이는 성 안드레아를 상징하는 십자이자 공국 병사라는 표식이다. 기마도 역시 판금제 갑주로 덮였고, 기수의 투구와 마찬가지로 마면 정수리 부분에는 파랑과 하양의 깃털 장식이 있다. 랜스(기병창) 끝의 페넌(창깃발)에는 공국의 문장을 넣는다. 경장기병은 프랑스어로 「쿠스틸리에」라고 불렸다. 이 말은 본래 "창병"을 뜻했으나 공국에서는 종자와 중류계급으로 편제된 경장 기마부대를 가리킨다. 그림의 병사는 정수리 부분이 나선형으로 된 케틀 햇(프랑스어 「샤펠 드 페르」)을 쓰고 있다. 투창과 검, 때로는 쇠뇌를 이용해 싸웠다. 부츠는 허벅지까지 끌어올릴 수도 있지만 보통 무릎 근처에서 접어 신는다.

경장기병

중장기병

핸드건병

공국은 필리프 르 봉(선량공. 1396년~1467년) 이후 적극적으로 화기를 도입한다. 핸드건은 서펜타인(S 자 쇠붙이)이 설치된 원통형으로 "개" 또는 "용"이라 불렸다. 선량공은 공국의 문장으로 십자 위에 금으로 된 왕관과 불꽃을 일으키는 부싯돌이 있는 그림을 채용하였지만, 이 시대의 부싯돌은 아직 총의 격발용이 아니라 화승에 불을 붙이는 도구에 불과했다.

기승궁병

대거

핸드건병

기승궁병

화기 도입에 적극적이던 한편으로 샤를 용담공은 잉글랜드의 롱보우(장궁)병을 용병으로 고용하여 자신의 호위병으로 삼는다. 당시의 판화에서는 브리건딘처럼 생긴 방어구를 입은 것을 볼 수 있는데 거기다 "X" 자형으로 리벳을 줄지어 박아놓았다. 또한 말을 타고 이동했기 때문에 승마용 부츠를 신고 박차를 달았다. 화살 30발을 휴대하고 장검과 단검도 찬다. 당시 기록에는 잉글랜드의 궁병이 대공의 군대에서도 가장 뛰어나다고 적혀 있다. 15세기 말에는 좌우로 색을 구분한 제복을 입었다.

파이크병

기장이 짧은 폴드(요갑) 달린 흉갑을 입은 파이크병. 가벼운 가죽 갑옷 「잭」(프랑스어로는 「자크」)을 입기도 한다. 1472년 제정된 규칙에서는 오른팔에만 완갑을 착용하고 왼손에는 소형 둥근 방패를 들도록 했다. 하지만 이 방패는 병사들 사이에서 인기가 없었다고 한다. 투구는 케틀 햇과 샐릿형이 많았으며 파이크 길이는 3.5m 전후. 창끝이 길고 단면은 삼각형이었다. 공국의 파이크병은 우수했던 모양으로 당시의 기록에는 "그들은 누구보다도 창 다루는 법을 잘 안다"라고 나와 있다.

■대거

대거(단검)는 전신을 갑옷으로 감싸게 되면서 중요한 의미를 가졌다. 격투에 활용한 것은 물론 중상을 입은 적에게 마무리 일격을 가하는 데도 사용했다. 날밑의 독특한 모양에서 따와 발럭("고환"이라는 뜻) 나이프라고 부르는 것과 상대의 숨통을 끊는다는 의미에서 키드니("친절하게"라는 뜻) 대거라고 부르는 것이 특히 유명하다.

a) 라운들 대거. 손잡이 머리와 날밑이 원반형으로 되어 있다. 16세기 초반.

b) 발럭 나이프. 15세기 중반.

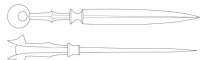

c) 키드니 대거. 15세기 중반.

케틀 햇

왕권에 몰려든 잉글랜드 기사

장미 전쟁

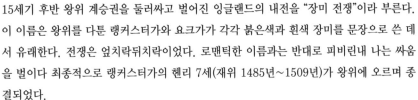

15세기 후반 왕위 계승권을 둘러싸고 벌어진 잉글랜드의 내전을 "장미 전쟁"이라 부른다. 이 이름은 왕위를 다툰 랭커스터가와 요크가가 각각 붉은색과 흰색 장미를 문장으로 쓴 데서 유래한다. 전쟁은 엎치락뒤치락이었다. 로맨틱한 이름과는 반대로 피비린내 나는 싸움을 벌이다 최종적으로 랭커스터가의 헨리 7세(재위 1485년~1509년)가 왕위에 오르며 종결되었다.

맨 앳 암즈(장미 전쟁 초기)

그림은 이탈리아제 고딕식 갑주에 몸을 감싼 장미 전쟁 초기의 맨 앳 암즈(장갑기사). 장미 전쟁에서는 랭커스터, 요크 쌍방의 기사·종기사들이 모두 전신 판금 갑주를 착용하는 맨 앳 암즈가 되어 싸웠다. 무기 역시 같은 것을

사용했기 때문에 적과 아군을 구분할 수 있는
것은 귀족들의 트레이드마크인 문장과 휘장뿐
이었다. 일반병사도 그것을 나타낸 제복을 입
고 소속을 분명히 밝혔다.

영국 고딕식 갑주

장미 전쟁의 오랜 전란으로 영국의 갑주사들
은 실력을 연마하는 기회를 얻어 초기에 흔히
보이던 이탈리아제 고딕식 갑주가 점차 영국
류로 개량되어간다. 오늘날 "영국 고딕식"이
라 부르는 이 양식은 독일, 이탈리아 양쪽 고
딕식 갑주의 특징을 지닌 것으로 갑주 후진국
이기에 가능한 자유로움과 혼용을 통해 새로
운 양식을 모색했다고 할 수 있다. 그림은 요
크가의 왕 리처드 3세(재위 1483년~1485년)
가 착용한 갑주. 유난히 크고 삐죽삐죽한 팔꿈
치보호대가 눈에 띄며 목가리개에는 체인 메
일이 사용되었다. 무릎보호대 옆으로 튀어나
온 귀 모양 판은 다른 양식에서보다 작다. 투
구는 다른 자료에서 리처드 네빌("킹메이커".
1471년 사망)이 쓰고 있던 샐릿식 투구.

유럽을 뒤흔든 이슬람군

오스만 튀르크

오스만 튀르크(1299년~1922년)는 건국 이래 국경을 접한 비잔티움 제국을 침식하며 그 영역을 넓혔다. 한때 티무르군에 패해 멸망의 위기에 처했으나 재기에 성공. 비잔티움 제국을 멸망시키고 전성기에는 유럽 깊숙이 침공하여 빈을 포위한다. 이때는 그리스도교 세계를 불안에 떨게 만들었다.

시파히

「시파히」는 오스만 제국의 상비군 기병. 그들에게는 제국 영토의 징세권이 주어져 그것을 급료 대신으로 삼았다. 장비는 각자에게 주어진 징세권을 토대로 마련했기 때문에 가지각색이다. 본래 기본적으로 경장기병이었지만 15세기 이전에 금속제 갑옷을 입는 중장기병이 되었다. 그림은 15세기경의 시파히. 애번테일(드리개)이 일체화된 투구 「지르흐 퀼라흐」를 쓴다. 사발 부분은 이마마(터번)를 본뜬 것이라고 한다. 아래팔에는 금속 팔보호대를 끼고 금속을 입힌 원형 방패 「칼칸」을 들었다. 무기는 활 「야인」, 도검 「킬리지」, 단검, 그리고 장창 「하르베」. 나중에는 기병창 「미즈라크」, 메이스 「퀼륀크」, 전투도끼 「나자크」를 장비한다.

■킬리지

튀르크를 기원으로 하는 곡도. 튀르크어로 "검"을 의미하는 "킬릭"이 어원이다. 「옐먼」이라 불리는 긴 보조날이 특징으로, 도신의 4분의 1에서 3분의 1을 차지한다.

17세기 무렵의 시파히와 그의 기마. 기수는 체인 메일과 금속판을 조합한 갑옷 「코라진」을 입고 전완갑 「콜루크」, 투구 「치차크」를 착용했다. 이 투구는 동유럽을 경유하여 유럽 전역에 보급된다. 말에도 라멜라식 갑옷을 입혔으나 16세기 이후로는 이러한 중장갑 기병의 모습을 많이 찾아볼 수 없다.

아킨지

「아킨지」는 기마민족국가 튀르크에 본래부터 존재하던 경기병부대. 적지에 들어가기 무섭게 닥치는 대로 집과 밭을 불태우고 다녔다. 그런 이유로 "달리는 방화인"이라고 불리기도 했다. 약탈한 전리품이 그들의 보수가 된다. 바꿔 말하면 급료 대신 전리품을 얻을 자격을 가진 기병이 아킨지인 것이다. 하지만 분별없는 약탈부대는 사기가 낮아 전투에서 패인이 되는 경우도 있었다. 그 때문에 1595년 부대는 폐지된다. 그림은 알브레히트 뒤러의 목판화를 바탕으로 한 아킨지. 장옷의 색은 주로 녹색. 팔을 겨드랑이 아래로 꺼내고 그 위에 장옷의 좁은 소매를 늘어뜨리고 있다. 모자의 정수리 부분에는 장식이 있으며 겉에 이마마(터번)를 둘렀다. 다리에는 기마민족 특유의 무릎까지 오는 부츠를 신고 있다. 무기는 킬리지, 활, 투창 등. 원형 방패 칼칸도 들었다.

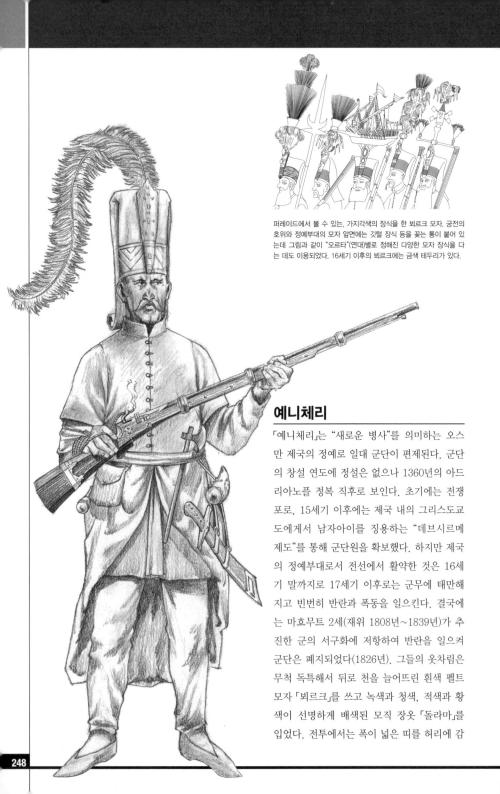

퍼레이드에서 볼 수 있는, 가지각색의 장식을 한 뵈르크 모자. 궁전의 호위와 정예부대의 모자 앞면에는 깃털 장식 등을 꽂는 통이 붙어 있는데 그림과 같이 "오르타"(연대)별로 정해진 다양한 모자 장식을 다는 데도 이용되었다. 16세기 이후의 뵈르크에는 금색 테두리가 있다.

예니체리

「예니체리」는 "새로운 병사"를 의미하는 오스만 제국의 정예로 일대 군단이 편제된다. 군단의 창설 연도에 정설은 없으나 1360년의 아드리아노플 정복 직후로 보인다. 초기에는 전쟁포로, 15세기 이후에는 제국 내의 그리스도교도에게서 남자아이를 징용하는 "데브시르메 제도"를 통해 군단원을 확보했다. 하지만 제국의 정예부대로서 전선에서 활약한 것은 16세기 말까지로 17세기 이후로는 군무에 태만해지고 빈번히 반란과 폭동을 일으킨다. 결국에는 마호무트 2세(재위 1808년~1839년)가 추진한 군의 서구화에 저항하여 반란을 일으켜 군단은 폐지되었다(1826년). 그들의 옷차림은 무척 독특해서 뒤로 천을 늘어뜨린 흰색 펠트모자 「뵈르크」를 쓰고 녹색과 청색, 적색과 황색이 선명하게 배색된 모직 장옷 「돌라마」를 입었다. 전투에서는 폭이 넓은 띠를 허리에 감고 돌라마의 옷자락을 끼워 넣어 들어올린다.
갑옷을 입지 않는 것은 기동성을 중시했기 때
문이지만 적진에 돌입하는 돌격부대 병사라면
체인과 철판을 조합한 장옷(「지르흐 쾸렉」)을
입기도 했다. 무기는 외날 도검 「야타간」 혹은
킬리지. 15세기 중반부터는 여기에 화기가 추
가되고 16세기 말까지는 대부분의 병사가 「튀
펙」이라는 매치락식 소총(화승총)을 장비하게
된다. 높은 완성도를 자랑하는 이 총은 유럽에
서 "루미 총"이라 불린다. 그 밖에 단검과 손
도끼를 허리에 찼다. 손도끼는 허리주머니에
넣은 막대형 납을 잘라 탄환으로 쓰는 데도 이
용했다.

예니체리 궁병

예니체리는 화기가 보급되기까지 활과 크로스
보우, 투석구, 투창 등의 원거리무기를 사용했
다. 특히 활이 많이 사용되었고 화기가 도입된
뒤에도 재장전 시의 엄호를 위해 약간의 궁병
을 운용했다. 튀르크군의 일반적인 전법은 활
을 가진 기병이 양익에서 공격해 들어가는 것
으로 시작된다. 적이 응전하면 물러나면서 화
살을 쏴 혼란에 빠트린 다음 예니체리가 앞으
로 나서서 활 또는 소총으로 일제사격을 한다.
최종적으로는 총병, 방패병, 중장보병으로 구성
된 돌격부대가 허리춤의 킬리지와 야타간을 뽑
아 들고 "알라후"라고 외치며 적진에 돌입했다.
그림의 병사가 쓰고 있는 높은 모자 「위스퀴프」
는 예니체리 장교의 상징. 또한 겨드랑이 부분
에서 팔을 내미는 타입의 돌라마를 입었다.

■야타간

고대 그리스의 옛 칼 「코피스」를
기원으로 하는 외날 도검. 인도의
도검 소순 파타의 영향도 받았다.
도신이 "〈" 모양을 하고 있는 것
이 특징이며 날은 곡선 안쪽에 있
다. 손잡이가 가늘고, 손잡이 머
리에는 골프 클럽의 드라이버 같
은 형태와 그것이 둘로 나뉘어 귀
처럼 된 형태가 있다.

델리

「델리」는 발칸 반도 출신의 비정규 기병. 주로 크로아티아와 세르비아인 지원병으로 구성된다. 병사 대부분이 이슬람 신비주의자 데르위시 또는 그리스도교도이다. 초계 임무에 종사하거나 지휘관의 호위를 맡았다. 머리에는 독수리 날개 장식을 하고 눈표범 가죽을 두른다. 그리고 몸에도 역시 표범 가죽을 외투처럼 걸친다. 방패는 동유럽에서 사용되던 형식이다. 표면에 매의 날개를 그렸으며 때로는 진짜 날개를 붙이기도 했다. 부츠 색은 황색. 기병창의 창끝은 작으면서도 예리하고 뾰족하다. 허리에는 곧은 도검을 차고 안장에 곡도와 메이스를 달았다. 피스톨을 장비하는 사람도 있었다. 말안장에는 사자 가죽을 깔기도 하여 보기만 해도 용맹스러운 모습이었다.

아자프

「아자프」라는 말은 13세기 말에서 14세기 초반에 해병의 호칭으로 사용되다가 14세기 중반에서 말에 걸쳐서는 오스만 제국의 성채 수비대를 가리키게 된다. 또한 15세기에는 확대된 전쟁에 대응하기 위해 대량으로 필요해진 보병을 의미하게 되었는데, 앙카라 전투(1402년) 때는 2만 명을 헤아릴 정도였다. 이 숫자는 50년 후 콘스탄티노플 공방전에서도 변함이 없다. 주로 소아시아의 튀르크족으로 구성되었으며, 전시에 20~30가구당 1명의 비율로 징용되었고 유급이었다. 아자프의 복장은 기본적으로 일상복과 다르지 않고 장비도 잡다하다. 활 이외에 투창과 곡도, 방패를 장비했고 16세기가 끝날 무렵에는 화기도 사용했다. 하지만 많은 아자프가 활이나 검 없이 「바스톤」이라 불리는 봉을 지급받을 뿐이었다. 전체의 반수가 그런 아자프였다고 한다. 전장에서의 역할도 장비에 걸맞게, 본대가 대열을 정비하는 동안 적이 접근하지 못하도록 최선을 다하는 것이었다.

신비주의 교단의 정예 기마 군단

사파비 왕조 페르시아

메즈라크

사파비 왕조 페르시아는 사파비 신비주의 교단의 개조(開祖) 사피 앗 딘(1252년 ~1334년)의 자손이자 교단장이기도 하던 이스마일 1세(1487년~1524년)에 의해 성립했다. 이란 민족의 부흥과 독립을 기치로 광신적인 무장 집단을 거느리고 오스만 튀르크의 배후를 위협한다. 특히 샤 아바스 1세(재위 1587년~1629년) 치세에 전성기를 맞이하여 수도 이스파한은 "세계의 절반"이라 일컬어질 정도로 번영했다.

키질바시

「키질바시」(튀르크어로는 「크즐바쉬」)는 이스마일 1세의 아버지 하이다르(?~1488년)가 규합한 기마전사. 아나톨리아와 시리아의 투르크멘 유목민으로 편제되었다. 교단장에게 절대적인 충성을 맹세하고 스스로 몸을 바쳐 싸우는 광신적인 전사이다. 사파비 왕조 창설에는 그들의 역할이 컸다. 키질바시란 "붉은 머리"를 의미하며 본래 그들이 쓰던 붉은 모자에서 유래한다. 그림은 16세기에 활약한 중장 키질바시. 갑옷은 체인 메일 「제레흐」에 가슴과 등, 양쪽 옆구리를 보호하는 철판 흉갑 「차하르 아이네」("사면의 거울"이라는 뜻)를 덧입은 것이다. 그 밖에 체인 메일과 철판을 조합한 일체 구조 갑옷 「조샨」도 있다. 아래팔에는 금속 팔보호대 「바주반드」를 장착하고 왼손에는 금속제 방패 「세파르」를 든다. 세파르 표면에 있는 4개의 돌기는 뒷면에서 금속 고리와 연결되는데, 그 고리에 방패의 손잡이와 어깨에 메는 띠가 달려 있다. 무기는 곡도 「샴시르」 또

는 킬리지, 활 「카만」, 메이스 「시시파르」(또는 「고르즈」), 기병창 「네자」를 장비했다. 창끝이 두 갈래나 세 갈래로 갈라진 기병창은 「메즈라크」라고 불렸다.

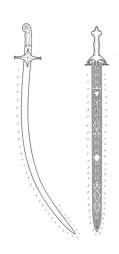

■샴시르

페르시아의 도검을 전부 아울러 「샴시르」라고 부른다. 단어의 뜻은 "사자의 꼬리"지만 곡도 타입과 직검 타입이 있으며, 페르시아에서는 반드시 곡도를 가리키는 것만은 아니다. 곡도 타입 샴시르의 손잡이는 날이 있는 쪽으로 완만하게 구부러지다가 동그란 모양으로 끝난다. 이 손잡이를 "사자의 머리"라고 부른다.

검신(팔)

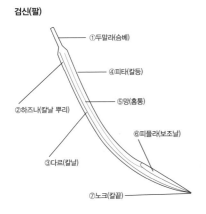

- ①두말래(슴베)
- ④피타(칼등)
- ⑤망(홈통)
- ②하즈나(칼날 뿌리)
- ⑥피플라(보조날)
- ③다르(칼날)
- ⑦노크(칼끝)

칼자루(카브자)

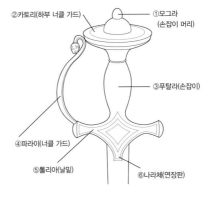

- ②카토리(하부 너클 가드)
- ①모그라(손잡이 머리)
- ③푸탈라(손잡이)
- ④파라이(너클 가드)
- ⑤톨리아(날밑)
- ⑥나라체(연장판)

대칸의 후계자

티무르/무굴

몽골 제국의 잔영은 제국을 계승하고자 하는 중앙아시아 기마민족들에게 확실한 토대가 되어주었다. 전형적인 예가 이란과 남인도에서 일어난 티무르 왕조(1370년~1501년)와 무굴 왕조(1526년~1857년)이다.

티무르 제국

티무르 제국은 튀르크–몽골계 이슬람 왕조로 지금의 중앙아시아와 이란, 아프가니스탄 일대를 지배했다. 건국자 티무르(1336년~1405년)는 칭기즈 칸의 자손이라 자부하며 판도를 넓혀 전성기의 오스만 튀르크를 일시적으로나마 멸망의 위기에 몰아넣기도 한다. 그러나 중국 원정 도중 그가 사망하면서 왕조는 쇠퇴의 길로 접어든다.

티무르 왕조 중장기병

건국자 티무르는 과거의 몽골과 마찬가지로
기마궁병과 중장기병을 활용한 전술을 구사했
다. 그림의 중장기병은 혼란에 빠진 적을 치기
위한 부대로 운용 방법은 몽골군과 동일하다.
하지만 갑옷과 투구는 중앙아시아풍과 이슬람
풍 양쪽의 특징을 겸비하고 있다. 터번형 투구
에 달린 카메일(투구드리개)은 어깨까지 뒤덮
는다. 이란풍 네이절(코가리개)을 가진 투구도

있다. 체인 메일의 기장은 길고 짧은 것이 모
두 있었으나 소매 길이는 짧았다. 그 위에는
철판을 덧댄 흉갑과 견갑, 태싯이 일체화된 동
체 갑옷을 입는다. 허벅다리와 둔부를 보호하
는 태싯은 동방 이슬람의 라멜라 갑옷이지만
몽골풍과도 공통된다.

티무르 왕조 기병

대부분의 기병이 활을 다루는 기마궁병으로,
몽골풍 비단옷을 입고 기장이 긴 외투를 걸쳤
다. 박차를 쓰지 않는 것은 기마민족의 특징이
다. 허리에는 곡도와 「피아지」라 불리는 플레
일을 장비하여 마상 근접전에서 사용했다.

티무르 및 무굴 왕조에서는 기병이 군의 주력이었다. 그림은 채색화와
사본에서 볼 수 있는 다양한 기병창의 창끝.

무굴 제국

무굴 왕조는 티무르의 자손 바부르(1482년~1530년)가 1526년 인도 북부에 건국했다. 무굴이란 페르시아어로 "몽골"을 의미한다. 티무르 왕조와 마찬가지로 일족 지배에 의한 이슬람 왕조로서 번성하다가 제3대 악바르(재위 1556년~1605년) 이후 통치자 한 사람의 절대권력 아래에서 "제국"으로서의 길을 걸어가 전성기에는 인도의 거의 전토를 지배했다.

무굴 왕조 중장기병(초기)

그림은 16세기 말경의 무굴 왕조 중장기병. 왕조 초기의 기병은 티무르의 후계자답게 그와 비슷했다. 동체 갑옷 가장 겉에는 서양의 더블릿(상의)에 해당하는 「치힐카드」를 걸친다. 이 겉옷은 비단과 양모를 40층이나 포개 제작하였으며 가슴에는 둥근 철판 흉갑을 달았다. 그 속에는 허리까지 오는 체인 메일 「지리흐」를 착용한다. 지리흐는 15~18세기에 걸쳐 인도 이슬람 세력의 방어구로서 꾸준히 사용되었다. 넓적다리 부분에는 넓적다리보호구를 착용하는데, 거기에는 무릎을 보호하는 접시형 철판이 붙어 있다. 허리에 찬 도검은 완만하게 굽은 「탈와르」.

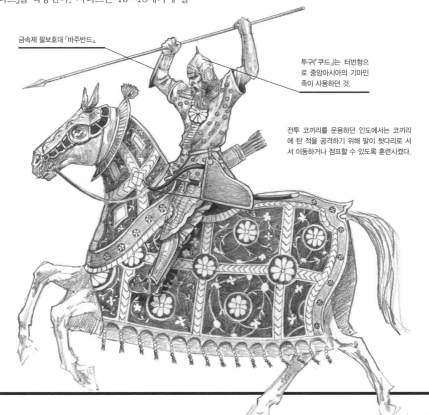

금속제 팔보호대 「바주반드」.

투구(「쿠드」)는 터번형으로 중앙아시아의 기마민족이 사용하던 것.

전투 코끼리를 운용하던 인도에서는 코끼리에 탄 적을 공격하기 위해 말이 뒷다리로 서서 이동하거나 점프할 수 있도록 훈련시켰다.

무굴 왕조 중장기병(중기)

17세기 중반의 무굴 왕조 중장기병. 동체 갑옷으로는 복부에 몇 장의 철판을 덧붙인 「지리흐 바크타르」가 16세기에 등장하여 보급되었다. 또한 철판과 체인 메일을 조합하고 닻 모양 네 이절을 단 투구도 등장한다. 메일과 철판을 합친 것은 머리의 피로를 줄이기 위한 고안이었다. 활과 장창을 들고 허리에 화살통과 「탈와르」를 찼다. 왼손에는 튀르크에서 건너온, 금속을 입힌 방패 「칼칸」을 든다. 이 방패는 지름이 30~75cm이며 18세기 이후로는 「파리」 또는 「달」이라고 불렸다. 몽골풍 부츠는 발끝이 뾰족하게 솟아 있어 말을 탈 때 등자에서 잘 떨어지지 않는다.

■탈와르

「탈와르」는 16세기 중반에 탄생한 도검으로 무굴 제국에서 튀르크, 페르시아, 중앙아시아 등으로 전파된다. 곡도의 원형을 형성했다고도 일컬어지며 구부러진 정도가 큰 것은 「테그하」라고 불렸다. 인도와 페르시아는 도신에 약간의 차이가 있어 인도의 것은 칼날 뿌리 부분에 날이 없다.

무굴 왕조 중장기병(말기)

18세기 들어 갑옷의 경량화가 시작되어 가죽이나 솜, 벨벳 등을 소재로 하는 천 갑옷 「코티」가 등장한다. 그중에는 금속으로 가슴과 배, 어깨와 넓적다리 부분을 보강하거나 리벳을 박은 것도 있으며 옷감에서는 공들인 장식무늬가 보인다. 나뭇잎 모양 숄더 가드(견갑)는 팔꿈치까지 달한다. 그러한 코티는 「바칼타카」라고도 불렸다. 몽골에 존재하던 동형의 「하탄다헬」 갑옷에서 발전한 것이다. 또한 견갑의 길이가 짧아 위팔까지밖에 없는 것은 「사디키」라고 한다. 투구는 금속제 스팽겐헬름형으로 체인 메일 투구드리개가 달려 있다.

「사디키」 갑옷. 그림은 비늘 모양 금속 미늘로 만든 중장갑.

코티에 나타나는 보강 금속판의 배치에는 여러 가지 형식이 있다. 복부와 가슴, 넓적다리 등에 대는 구조는 페르시아의 영향이다. 인도와 몽골에서도 영향을 받아 다양한 패턴이 등장했으며, 악바르 대제 시대에 그려진 미니아튀르(세밀화)에서는 1,000가지를 넘는 갑옷 형식을 볼 수 있다.

반두크치(무굴 총병)

인도에 화약이 전해진 것은 13세기의 일이다. 몽골과의 접촉을 통해 전래되어 14세기 중반에 이르기까지 병기로서의 입지가 탄탄해졌다. 15세기 말에는 야전에서 대포가 사용된다. 무굴 왕조의 보병 대부분은 무구가 빈약한 시민병이었으나, 그중에서 포병 「투프카나」와 소총을 든 보병 「반두크치」만은 특별 취급을 받는 지위에 있었다. 사용한 소총은 시대에 따라 다른데 시대 순으로 「나르날」(핸드 캐넌), 「토레다르」(매치락식), 「반두크 이 차크마키」(플린트락식)의 3종이다. 가장 초기의 「나르날」에는 트리거(방아쇠)와 콕(공이치기)이 없었지만 총신이 총대에 고정되어 훗날의 소총에 가까운 모양을 하고 있었다. 다음으로 사용된 「토레다르」는 화승고정장치를 가지며 레버식 방아쇠가 총대 측면에 있다. 마지막 「반두크 이 차크마키」는 유럽풍의 본격적인 소총이다. 하지만 인도의 습기와 먼지 때문에 플린트락식 소총이 불발되는 일이 잦아 매치락식 소총도 병행해서 사용하였다. 그림의 병사가 허리에 꽂고 있는 기묘한 단검은 인도 고유의 단검 「자마다르」이다.

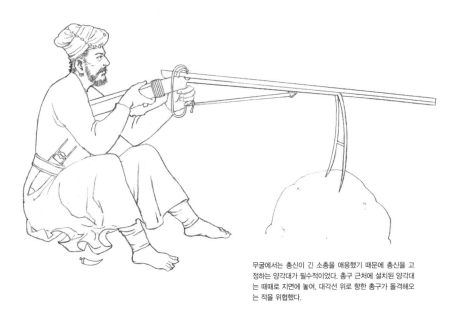

무굴에서는 총신이 긴 소총을 애용했기 때문에 총신을 고
정하는 양각대가 필수적이었다. 총구 근처에 설치된 양각대
는 때때로 지면에 놓여, 대각선 위로 향한 총구가 돌격해오
는 적을 위협했다.

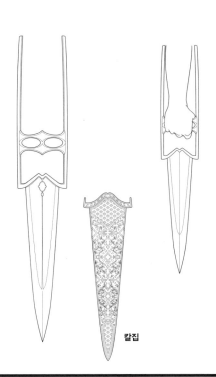

칼집

■자마다르

인도 고유의 단검 「자마다르」. 유럽에서는 종종 「카타
르」라고 부르는 경우도 있지만 그것은 잘못된 표현이
다. 기본적으로 힌두교도의 무기였으나 무굴 왕조 들
어 황제를 비롯한 많은 사람들이 이 단검을 휴대하게
되었다. 매우 특이한 형태로 2개의 기둥이 팔을 따라
뻗는데, 그립(손잡이)은 그 기둥을 가로질러 놓인
1~2개의 가로대이다. 즉 손잡이가 검신에 대해 직각
이며 사용할 때는 주먹을 내지르듯 하거나 위아래로
휘둘렀다. 기둥은 손과 아래팔을 보호하는 역할을 한
다. 자마다르가 언제 등장했는지는 분명하지 않지만
적어도 15세기에는 존재했던 것으로 확인되고 있다.

중장 전투 코끼리

전투 코끼리는 무굴 제국뿐만 아니라 인도에서도 가장 특징적인 부대이다. 무굴에서는 사역과 전투 양쪽에 사용하였는데 대부분 암컷이었다. 중포(重砲)라도 코끼리 몇 마리면 쉽게 끌 수 있었지만 코끼리 1마리를 사육하는 데는 낙타 15마리를 사육하는 것과 같은 양의 사료가 필요했다. 전투할 때는 등에 실은 망루에서, 혹은 직접 올라타고 높은 곳에서 적을 공격한다. 화기가 발달한 후에는 병사가 휴대할 수 없는 대구경 총포를 등에 싣고 그야말로 이동식 포대가 되어 활약하기도 했다. 이처럼 효과적이었던 반면에 커다란 몸은 딱 좋은 표적이 되었다. 그래서 전신에 금속제 갑옷을 입힌 전투 코끼리가 등장한다. 그림은 플라시 전투(1757년)에서 코끼리가 입었던 갑옷. 체인메일과 미늘을 조합한 것이다.

코끼리 기수인 「마호트」가 예로부터 사용한 「안쿠스」 이 갈고리 달린 봉으로 코끼리를 조종했다.

악바르 대제 치세(1556년~1605년)에 저술된 『바부르나마』의 세밀화로부터. 패주하는 적을 추격하는 전투 코끼리. 실물은 극채색으로 그려져 있다. 마치 말을 몰듯 올라탄 병사가 여러 가지 무기를 사용한다.

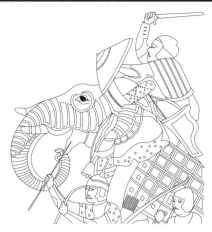

역시 『바부르나마』의 세밀화에서 발췌한 전투 중인 전투 코끼리. 화살을 다 써버렸는지 검을 뽑아 싸우고 있다. 그러나 등 위에서는 칼끝이 닿지 않을 것이다.

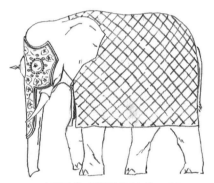

a) 퀼팅 아머(누비 갑옷)형 『바르구스타완』. 11세기.

b) 라멜라 아머형. 14세기.

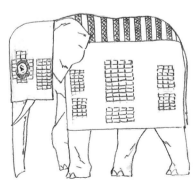

c) 체인 메일과 플레이트의 복합형. 15세기.

d) 패디드 아머(솜누비 갑옷)형 『파카르』. 16세기.

무굴의 적대 세력

힌두교도의 군대

인도에서는 힌두교도가 인구의 다수를 차지한다. 그런 땅에서 이슬람 국가인 무굴 제국이 번영할 수 있었던 것은 이교도에 관용적인 정책 덕분이었다. 악바르 대제가 시행한 이 정책은 역대 황제들에게 계승된다. 하지만 "성자"라 불린 제6대 황제 아우랑제브(재위 1658년 ~1707년) 치세가 되자 일변하여 이교도에 대한 압제가 시작되고, 결과적으로 50년에 걸친 그의 치세 대부분이 싸움으로 점철되어 제국은 멸망의 길을 향해 갔다.

신드족

중앙아시아에서 들어온 침입자와 지역 주민 사이의 혼혈로 태어난 민족이 신드족이다. 많은 부족 집단으로 나뉘며 용맹하고 호전적인 것으로 유명하다. 싸우다 궁지에 몰리면 집단 자살(자우하르)까지 감행했다. 그러나 부족이 대동단결하지 못했기 때문에 황제는 대대로 특히 용맹스러웠던 라지푸트족을 회유하여 자군의 정예부대로 삼았다. 광신적인 아우랑제브가 황제가 되면서 양자의 관계에 균열이 생겨 제국의 최정예는 최대의 적으로 돌변한다.

라지푸트족 중장기병

철판과 메일을 조합한 지리흐 바크타르를 입는다. 그림의 갑옷은 상하반신 방어구가 일체화되어 있어 가슴 부분으로 들어가 인형탈처럼 착용한다. 상하가 분리되어 따로 입는 형태도 있다. 손에 든 것은 신드족 특유의 전투도끼 「부지」.

■부지

본래는 인도 서북부 구자라트 지방 고유의 무기. 인도 북부 주민과 신드족이 사용하다가 그들의 일반적인 무기가 되었다. 긴 손잡이 전투도끼지만 찌르기도 가능하다. 마상용 무기로 사용된다. 현존하는 유물 중에는 손잡이 끝에 나이프가 내장된 것도 있다. 칼날 뿌리에 코끼리 부조가 새겨진 것은 유럽에서 「엘리펀트 나이프」라고 부르기도 한다.

얼굴가리개와 투구드리개
가 달린 투구는 신드족 특
유의 것.

상반신과 하반신이 나뉜 지리흐 바크타르 갑
옷. 머리에 푹 뒤집어쓴 사슬 두건 앞면에는
「V」자형 구멍이 있다. 이 구멍은 「질룸」 또
는 「칠만」이라 불리는데 구전에 의하면 신이
뚫었다고 한다.

마라타족

마라타족은 뭄바이 동부에서 동남부에 걸쳐 산악지대에 거주하던 힌두교도 전사 집단이다. 여러 부족으로 나뉘지만 인도의 다양한 왕조에 용병으로 종사할 때는 일시적인 동맹을 맺었다. 그래서 마라타 동맹이라 부르기도 한다.

마라타족 기병

마라타족은 기마 군단과 게릴라 전술로 제국을 괴롭혔다. 기수는 전신을 체인 메일로 감싸고 페르시아풍 흉갑 「차하르 아이네」를 입었다. 안장에는 전금속제 투창 「바르치」를 두 자루씩 좌우에 꽂고 허리에는 곡도를 차며 어깨에는 금속을 입힌 방패를 멘다.

오른쪽은 마라타 왕국의 창시자 시바지 본슬레(1627년~1680년). 무굴에서는 "산쥐"라 불리며 제국을 적대하는 국가 건설에 진력한다. 그 때까지 통일된 적이 없던 마라타의 왕으로서 1674년에 즉위한 뒤 오렌지색 깃발을 앞세워 제국을 괴롭혔다.

■파타

마라타족 고유의 도검 「파타」(그림 a). 건틀릿형 손잡이를 가진 약간 특이한 모양을 하고 있다. 자마다르 단검에서 발전한 것으로 짐작된다. 손이 들어가는 장갑 부분 안에는 자마다르처럼 검신과 수직으로 달린 가로대가 있어 그것을 잡고 검을 휘두른다.

■키시트 네자/상/바르치

전금속제 투창(그림 b). 길이는 75~90cm, 창끝 부분은 17cm. 기병이 안장 좌우에 두 자루씩 장비한다. 다일람족의 짧은 투창 「실리」에서 기병용 무기로 태어났다. 「키시트」는 페르시아어로 "벽돌", 「상」은 "돌"을 의미하는데 성벽에서 내던지는 벽돌과 돌처럼 무겁고 위력적이라 하여 붙은 이름이다. 라지푸트족은 「바르치」라고 불렀다.

■칸다

「칸다」(그림 c)는 무굴 제국과 라지푸트족, 마라타족이 사용한 도검. 다만 제국의 제식 검은 아니었다. 중앙아시아에서 10세기경 인도에 전해져 18세기까지 사용된다. 칼끝 쪽으로 갈수록 폭이 넓어지는 것도 있다. 또한 탱(슴베)이 칼자루를 관통해서 나와 있다. 전체 길이는 1~1.2m이며 칼날 폭은 40~65mm 정도. 손잡이 부분의 모양은 힌두 세력이 바구니형, 이슬람 세력이 인도풍의 것을 사용했다.

■사인티

「사인티」(그림 d)는 방어용 무기로 약 60cm짜리 금속 봉 중간에 손잡이와 앞쪽을 향한 짧은 날이 달려 있다. 여기에 소형 둥근 방패를 추가한 「마루」라는 무기도 있다. 스페인의 이슬람 세력이 사용하던 「아다가」를 기원으로 하며 8세기 무렵 아랍인이 해로를 통해 들여온 것으로 보인다. 해로라고 추측하는 것은 중앙아시아와 아프가니스탄에서는 이 종류의 무구가 발견되지 않기 때문이다.

■바그나크/비차와 바그나크

마라타족이 사용한 비밀무기. 1657년 시바지가 적장을 속여 기습할 때도 사용되었다. 「바그나크」(그림 e)는 "호랑이 발톱"이라는 뜻. 금속 제와 유리제가 있다. 마라타족의 암살단이 특히 애용하였는데 발톱에는 독을 칠했다. 단검과 연결한 「비차와 바그나크」(그림 f)도 있다.

■반크

「반크」(그림 g)는 힌디어로 "활처럼 굽음" 혹은 "구부러진 것"을 의미한다. 낫 모양 날을 가진 단검으로 인도 중부의 라자와르족이 사용하다 무굴 제국에 널리 퍼졌다.

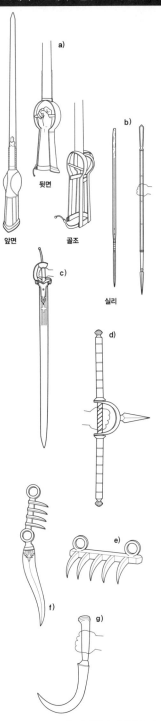

a)

b)

뒷면

앞면　골조

c)

실리

d)

e)

f)

g)

「멍에」로부터의 해방과 뇌제의 시대

러시아

13세기 중반부터 "타타르의 멍에"라 불리는 몽골의 지배를 받던 러시아는 몽골의 쇠퇴와 비잔티움 제국의 멸망에 의해 자립한다. 이반 3세(대제. 재위 1462년 ~1505년) 치세 모스크바 대공국(류리크 왕조)은 번영했고, 이반 4세(뇌제. 재위 1533년~1584년) 시대 들어 마침내 대제국의 길을 걷기 시작한다.

러시아 기병(15세기 말~16세기)

장비는 동방 기마민족의 영향을 많이 받아 15세기 말에서 16세기에 걸쳐서는 체인 메일과 철판을 조합한 유연성 있는 갑옷을 채용한다. 귀족은 상감 세공과 보석으로 장식한 은제 메일 등을 입었으며 승마에 적합한 복장을 선호했다. 팔에는 금속 팔보호대를 장착했으나 돌격전에 중요한 무릎 부분의 방어수단이 점차 사라져 돌격전에 취약해진다. 결과적으로 회피 후 기습하거나 거리를 두고 포위한 채 화살을 쏘는 것이 상투수단이 되었다. 이는 군마 대부분이 체고 130cm로 소형이었던 점에도 기인한다. 주무기는 합성궁이지만 기병창, 투창, 곡도, 철퇴「부라와」(러시아어로「불라바」)도 사용했고 16세기 후반에는 피스톨을 장비했다.

러시아 중장기병
(15세기 말)

정수리 부분이 뾰족한 동방풍 투구. 얼굴 가리개도 달려 있다.

러시아 기병
(16세기 말)

갑옷은 점차 경량화되어 16세기 중반부터는 금속제 갑옷을 입지 않고 화살을 막기 위한 누비 코트만을 걸치는 사람도 나타났다.

코사크

러시아 중장기병
(16세기)

코사크 병사

「코사크」 또는 「카자크」(러시아어)라
는 말은 "자유인"이나 "용감한 사람"
을 뜻하는 튀르크어를 기원으로 한
다. 그들은 15~17세기에 걸쳐 공국
에서 도망친 농노와 빈민 가운데 발
생한 자유민으로, 타타르와 접하고
스텝지대에 거주하면서 기병으로서
의 기술을 익혔다. 18세기 이후로는
다양한 무구에 숙련된 전사로서 토
지와 특권을 받는 대신 군역에 종사
하는 의무를 진다. 그 이전에는 용병
이 되어 폴란드나 모스크바 측에서 싸
웠다. 독특한 분장이 널리 알려져 있
으며, 그림에 보이는 가늘고 긴 반달
형 도끼날을 가진 긴 손잡이 전투도끼
「베르디시」(러시아어)가 15~17세기
활발히 사용되었다. 이 도끼는 백병
전용 무기로 장비했을 뿐만 아니라 화
기가 유행하면서부터는 총을 받치는
지지대 대신 사용하기도 했다.

◆모스크바 대공국의 기병부대 편제◆

15세기 말 러시아에서는 군사력을 대귀족에게 의존
하고 있었다. 하지만 그들은 요구받은 병력을 그리
쉽게 러시아 대공에게 제공하지 않았다. 이에 이반
3세는 종신들에게 봉토를 나누어주고 모스크바 주
변에 1,000개 이상의 소귀족을 육성하여 병력 확보
와 대공 권력 강화에 힘쓴다. 그 후 1547년 전 러시
아의 황제를 칭한 이반 뇌제는 410에이커마다 1기
의 완전무장한 기병을 출병시키는 법령을 반포하여
(1556년) 병역의무를 평등화하는 동시에 대귀족의

병력을 확보했다. 또한 그 밖에도 근위대인 스트렐
치(총병대) 창설로 스스로의 군사력을 강화한다. 이
러한 과정을 거쳐 대소귀족으로 구성된 기병 전력은
16세기 말에 약 2만 5천을 헤아리게 되며, 전시에
는 4~5만에 달하는 병력을 소집하기에 이른다. 부
대는 최소 단위 100명으로 편제되고 1,000명 규모
의 부대가 6개 모여 "팔크"를 조직한다.

중세를 끝낸 병기

중세 유럽에서 꾸준히 활약한 크로스보우, 캐터펄트와 같은 병기는 이윽고 총과 대포 등의 화기에 그 자리를 빼앗긴다. 화기에 대한 기록은 1326년 이탈리아 피렌체의 공문서에 최초로 나타나며, 이들 기록을 통해 1300년대 초에는 사용이 시작되었을 것으로 추측하고 있다. 갑옷을 입은 기사나 유서 깊은 성과 요새는 화기 앞에 무너졌고, 그것은 "중세의 전투"가 끝났음을 의미했다.

■대형 화기(대포)

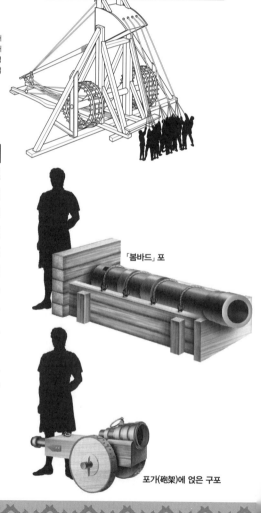

중세 유럽 최대의 투석기 「트레뷰셋」(프랑스어로는 「트레뷔셰」). 거대한 암(완목) 한쪽 끝에 추를 설치한 평형추식 투석기이다. 중력에 의해 추가 내려가면서 암이 선회하여 투석한다. 14세기까지는 충분히 위력을 발휘했으나 축성 기술의 향상으로 투석을 통한 성벽 파괴가 점점 힘들어져 그 역할을 대포가 이어받게 된다.

봄바드

유럽에서 처음 대포가 사용된 전쟁은 백년 전쟁이다. 크레시 전투(1346년)에서는 잉글랜드군이 「봄바드」라 불리는 몇 문의 포를 예전부터 쓰던 노포와 함께 사용했다. 봄바드의 포신은 철편을 덧대고 쇠테를 감아 강화한 것으로, 쇠테 대신 가죽띠를 감은 것도 있다. 지면에 설치한 상자형 틀에 고정시켜 돌을 발사한다. 또한 1347년의 칼레, 1429년의 오를레앙 공방전에서는 역시 잉글랜드군이 구포(臼砲)를 사용했다. 구포란 한자 그대로 "절구" 모양 포신을 가진 대포를 말하는데, 탄도가 곡선이라 차폐물에 숨어 있는 적을 공격할 수 있었다. 다만 그 탄도 예측이 어려워 조준은 힘들었다.

「봄바드」포

포가(砲架)에 얹은 구포

페리에르

「페리에르」(프랑스어)는 14~15세기에 사용된 사석포(射石砲). 이른바 구포로 곡선 탄도를 가져 공성전에서 사용했다. 약실이 구경보다 작아서 포미로 갈수록 가늘어진다.

브리치로딩 캐넌

포탄을 포미에서 넣는 방식(후장식)을 최초로 채용한 대포로 1460~70년대에 등장했다. 화약과 탄환을 채우는 부분이 분리되는 구조이다. 포탄 장전이 간편한 반면 발사 시의 가스 누출로 위력은 반감되었다. 초기에는 봄바드처럼 형틀에 고정했으나 15세기 말에는 바퀴 달린 포가에 얹은 것도 나타난다.

사각 가변 대포(포미 승강 방식)

15세기 말이 되면 포신의 사격 각도를 바꿔 사정거리를 조절하는 방법이 고안된다. 당초 주류였던 것은 포신을 얹은 포대를 다시 포가에 싣고 포구 쪽만을 고정하는 방식. 포미 쪽에서 포대를 들어올려 대포를 설치한 뒤에도 포신의 상하각을 바꿀 수 있다. 포대를 들어올리는 방식은 다양해서 포대와 포가 사이에 쐐기를 박는 것이나, 정교하게 만든 것으로는 태엽식이 있고, 높이 단계별로 구멍이 뚫린 판에 핀을 꽂는 방식도 나타난다.

사각 가변 대포(트러니언 장착포)

「트러니언」(포이)은 포신 좌우로 돌출된 봉을 말한다. 이 부분을 이용해 포신을 포가에 받치고, 여기를 지렛목 삼아 포신을 기울여 사격 각도를 조절한다. 15세기 중반에 등장했다. 이 방식 덕분에 포대 없이 포신을 직접 포가에 얹을 수 있게 되었다.

컬버린

「컬버린」은 15~17세기에 사용된 구경 38~152mm가량의 포. 이름은 라틴어로 "뱀"을 의미한다. 야전에서 사용하기 위해 무게를 제한하고 사정거리를 늘리기 위해 포신을 길게 만들었다. 그림은 부르고뉴 공작이 사용한 1460년대의 컬버린 포이다.

캐넌

16세기에 등장한 포이 달린 주조포. 당시 「캐넌」이라는 말은 지금처럼 넓은 의미가 아니라 극히 한정된 대포의 한 종류만을 가리켰다. 프랑스군의 「카농」은 포신이 3m를 넘고 무게는 3,500kg 이상으로, 움직이는 데 21마리의 말이 필요한 대형 포였다.

레더 캐넌

1630년경 스웨덴군이 발명한 경량포. 보병부대를 따라 함께 이동시킬 목적으로 가볍게 제작하였는데, 경량화를 위해 포신은 복잡한 구조로 되어 있다. 우선 얇은 철제 본체에 구리줄을 감고 나무틀에 넣은 다음 그 위에 다시 철사와 밧줄을 감아 보강한다. 포구, 중간, 포미에는 목제 테를 끼우고 최종적으로 가죽을 씌워 못으로 박았다. 이렇게까지 해도 화약의 양이 잘못되면 포신이 파열될 위험이 있었다.

하지만 보병을 지원하는 병기로 대포를 활용한 것 자체는 획기적인 시도로서, 이후 포병이라는 병종이 등장하는 계기가 되었다.

거포

중세기의 대포는 공성전에서의 사용이 목적이었기 때문에 보다 커다란 탄환을 발사할 수 있도록 구경을 늘리는 것이 무엇보다 선행되었다. 결국에는 터무니없이 커다란 거포(巨砲)까지 만들어낸다. 거포는 그것을 제작한 국가의 무위를 드러내는 것이기도 했다.

우르반

메흐메트 2세(재위 1451년~1481년)가 콘스탄티노플 공략을 위해 제작시킨 거포 「우르반」. 청동제 주조포. 운반과 장전을 고려하여 포신과 약실을 분할식으로 만들었으나, 그래도 운반에는 사륜거 30대와 수소 60마리, 인원 200명을 필요로 했다. 거기다 따로 250명의 병사가 앞서 가면서 도로와 다리를 보수했다. 그 때문에 하루 이동거리는 고작 4km. 장전에도 시간과 수고가 들어 하루에 발사할 수 있는 탄환은 7발이 한계였다고 한다. 그림은 1464년 제조되어 1867년 술탄 압뒬아지즈(재위 1861년~1876년)가 영국의 빅토리아 여왕에게 선물한 거포. 다르다넬스 해협에 설치되었던 것이지만 형식이 우르반에 가깝다고 전해진다. 이 포의 약실 부분은 8,941kg, 포신은 8,128kg, 구경은 63.5cm이다.

몬즈 메그

부르고뉴 공작 필리프(선량공. 1396년~1467년)의 명령으로 제작된 연철포 「몬즈 메그」. 제작자인 대장장이 스리브의 갤러웨이의 아내 몰랜스 메그의 이름을 따서 그렇게 불렸다. 1449년 6월에 완성되었으며 구경은 48cm, 전체 길이는 404cm. 포신 무게는 5,080kg, 포가와 합치면 6톤이 넘는다. 발사하는 탄환은 150kg짜리 돌덩이. 1457년 스코틀랜드에 증여되어 「마그나 봄바르다」라고 불렸다. 자매포로 「퇼 그리에」와 「바젤 봄바드」가 있는데 전자는 구경 64cm, 후자는 34cm이다. 퇼 그리에는 356kg의 돌덩이를 발사할 수 있었다.

■소형 화기

아르크뷔즈 아 크로(총가식 화승총)

「아르크뷔즈 아 크로」는 프랑스어로 "총가식 화승총"을 의미한다. 영어로는 「더블 헤이크」라 부르며 의역하면 "양각총(兩脚銃)"이 된다. 둘이나 셋이서 조작하는데 발사 시의 반동을 흡수하기 위해 양각총가에 받치고 발사했다. "소총"의 초기 형식이라 할 수 있지만 총신 길이는 1.8~2.4m, 무게는 30kg이 넘는다. 약 230g의 탄환을 평균 3분에 1발씩 발사 가능하다.

각종 소총

●하쿼버스(화승총)

「하쿼버스」(영어)는 16세기 초반에 등장한 매치락식 소총. 나라에 따라 「아르크뷔즈」(프랑스어), 「한트뷕세」(독일어), 「아르카부스」(스페인어), 「아르키부소」(이탈리아어) 등으로 불렀다. 총신 길이는 1m. 총대를 포함한 전체 길이는 1.4m 정도이며 무게는 4.5~5kg이었다. 탄환 무게는 약 30g. 훈련을 받으면 대략 90초 간격으로 사격할 수 있다. 최대 사정거리는 270m 전후. 유효 사정거리는 150~200m. 하지만 경험 있는 사수라면 적이 50m 거리까지 접근했을 때 사격했다고 한다.

●머스킷(대형 화승총)

「머스킷」(영어)은 대구경 하쿼버스를 가리킨다. 1530년경 이탈리아에서 「모스케토」라 불리던 총이 원형으로, 이름의 어원은 "매"를 의미하는 이탈리아어. 이 총이 1530년경 「모스케테」(스페인어)라 불리게 되었고, 1567년 스페인의 알바 공작(1507년~1582년)이 전장에서 대규모로 사용하면서 유럽 여러 나라에 퍼졌다. 사정거리는 550m 가까이 달하며 270m 떨어진 적을 확실히 쓰러뜨렸다. 당시에는 360~430m 거리에서 일제사격을 하면 반드시 적을 분쇄할 수 있다고 여겨졌다. 금속 갑옷의 경우에는 200m 정도에서 얼마간 효과를 발휘하고 100m 이내라면 완전히 꿰뚫는다. 하지만 그만큼 반동이 심해서 가슴이 아닌 어깨에 대고 사격했고 지지대가 필요했다. 이처럼 지지대를 사용하는 방법을 「스페인식」이라고 부르는데 머스킷뿐만 아니라 다양

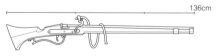

136cm

하쿼버스

178cm

머스킷

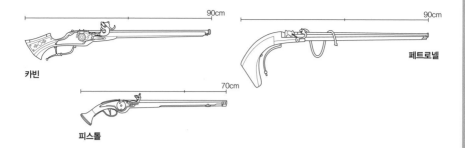

카빈

페트로넬

피스톨

한 소총에서 이용된다. 영국에서는 소형 머스킷을 사용
했는데 그것은 「칼리버」라고 불렸다. 외견은 동일하고
지지대도 필요했으나 다루기 쉬웠다.

●카빈
기병이 사용한 하쿼버스. 칼리버보다 총신이 짧고 구경도
작은 가벼운 소총으로 1559년 프랑스의 문헌에서 처음
등장한다. 이후 기병용 소총을 「카빈」이라 부르게 된다.

●페트로넬
카빈과 마찬가지로 기병이 사용한 하쿼버스. "가슴에
대는 총"이라 번역되며 그 이름대로 구부러진 총대를
가슴에 대고 고정한 뒤 사격했다. 구부러진 개머리판을
가슴에 대고 사격하는 이러한 방법을 「프랑스식」이라
고 부른다. 소총과 피스톨의 중간쯤 위치하는 총.

●피스톨
한 손으로 사용하는 것을 전제로 한 소형 총으로 16세기
초에 등장했다. 1521년 영국에서 「피스톨」이라 불리게
되어 현재에 이른다. 어원은 후스교도가 사용하던 핸드
건 「푸슈카」에 있다. 길이가 짧아 탄환이 방향성을 갖지

못하고 발사되기 때문에 확실하게 명중하는 것은 3m 전
후 거리라고 한다. 점화 방식은 대부분 휠락식. 초기에
있던 매치락식 피스톨을 「대그」라고 부르기도 했다.

●초기의 후장총
탄환을 총미 쪽에서 넣는 「후장식」의 아이디어는 대포
와 마찬가지로 소총에도 적용되어 1540년경 후장식
소총이 등장한다. 다만 이 "후장식"은 탈착식 약실에
탄환과 화약을 재고 재장착한 다음 화승에 불을 붙여
사격하는 것이었다. 이러한 약실교환 방식은 탄환을 밀
어내는 가스가 틈으로 새기 쉬워 동형 소총에 비해 위
력이 떨어진다. 그래서 이 총은 널리 보급되지 못했다.
하지만 연발총을 만들려는 시도에 활용되었다.

●콤비네이션 웨폰
초기의 소총은 기온과 날씨에 따라 불발되는 경우가
많았다. 그러한 뜻밖의 사태에 대처하기 위해 다른 무
기와 합성한 것이 제작된다. 이 움직임은 휠락식의 등
장으로 가속되었으며 도끼와 단검, 메이스 등을 조합한
것이 유명하다.

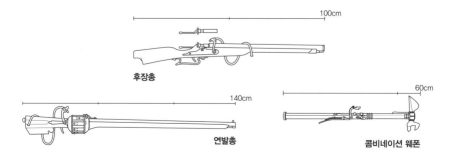

후장총

연발총

콤비네이션 웨폰

대항해 시대

콘키스타도르

이슬람을 통해 나침반 기술을 습득하면서 유럽인도 추측항법이 가능해져 대항해 시대가 열린다. 1492년 10월 12일 콜럼버스(1446년경~1506년)가 신대륙(실제로는 서인도 제도)을 발견한 것을 시작으로 신대륙을 향한 모험의 기운이 고조되었다.

1540~1565년경의
경장검사

검사

신대륙으로 향한 모험가들을 "콘키스타도르"(정복자)라고 부른다. 그들에게는 선교사의 동행이 의무였고 신대륙에 거주하는 이교도들을 개종시킨다는 목적도 가지고 있었다. 초기 원정대의 장비는 대부분 각자 부담으로 비용은 사재를 털어 마련했다. 그림은 그런 모험가 중 검과 금속제 원형 방패(「로델라」)를 장비한 검사. 장비품 가운데는 중세에 사용되던 구식 무구도 있었지만 철을 갖지 못한 원주민을 상대로는 효과가 과할 정도였다. 이러한 장비는 코르테스(1485년~1548년)가 원정을 벌인 시대에도 크게 달라지지 않았으나, 기후에 맞춰 금속 갑옷에서 천 방어구로 변회한다. 피시로(1478년~1541년)의 부대는 표식으로 모자와 투구에 깃털 장식을 달았는데 원정 내내 그렇게 했는지는 불명이다.

1520~
1550년경의
중장검사

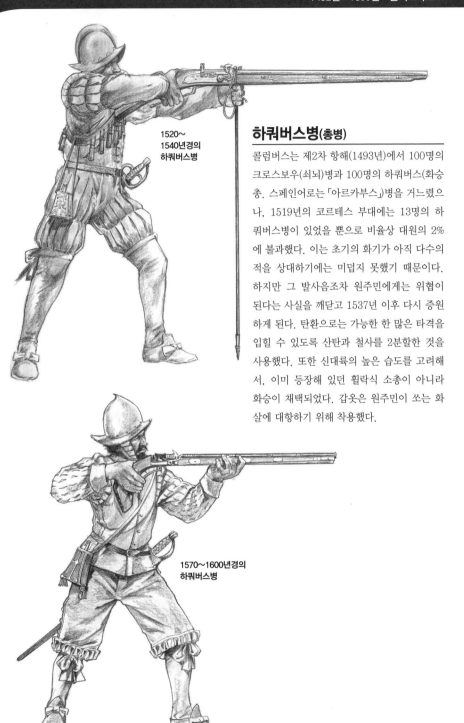

1520~
1540년경의
하쿼버스병

1570~1600년경의
하쿼버스병

하쿼버스병(총병)

콜럼버스는 제2차 항해(1493년)에서 100명의 크로스보우(쇠뇌)병과 100명의 하쿼버스(화승총. 스페인어로는 「아르카부스」)병을 거느렸으나, 1519년의 코르테스 부대에는 13명의 하쿼버스병이 있었을 뿐으로 비율상 대원의 2%에 불과했다. 이는 초기의 화기가 아직 다수의 적을 상대하기에는 미덥지 못했기 때문이다. 하지만 그 발사음조차 원주민에게는 위협이 된다는 사실을 깨닫고 1537년 이후 다시 증원하게 된다. 탄환으로는 가능한 한 많은 타격을 입힐 수 있도록 산탄과 철사를 2분할한 것을 사용했다. 또한 신대륙의 높은 습도를 고려해서, 이미 등장해 있던 휠락식 소총이 아니라 화승이 채택되었다. 갑옷은 원주민이 쏘는 화살에 대항하기 위해 착용했다.

기병

1519년 2월 10일 출항한 코르테스의 원정대는 11척짜리 선단으로, 적재되어 있던 것은 병사 580명, 선원 110명, 크로스보우 32정, 하쿼버스 13정, 팔콘 포 4문, 대포 10문, 말 16마리, 그리고 다수의 개였다. 아스테카 제국은 이 얼마 안 되는 병력에 멸망했는데, 특히 기병의 효과가 커서 말 6마리로 멸망시켰다는 말까지 있을 정도이다. 말을 처음 본 아스테카인은 "지붕만큼 키가 큰 사슴"이라 부르며 반인반마의 괴물이라고 생각해 두려워했다. 또한 잉카인도 거대한 맥으로 인식해 혼란에 빠진다. 말과 기수는 투척물로부터 몸을 보호하기 위해 전신을 감싸는 갑옷을 입고 있었

다. 사슴 가죽을 이중으로 꿰매고 사이에 솜을 채운 갑옷을 인마가 함께 입기도 했다. 이 갑옷은 무척 두꺼웠기 때문에 기마가 거대하게 보이는 효과도 있다. 다만 병사와 말을 지치게 하므로 전투가 시작되기 직전에 착용한다. 무기는 기병창 중에서도 3m 정도의 가벼운 것이 선호되었다. 기병창을 수평으로 들고 돌격하기도 했으나 역수로 잡고 찌르는 경우가 더 많았다.

■전투견

콘키스타도르는 말과 함께 다수의 개를 데리고 신대륙에 상륙한다. 이들 개는 울프하운드종, 디어하운드종 및 마스티프종을 교배시킨 잡종으로 어깨 높이는 75cm, 몸무게는 40kg을 넘었다. 개는 대부분 아무것도 입히지 않은 채 전장에 풀어놓고 원주민에게 덤벼들게 했다. 목을 눌러 제압할 수 없도록 스파이크 달린 목걸이를 채우거나 투척물로부터 몸을 보호하는 누비 갑옷을 입히는 경우도 있다.

말을 배로 운반할 때는 날뛰지 못하도록 다리를 묶고 몸에는 천을 감아 매달았다. 말이 없던 남북 아메리카에도 이렇게 말이 들어가 이윽고 야생화하여 번식하게 된다.

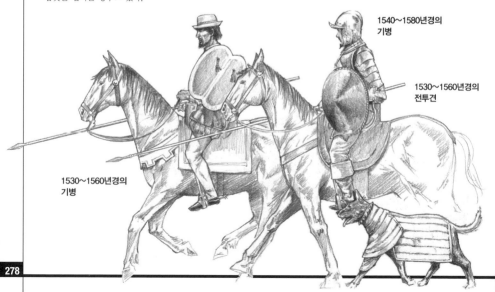

1540~1580년경의 기병

1530~1560년경의 전투견

1530~1560년경의 기병

■팔콘

「팔콘」은 기동성을 중시한 소형 야전포. 충분한 적재 능력이 없던 당시의 함선이 미지의 대해로 나아가면서 장비한 것이다. 코르테스는 4문을 원정대의 지원화기로 사용한다. 포신은 청동제이며 바퀴 달린 포가에 실었다. 화약의 양 등을 조절하면 다양한 포탄을 사용할 수 있는데 최대 1.3kg의 포탄을 발사했다. 큰 위력은 아니지만 화약조차 모르는 원주민을 상대하기에는 효과가 충분해서 400명의 습격을 2문의 팔콘으로 격퇴했다는 기록도 남아 있다. 1541년까지 신대륙에서도 주조가 시작되어 그 수가 계속 증가한다.

1570~1585년경의
기병

1535~1555년경의
기병

신대륙의 전사

남북 아메리카 대륙

콜럼버스가 신대륙을 발견한 1492년 10월 12일은 유럽인에게 기념비적인 축일이 되었으나 남북 아메리카의 원주민에게는 재앙이 시작된 날이었다. 원주민들은 비록 무구는 뒤떨어졌지만 자신의 몸을 돌보지 않은 채 과감하고 용맹하게 싸웠다.

아스테카

아스테카족의 이름은 전설상의 발상지 "아스틀란"에서 유래하며 멕시카족이라고도 한다. 13세기 말 지금의 멕시코에 도착하여 14세기 중반 테노치티틀란(지금의 멕시코시티)이라 불리는 거대도시를 건설하고 번영했다.

아스테카 전사

아스테카족에 종속된 오토미족의 전사. 입술과 귀에 커다란 금장식을 달고 정수리 부분에 붉은 리본으로 상투를 틀었다. 또한 목둘레가 붉고 전신이 녹색 깃털로 덮인 전투용 방어구(의복?)를 입고 끈이 붉은 하얀 샌들을 신는다. 손에는 투창과 그것을 투척하기 위한 보조구("스피어 스로워」), 그리고 알록달록한 방패를 든다. 투창은 길이 120cm 정도이며 방패 손잡이에 몇 자루(아마도 5자루)를 꽂아 휴대했다. 창의 창끝으로는 구리, 흑요석, 수석, 물고기 뼈가 사용되었다.

■스피어 스로워

아스테카인은 투창을 투척할 때 오늘날 「스피어 스로워」라고 부르는 보조구를 사용했다. 이것은 갈고리 달린 막대형 기구로, 갈고리에 창의 끝 부분을 걸고 던진다. 아스테카인의 스피어 스로워는 대략 60cm 길이에 목제, 상감 세공을 했다. 끝에서 20cm 정도 되는 곳에는 집게손가락과 가운뎃손가락을 끼우는 한 쌍의 구멍이 뚫린 손잡이가 달려 있다. 약 45m가량 투척 가능하다.

재규어 워리어/이글 워리어

뛰어난 아스테카 전사는 최고위계급인 2개의 전사단에 속했다. 테스카
틀리포카 신을 섬기는 「재규어 워리어」("표범 전사". 나우아틀어로 「오셀
로메」)와 태양신을 섬기는 「이글 워리어」("독수리 전사". 동어 「쿠아쿠아
우틴」)이다. 각각 표범과 독수리를 본뜬 「틀라위스틀리」라는 투구와 「오
셀로토텍」이라는 전투용 의복을 착용했다. 재규어 워리어용으로는 모피
를 사용하는 것과 깃털로 만들어진 것이 있으며, 전신이 푸른색이나 붉
은색 또는 흰색인 종류가 있다. 발목 부분과 소맷부리 부분은 발톱까지
세공한 것과 하지 않은 것이 있다. 전투복 안에는 솜을 누벼 만든 「이치
카위필리」라는 조끼를 입었다. 허리에는 요포(腰布) 「막스틀라틀」을 감
고 오셀로토텍 복부에 뚫린 구멍으로 그 매듭을 꺼내 늘어뜨린다.

이글 워리어
「쿠아쿠아우틴」

재규어 워리어
「오셀로메」

무용을 자랑하기 위한
깃발표식 「톡시코콜리」

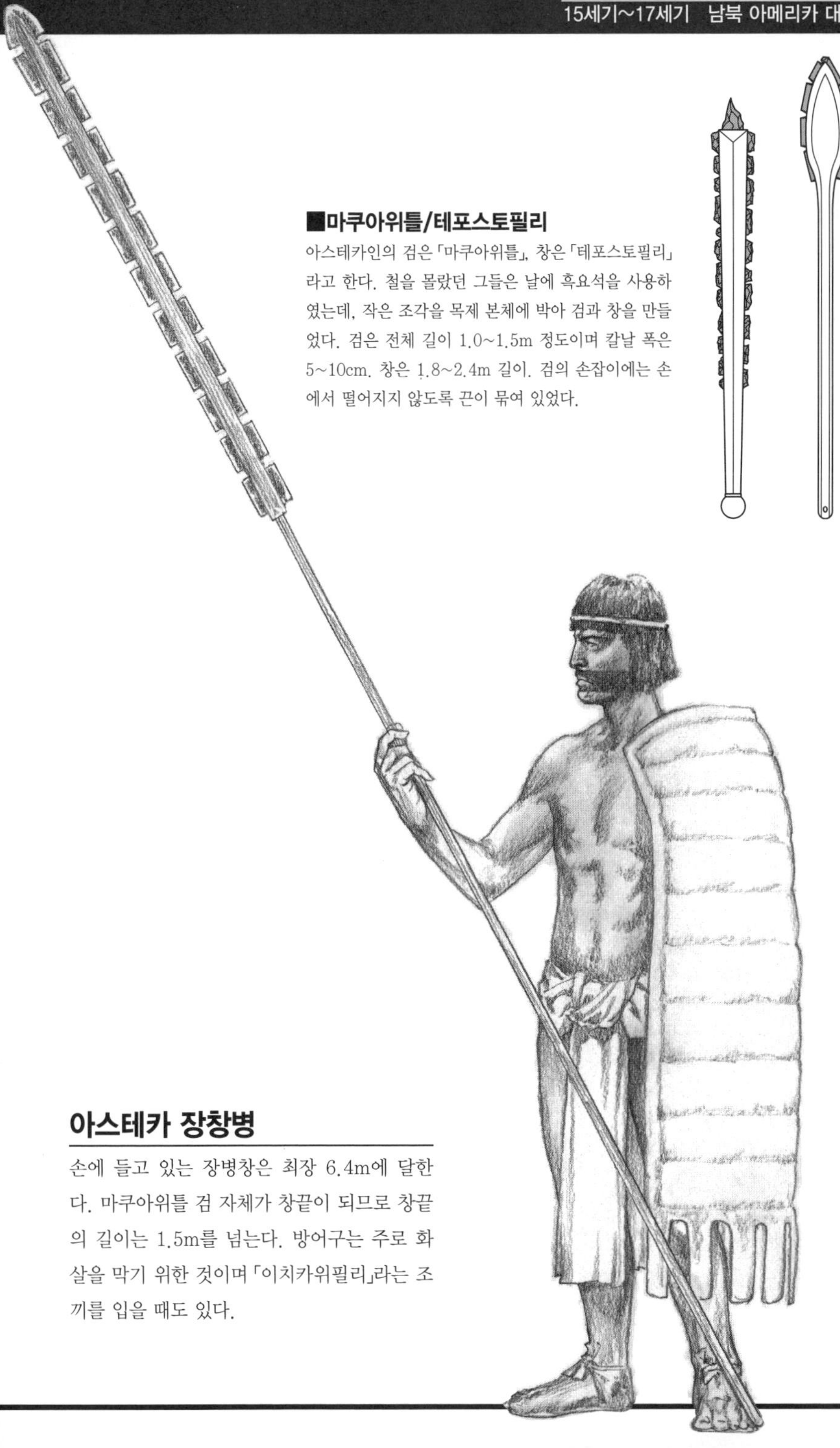

■마쿠아위틀/테포스토필리

아스테카인의 검은 「마쿠아위틀」, 창은 「테포스토필리」
라고 한다. 철을 몰랐던 그들은 날에 흑요석을 사용하
였는데, 작은 조각을 목제 본체에 박아 검과 창을 만들
었다. 검은 전체 길이 1.0~1.5m 정도이며 칼날 폭은
5~10cm. 창은 1.8~2.4m 길이. 검의 손잡이에는 손
에서 떨어지지 않도록 끈이 묶여 있었다.

아스테카 장창병

손에 들고 있는 장병창은 최장 6.4m에 달한
다. 마쿠아위틀 검 자체가 창끝이 되므로 창끝
의 길이는 1.5m를 넘는다. 방어구는 주로 화
살을 막기 위한 것이며 「이치카위필리」라는 조
끼를 입을 때도 있다.

마야

마야 문명은 지금의 멕시코 중남부 유카탄
반도와 벨리즈, 멕시코의 치아파스 주에서
과테말라, 그리고 온두라스에 이르는 마야
고지에서 번성했다. 하나의 왕조가 아니라
크고 작은 여러 왕국으로 구성되어 있었다.
아스테카 왕국을 멸망시킨 스페인인이 마
야 왕조에 눈을 돌렸을 때는 칵치켈, 키체,
초칠 등이 번영하고 있었다. 스페인인에 대
한 그들의 저항은 1697년까지 계속된다.

마야의 족장

마야 전사

오른쪽 그림은 케찰코아틀 신의 복장을 갖춘
마야인 족장. 목제 또는 골제 창끝을 단 투창
이나 장창을 든다. 투창은 길이 1.5m. 장창은
2.6~3.2m. 가운데 전사는 15~16세기 무렵
의 전사. 투창과 스피어 스로워를 장비한다.
정강이에 가죽띠를 각반처럼 감았으며 둥근
방패를 가지고 있다. 출진할 때는 적색, 흑색,
백색, 청색 등의 안료를 얼굴에 발랐다. 오른
쪽 끝은 터키석 가면을 쓰고 악어가죽으로 만
든 원판을 장착한 고위 전사. 손에 든 방패는
거북 등껍질을 재료로 한다. 치첸이트사 유적
의 부조를 바탕으로 재현했다.

잉카

잉카는 남미 안데스 산맥을 남북으로 가로질러 5,000km에 이르는 영역을 지배했던 제국. 쿠스코 지방의 잉카족이 14세기 중반부터 급속히 영역을 확장했다. 어떻게 그런 거대 제국을 건설할 수 있었는지는 아직까지 불명이다. "잉카"란 그들의 언어로 "왕"과 "왕족"을 의미하며 나라 자체는 "타완틴수유"라고 불렀다. 아스테카를 멸망시킨 스페인과 대립했을 때는 20만에 달하는 병력을 보유하고 있었다.

잉카 전사

잉카 제국 대부분의 전사는 V넥에 소매가 없고 기장이 무릎까지 오는 셔츠 「운쿠」를 입었다. 허리띠를 매지는 않지만 때때로 양모 망토 「야코야」를 가슴 부근에 두르기도 한다. 신발은 샌들이나 북미 원주민 특유의 가죽 신인 모카신. 무기는 창과 투창, 곤봉, 메이스(「참피」), 활, 투석구(「우아라카」)를 사용했다. 메이스에는 방사형 돌출부를 가진 것과 별 모양을 한 것이 있다. 갑옷을 입지 않고 일상복 그대로 전장에 나가지만 손에는 천을 늘어뜨린 사각 방패 「폴칸카」를 들었다. 이 방패에 늘어진 천은 화살과 투석의 위력을 약하게 만든다. 투구는 대나무를 엮어 천을 씌우고 깃털 장식을 단 것.

참피

폴칸카

그 밖의 중남미 지역

이호나 전사

영국의 모험가이자 해군 제독이기도 한 드레이크(1545년경~1596년)의 수기에 등장하는 중남미 이호나 전사. 드레이크가 「이호나」라고 부른 부족이 구체적으로 어디에 거주하고 있었는지는 불명이다. 다만 허리에 두른 천의 형태를 통해 지금의 베네수엘라 주변이라 추정하고 있다. 손에는 긴 목제 곤봉 「마카나」를 들었다. 이러한 곤봉은 야자나무로 만들며 길이는 1.3m 정도. 손잡이 부분의 두께는 2.5cm 정도이고 선단 부분은 약 10cm에 달한다.

아라와크족 전사

아라와크족은 카리브 해 제도와 남아메리카에 거주하던 주민 집단의 총칭. 그림은 콜럼버스 시대 서인도 제도의 조각상과 1529년 스페인으로 끌려온 인디오의 그림을 바탕으로 재현한 것이다. 손에는 투창과 스피어 스로워를 들고 목제 곤봉도 장비했다.

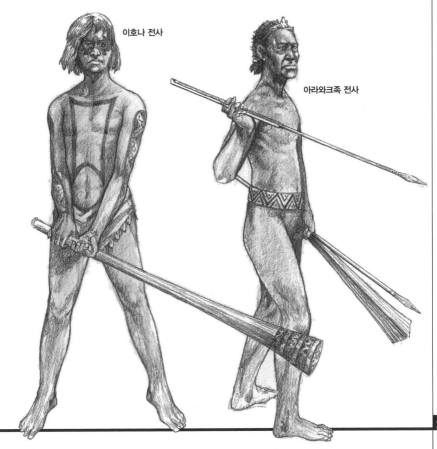

이호나 전사

아라와크족 전사

플로리다 반도의 전사

1539년 지금의 플로리다 반도에 상륙하여 북아메리카 정복을 노렸던 데 소토(1500년경~1542년)가 조우한 아메리카 원주민은 주로 투스카로라(휴런)족이었다. 그림은 그때의 목격담을 바탕으로, 18세기 초반에 나타난 갑옷과 틀링깃족(지금의 동남 알래스카에 거주하는 원주민)이 19세기 무렵 사용한 동종의 흉갑을 참고하여 그렸다. 가늘고 긴 나뭇조각으로 만든 갑옷이 머리를 포함해 전신을 덮고 있다. 이동의 자유가 제한되기는 하지만 활을 사용하는 전투에서는 절대적인 효과를 가진다. 그러나 유럽인의 도래로 화기가 보급되면서 급격히 쇠퇴했다.

플로리다 반도의 전사

미주리 강 주변의 전사

데 소토가 조우한 미주리 강 주변 거주 부족의 전사. 아메리카 원주민의 유적에 그려진 전사상을 바탕으로 한 것이다. 이러한 갑옷이 13~16세기 무렵 사용되었던 것으로 추측되며 데 소토의 기록에 따르면 소가죽으로 만들었다고 한다.

로어노크 섬의 전사

영국의 군인이자 탐험가인 롤리(1552년경~1618년)가 최초로 아메리카 원주민과 조우한 것은 1585년의 일이다. 그림은 그 기록을 토대로 한 노스캐롤라이나 연안 로어노크 섬의 전사. 온몸에 문신을 하고 자기 키만 한 활을 장비했다. 활은 16세기 들어 투창 대신 유행한 무기이다.

오타와족 전사

17세기 초반에 저술된 프랑스의 탐험가 샹플랭(1567년~1635년)의 탐험기에 등장하는 오타와족 전사. 동물 가죽으로 만든 지름 1m짜리 방패를 장비하고 손에는 작은 배의 노가 되기도 하는 곤봉을 들었다.

버지니아의 전사

1585년 북미 최초의 영국 식민지를 건설한 롤리는 평생 미혼이었던 엘리자베스 여왕(1세. 1533년~1603년)에서 따와 그 땅을 버지니아라고 이름 붙였다. 그림은 버지니아에 거주하던 원주민 족장으로 추정되는 인물. 활과 목제 곤봉을 들고 있다. 이 곤봉은 독특한 모양을 가져 나중에 영어로 「건스톡 워클럽」이라 불리게 된다.

오타와족 전사

로어노크 섬의 전사

미주리 강 주변의 전사

버지니아의 전사

보딩 -선상 전투-

신대륙에서 목숨을 걸고 재물을 얻은 콘키스타도르의 귀로에 기다리던 것은 꼭 눈부신 미래만은 아니었다. 해상에서는 불법 해적(파이러트), 적대 국가를 습격하는 합법 해적, 사략선(프라이버티어)이 그들을 사냥감으로 삼고자 기다리고 있었다. "보딩"이란 배에 대한 공격과 나포를 목적으로 적선에 쳐들어가는 전투행위를 말한다.

파이어 랜스

「파이어 랜스」는 보딩에서 눈을 무력화시키기 위해 사용하던 불꽃으로 「봄바」라고도 불렸다. 60cm 정도의 본체부에 화약 몇 회분이 들어 있어 여러 번에 걸쳐 발사할 수 있다. 그림에서 이것을 들고 있는 인물은 엘리자베스 여왕(1세. 재위 1558년~1603년) 공인의 "시 도그"라 불린 해적. 여왕은 대스페인 전략으로 해적을 장려하여, 여왕이 "나의 해적"이라 부르던 드레이크(1545년경~1596년)는 이례적인 승진을 이룬다. 1588년 스페인의 대함대(아르마다)를 격퇴했을 때 시 도그가 파이어 랜스를 사용하는 모습이다.

보딩 액스

도끼는 바이킹 시대부터 뱃사람의 기본 무기인 동시에 도구로서 선상의 다양한 작업에 사용되었다. 이 시대에는 도끼날에 V 자형으로 패인 부분이 있는 것을 특별히 「보딩 액스」라고 불렀다. 패인 부분 이외에는 보통 도끼와 아무런 차이도 없으며, 적선에 올라탈 때 뱃전에 걸고 기어오르는 데 사용했다. 손잡이가 총으로 된 것은 보딩 전용의 특별한 물건.

커틀러스/행어

도검은 시대가 흐르며 칼날 폭이 좁아졌으나, 선상에서 사용하기에 적합한 도검은 검신이 짧을 뿐 아니라 격렬한 칼부림에도 견딜 수 있도록 칼날 폭이 넓은 것이라 여겨졌다. 「커틀러스」와 「행어」가 그것으로, 중세의 검과 비교하면 결코 폭이 넓다고는 할 수 없지만 동시대적으로는 넓은 편에 속했다. 개중에는 보조날을 가진 것도 있다. 「커틀러스」는 그야말로 뱃사람용으로 태어난 검이라 할 수 있는데 15세기 무렵 그 원형이 나타났다. 라틴어로 나이프에 해당하는 "쿨테르"가 어원이다. 한편 행어는 사냥에 사용되던 것으로 아랍어로 나이프에 해당하는 "한자르"를 어원으로 한다.

커틀러스

행어

피스톨

피스톨은 좁은 선상에서 다루기 편리한 무기이다. 다만 총신이 짧고 당시에는 활강식(滑腔式)으로 탄도가 일정하지 않아 목표에 명중시키기 어려웠다. 그래서 가늠쇠도 없었지만 허리에 차고 뽑기에는 오히려 그 편이 좋았다. 발사 후에는 곤봉 대신 사용한다. 그림은 "검은 수염"(블랙 비어드)이라는 이름으로 유명한 대해적(아치 파이러트) 에드워드 티치(?~1718년). 허리에 3정(또는 3쌍으로 도합 6정)의 피스톨을 차고 불발에 대비해 모자와 묶은 머리에 화승을 매달고 있다.

"검은 수염"의 해적기. 해골은 죽음을 의미하는 표식으로 18세기 초반 카리브의 해적들 사이에서 사용되었다.

보딩 파이크

「보딩 파이크」는 선상이라는 제한된 공간에서 사용하기 위해 일반적인 파이크보다 손잡이를 짧게 만든 창. 보딩으로 쳐들어오는 적을 격퇴하는 데 사용했다. 길이는 1.5m에서 길어도 2.5m 이내이며, 미국 독립 전쟁 때 영국군이 고안하여 유럽에 퍼진 비교적 새로운 무기이다.

덱 스페이드

「덱 스페이드」는 창끝 모양에서 따와 "고래꼬리"(플루킹)라고도 불렀고, 본래 포경도구의 하나로 뼈 등을 절단하는 데 사용되었기에 「본 스페이드」라는 이름도 가지고 있다. 따개비를 제거하는 데도 사용된 뱃기구였으나 보딩 때는 무기로 사용했다. 길이는 1.2~1.5m 정도. 평평한 창끝을 쑥 내미는 것만으로 목표를 절단할 수 있다.

보딩 나이프

「보딩 나이프」는 범선시대를 맞은 19세기 미국에서 태어난 매우 잔인하기로 유명한 무기이다. 본래는 포경선에서 사용되던 고래 해체용 나이프. 칼끝이 예리하여 인간의 팔을 간단히 잘라냈다고 한다. 양손으로 잡고 돌진하거나 휘둘렀다. 손잡이 끝에 있는 가로봉은 옆으로 휘두를 때 미끄럼을 방지하는 역할을 한다.

보딩 파이크   덱 스페이트

보딩 나이프

보딩 파이크를
든 선원

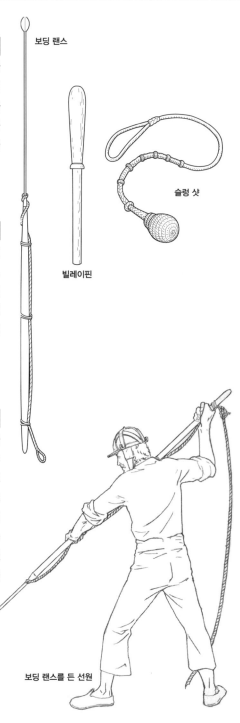

보딩 랜스

「보딩 랜스」는 포경용 작살을 보딩에 사용한 것. 길이는 1.5~2.0m로 긴 쇠꼬챙이가 달려 있어 적을 깊숙이 찌를 수 있다. 다만 작살과 달리 쉽게 빠지도록 창끝은 미늘촉 없이 나뭇 잎처럼 동그란 모양이다. 손잡이에는 밧줄을 묶어 투척 후 끌어당길 수 있게 했다.

보딩 랜스

빌레이핀

「빌레이핀」은 무기가 아니라 돛을 고정하기 위한 금속 또는 목제 봉이다. 지름이 2.5cm, 길이는 45cm 정도로 형태에서 알 수 있듯이 선상에서는 접근성 좋은 곤봉으로 사용되었 다. 무게는 약 7kg이나 되어 돛대 위에서 던 져 명중시키면 치명상을 입힐 수 있었다.

슬렁 샷

빌레이핀

슬렁 샷

「슬렁 샷」은 18~19세기에 걸쳐 선상에서 사 용된 투척무기. 작은 돌을 가죽으로 감싼 추 에 줄을 연결하고 반대쪽에 손잡이가 되는 고 리를 만든다. 투척할 때는 회전시켜 원심력으 로 파괴력과 비거리를 늘렸다. 좁은 선상에서 는 반드시 효과적이라고 할 수 없으나, 단순 히 던지는 것보다 훨씬 위력이 있고 소리 없 이 적을 공격할 수 있었다. 놓지 않고 상대를 구타하는 것도 가능하다.

보딩 랜스를 든 선원

절대왕권을 확립한 군대

프랑스

백년 전쟁에서 승리한 샤를 7세(재위 1422년~1461년)는 군을 강화하여 흔들림 없는 왕권을 확립했고, 뒤를 이은 루이 11세(재위 1461년~1483년)는 부르고뉴 공작에게 승리하여 국내에서 절대적인 지배의 기초를 다졌다. 또한 샤를 8세(재위 1483년~1498년) 대에는 비잔티움 제국의 재흥을 기치로 이탈리아에 침공한다. 이처럼 1328년부터 1589년까지 프랑스를 지배한 발루아 왕조는 군사력을 통해 왕권을 공고히 함으로써 이어지는 부르봉 왕조의 절대주의를 향한 길을 열었다.

중장기병
「장다름」

살러렛(쇠구두, 프랑스어로는 「솔레」)은 발끝이 조금 넓어져 영어로는 「사바톤」이라 불리게 된다. 이 변화는 샤를 8세의 발 모양이 비뚤어진 데서 비롯되었는데 그것이 유행한 것이다.

장다름

샤를 7세는 1445년에 군의 중핵이 되는 기병 부대 "콩파니 드 오르도낭스"를 창설한다. 이 부대는 유급으로 이른바 상비군에 가까운 존재였다. 그림은 부대 주력인 중장기병「장다름」의 15세기 말경 모습. 기수는 물론 말까지 갑옷으로 덮여 있다. 왕 앞에서는 투구의 면갑을 올려 얼굴을 보였는데 그 동작이 경례의 기원이 되었다고도 한다. 귀족 등 신분이 높은 자들로 구성되었으며 전투에서는 구성원 사이에 우열을 두지 않도록 일렬횡대가 되어 돌격했다.

아르셰

「아르셰」(영어로는「아처」)는 장다름보다 경장의 기병. 장다름을 지원하는 역할을 담당한다. 주무기는 랜스(기병창)이며 장다름이 돌격할 때 쫓아가는 형태로 참가했다. 또한 이름에 걸맞게 활과 크로스보우를 장비하기도 한다. 투구는 16세기 말 부르고뉴 지방에서 나타난「버거넷」(프랑스어로는「부르기뇨트」). 갑옷은 주로 상반신에만 착용한다.

경장기병
「아르셰」

근위병(가르드)

프랑스 근위병의 역사는 샤를 7세 치세에 시작된다. 1423년 혹은 28년에 창설된 스코틀랜드인 부대를 시작으로 스위스인 부대 등 외국인이 그 임무를 맡았다. 프랑스인 근위부대가 편제된 것은 루이 11세 시대였고, 프랑수아 1세(재위 1515년~1547년) 시대에는 각 1,000명씩으로 구성된 4개 중대를 거느렸다. 그림은 1630년대의 근위대. 가슴에는 그리스 신화의 영웅 헤라클레스의 격언 "ERIT HAEC QUOQUE COGNITA MONSTRIS"("이 곤봉은 괴물보다 고명하다")가 적혀 있다. 창설 시에는 독특한 형태의 창끝을 가진 긴 손잡이 무기「베크 드 코르뱅」을 사용하다가 나중에는 도끼날과 곡괭이 닮은 갈고리가 달린「베크 드 포콩」을 장비한다. 17세기 이후로는 이 부대에서 궁정의 위병이 선발되었다.

근위병

총사대
(무스크테르)

총사대(무스크테르)

「무스크테르」는 "머스킷 총병"을 의미한다. "총사대"라고 번역되는 이 근위부대는 부르봉 왕조의 초대 국왕 앙리 4세(재위 1589년~1610년)가 창설한 화승총 근위부대에, 총을 좋아했던 루이 13세(재위 1610년~1643년)가 머스킷 총을 들게 한 것에서 비롯된다. 그들은 기병도 보병도 아니며 양쪽의 부대기를 가지고 전장에 서는 것이 허락된 특별한 정예부대로, 부대기에는 "QUO RUIT ET LETHUM"("패배하면 죽음뿐, 목숨은 받아간다")이라는 글귀가 걸려 있었다. 총사대의 형식상 대장은 국왕이기 때문에 본래의 대장은 "대리"의 직함을 갖는다. 그러나 계급은 다른 어떤 부대보다도 높았다. 평소에는 왕 가까이에서 일했지만 요인의 경호나 체포의 명을 받고 연행하는 임무도 수행했다.

총병(아르크뷔지에)

프랑스는 서유럽 국가 중 총기의 채용이 가장 늦었다. 파비아 전투(1524년)에서 최대 중장병 장다르므리의 갑옷을 머스킷 총으로 손쉽게 격파당하면서도 당시 국왕 프랑수아 1세는 여전히 자군의 크로스보우 사용을 고집했다. 그의 생각이 바뀐 것은 1534년의 일. 치세 중 전군의 20%가 「아르크뷔즈」(화승총. 영어 「하퀴버스」)를 장비하게 된다. 이어지는 앙리 2세(재위 1547년~1559년) 시대가 되면 비율은 30%로 증가하고, 샤를 9세(재위 1560년~1574년) 대에는 머스킷 총을 채용한다.

◆레지옹◆

레지옹(프랑스어)은 프랑수아 1세가 1531년 창설한 본격적인 보병부대. 고대 로마의 군 조직에서 따와 명명되었다. 1레지옹은 6개 천인대(방드)로 구성되며 각 천인대는 총병 300명, 파이크병 600명, 핼버드병 100명으로 이루어진다.

■레이피어

「레이피어」라는 이름은 "찌르기용 검"을 의미하는 프랑스어 「에페 라피에르」에서 유래한다. 15세기 중반 프랑스에서 태어나 스페인에서 발전하고 이탈리아를 경유하여 17세기에 다시 프랑스로 돌아와 전성을 누렸다. 화기의 발달로 중장 갑주가 사라지면서 검을 이용해 공격과 방어를 행하는 기술(펜싱)이 개화한 것이 유행의 커다란 요인이었다. 전투 시에는 「패링 대거」라 불리는 단검을 함께 사용한다. 아래 그림은 레이피어와 패링 대거를 칼집에서 뽑는 동작의 일례.

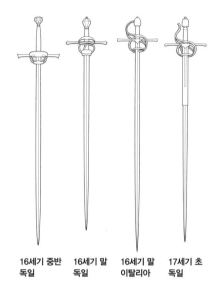

16세기 중반
독일

16세기 말
독일

16세기 말
이탈리아

17세기 초
독일

■레이피어의 힐트 각부 명칭

레이피어에서 볼 수 있는 복잡한 칼자루를 「스웹트 힐트」라고 부른다.

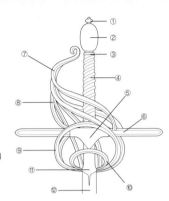

①버튼(고정 나사)　　　　　손잡이 머리를 고정하는 나사.
②폼멜(손잡이 머리)　　　　도검의 균형을 유지하는 추.
③페롤(보강 고리)　　　　　그립을 보강하는 부분.
④그립(손잡이)　　　　　　손으로 잡는 부분.
⑤키용 블록(일자 날밑)　　날밑이 되는 부분.
⑥키용(날밑)　　　　　　　키용 블록의 본질적인 부분.
⑦너클 가드(손가락보호테)　휘두를 때 손가락을 보호하는 부분.
⑧카운터 가드(보조 손가락보호테)　날밑을 맞대고 겨룰 때 손가락을 보호한다.
⑨암스 오브 더 힐트(손보호테)　검을 잡은 손가락을 보호하는 테 부분의 총칭.
⑩사이드 링(측면 고리)　　집게손가락과 가운뎃손가락 사이에 칼날 뿌리를 끼워
　　　　　　　　　　　　　잡을 때 손가락을 보호한다.
⑪리카소(칼날 뿌리)　　　　검신의 뿌리로 날이 없는 부분.
⑫블레이드(검신/도신)

a) 1470년
손을 보호하는 것은 키용 블록뿐.

b) 1340년~1500년
키용 블록에 손가락을 거는 섬링(보호 고리)을 추가한 것.

c) 1500년
너클 가드가 등장한다.

d) 1515년
사이드 링이 추가된 것.

e) 1540년~1560년
손 쪽에 카운터 가드가 있다.

f) 1560년~1640년
"셸"이라 불리는 작은 고동 모양 날밑(패각 날밑)이 나타난다.

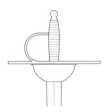

g) 1625년~1700년
큰 컵과 키용 블록과 너클 가드만으로 바뀐다.

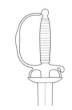

h) 1700년~1830년
셸이 작아지고 섬 링이 달린다. 통칭 「스몰소드」.

■패링 대거

「패링 대거」는 영어 호칭. 레이피어와 함께 사용되며 적의 일격을 받아넘기는(패리) 단검을 가리킨다. 스페인과 이탈리아의 펜싱 유파에서 쓰이기 시작했고 검술이 유행하면서 유럽 세계에 널리 퍼졌다. 허리에 차는 경우에는 도검과 반대편에 차고 사용할 때는 왼손으로 잡는다. 그래서 프랑스어로는 "왼손용"이라는 의미의 「맹 고슈」라고 불렀다. 적의 칼끝을 받아내기 위해 칼끝이 세 갈래로 갈라진 것도 있다.

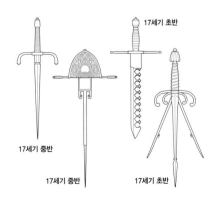

17세기 초반

17세기 중반

17세기 중반　　17세기 초반

해가 지지 않는 나라

스페인

스페인 왕국이 성립한 것은 1479년의 일이다. 그로부터 머지않아 이베리아 반도에서 이슬람 세력을 몰아내고 신대륙에서는 일찍부터 광대한 식민지를 획득한다. 카를로스 1세(카를 5세. 재위 1516년~1556년)는 1519년에 독일 황제도 되어 유럽에서의 영지를 확대했고, 펠리페 2세(재위 1556년~1598년) 대에는 "해가 지지 않는 나라"로까지 불렸다. 하지만 16세기 말 해전에서 잉글랜드, 육전에서 네덜란드에 패해 경제 기반에 타격을 입으면서 국위는 급속히 쇠퇴한다.

히네테

장비는 이전 시대보다 중장이 되었으나 투창을 사용하여 적을 공격하는 전법과 아다르가 방패를 장비한다는 점은 여전하다. 이 방패는 잡았을 때 시야를 확보할 수 있도록 하트 모양으로 되어 있다. 그림 속 투구는 시야를 넓히기 위해 앞쪽의 차양을 잘라낸 케틀 햇. 그 밖에 「모리온」 등도 사용했다. 동체 갑옷으로는 브리건딘을 입고 다리에는 판금제 넓적다리보호구(「키호테」), 무릎보호대(「과르다」), 정강이받이(「그레바」)를 장착한다.

히네테

헨다르메

「헨다르메」(스페인어)는 중장기병이다. 역할은 보다 경장인 히네테를 지원하는 것. 이는 스페인의 기병이 히네테를 중심으로 발달하여 중장기병이 부족했기 때문이다. 그림은 16세기 중반의 헨다르메로 특징적인 로브스터형 흉갑을 입고 있다. 이것은 스페인 귀족의 초상화, 그리고 카를 5세와 펠리페 2세의 갑주를 바탕으로 재현한 것이다. 스페인에서는 사슬로 된 사바톤(쇠구두. 스페인어로는 「에스카르페」)이

흔히 쓰였으나 카를 5세 이후 철판으로 만든
것이 채용된다. 말은 크리넷(마갑의 목가리개.
동어 「쿠에요」)이 목 전체를 보호하고 「챔프런」
(마면. 동어 「테스테라」)은 눈 부분을 제외한
머리 전체에 걸친다. 15세기부터 17세기 중반
까지 이러한 얼마간의 마갑이 방탄을 위해 사
용되었다. 하지만 그림과 같은 정도의 중장 마
갑은 1540년대 이후 화기에 저항할 수 없게

되면서 수요를 잃고 기동력이 중시되어간다.
고삐는 보병의 긴 손잡이 무기에 의해 잘리는
경우가 많아 사슬을 고삐로 쓰기도 했다.

헨다르메

에레루엘로(기승총병)

란사(창기병, 영어로 「랜서」) 대신 등장한 것이 「에레루엘로」(기승총병)이다. 란사와 비슷한 복장이지만 무기가 총기로 바뀌었다. 처음에는 소총을 장비했고, 피스톨로 무장한 기병 부대는 「카바요스 리헤로스」(스페인어로 "경기병"이라는 뜻)라는 이름으로 16세기 중반 도입되었다. 하지만 아마도 반수 이상은 총보병이 말을 타면서 추가로 피스톨을 장비한 것으로 추측된다. 그림의 병사는 휠락식 소총을 들고 있다. 이 부대는 이탈리아의 스트라디오트를 본떴다고 한다. 소총은 가죽띠를 이용해 왼쪽 어깨에서 오른쪽 아래로 늘어뜨린다. 붉은

X 자형 십자와 붉은 새시(장식띠), 스카프 또는 깃털 장식(「플루마헤」)을 다는 것이 16세기 스페인군의 적과 아군 식별 방법이었다.

에레루엘로(기승총병)

란사(창기병)

펠리페 3세(재위 1598년~1621년)는 군의 근대화를 꾀해 공식적으로 랜스(기병창)의 폐지를 명했으나 실제로는 17세기 중반까지 계속해서 사용된다. 기병창을 장비한 기병부대는 경장기병으로 분류되었으며, 대부분이 상반신을 감싸는 「하프 아머」(반갑주. 「코슬릿」. 스페인어로는 「코셀레테」)를 착용했다. "하프"(절반)라는 말은 그때까지의 풀 아머(전신 갑옷)에 비해 갑주의 양이 반 정도였기 때문에 사용된 것이다. 이처럼 중장과 경장 어느 쪽으로도 볼 수 있는 기병이었지만 스페인에서는 중장기병과 구별하여 「란사 드 아르마스」라고 불렀다. 기병창에는 폭이 좁은 것과 크고 긴 것이 있는데 전자를 「란사」, 후자를 「란손」이라 부른다. 길이는 모두 약 5.4m였다. 허리에는 날이 넓은 검, 안장에는 피스톨을 휴대한다. 보병부대와 달리 정해진 색의 카속이라는 겉옷을 착용했다. 가령 1590년에는 심홍색 카속을 입었다는 기록이 있다.

란사(창기병)

로델레로(검방패병)

스페인의 명장 곤살로 데 코르도바(1443년
~1515년)는 하퀴버스병과 파이크병에 더해
방패와 검을 장비하고 백병전을 수행하는 「로
델레로」(검방패병 혹은 검사)를 편제한다. 이
들은 파이크병을 보조하기 위한 병종으로서
전장에 투입되었다. 지름 60cm가량의 금속제
원형 방패(「로델라」)를 어깨띠(「브라세라」)로
메고 왼손에 들었다. 투구는 모리온이나 「캐버
셋」(스페인어로는 「카바세테」). 흉갑을 입는
경우도 있다.

◆**로델레로 운용법**◆

로델레로(검방패병)는 전열 뒤쪽에서 대기하고 있다
가 선두부대가 적과 맞부딪쳐 백병전을 개시하면 양
옆으로 전진하여 적의 측면과 후면에 돌아 들어갔다.

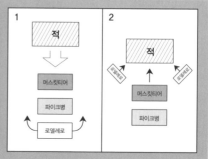

모스케테로와 아르카부세로

명장 데 코르도바는 16세기 초반 등장한 「아르카부스」(스페인어로 "화승총"을 의미한다)의 위력에 주목하고 군의 절반에 이를 장비시킨다. 1513년에는 대구경 화승총 「에스핀가르다」를 채용하는데 이 총은 1530년경 들어 「모스케테」(스페인어로 대구경 화승총인 "머스킷 총"을 의미한다)라 불리게 되며, 1567년 네덜란드 독립 전쟁에서 위력을 발휘한 이후로 여러 나라에 전파된다. 모스케테는 무겁고 발사 시의 반동도 커서 1.2m 길이의 지지대로 총신을 받치고 사격했다. 화약은 장전하기 편하도록 1발분씩 넣은 통을 오른쪽 어깨의 벨트에 여러 개 매달

아놓는다. 당시 병사들은 적색, 황색, 녹색 등의 밝은색 옷을 입었다. 청색은 인기가 없었고 갈색은 시골뜨기에게나 어울린다고 인식되었다. 그림의 「모스케테로」(머스킷 총병)는 스페인풍 캐버셋 투구(카바세테)를, 「아르카부세로」(아르카부스 총병)는 모리온 투구를 쓰고 있다.

모스케테로
(머스킷 총병)

아르카부세로
(아르카부스 총병)

파이크병

데 코르도바는 총병에게 아르카부스를 장비시키는 한편 기병의 돌격에 취약한 총병을 보호하기 위해 같은 수의 파이크병을 채용한다. 이 선견지명이 훗날 무적이라 불리는 방진 대형 "테르시오"를 낳게 된다. 스페인인은 파이크를 "무기의 지배자인 여왕"이라고 불렀다. 표준적인 스페인 파이크의 길이는 약 4.2~5.2m로 잉글랜드의 것보다는 짧다. 갑옷을 입은 파이크병을 「코르셀레테스」, 갑옷을 입지 않은 파이크병을 「피카 세카」 또는 「피케로 세코」라고 부른다. 기록에 따르면 16세기 말부터 17세기 초까지 장갑 · 비장갑의 비율이 반반이었다고 하지만 갑옷을 입은 병사의 비율은 점차 증가했다. 다만 갑옷은 주로 상반신을 감싸는 하프 아머(코셀레테). 그림의 병사가 쓴 투구는 "스페인풍 모리온 투구"라 불리는 것으로 캐버셋과 모리온의 특징을 함께 가지고 있다.

◆테르시오◆

스페인에서 탄생한 전투대형. 적을 향해 옆으로 긴 장방형을 만들고 네 귀퉁이에 작은 방진을 설치한다. 적 편을 기준으로 본체의 정면 폭은 100열, 종심은 12~15열. 테두리 2열을 머스킷 총병으로 둘러싸고 중앙에 파이크병을 모아 본체를 형성했다. 네 귀퉁이에 덧붙인 작은 방진은 가로 5열, 세로 6열의 머스킷 총병으로 구성된다. 1개 테르시오는 약 3,000명으로 이루어지는데 이를 여러 개 배치하여 포진한다. 모든 방향으로 사격이 가능한 무적의 대형이지만 한 방향에 집중된 적에 대해서는 화력이 반감된다. 또한 대형을 짜는 데 시간이 걸리고 기동성도 떨어졌다.

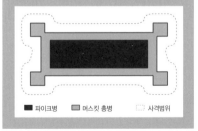

■ 파이크병　　□ 머스킷 총병　　⬚ 사격범위

알바니아 기병

1507년 이래 스페인군에는 이탈리아 나폴리의 중개로 알바니아인 용병이 고용되었다. 그림은 16세기 중반부터 말까지의 알바니아인 기병. 동시대의 목판화를 바탕으로 재현한 것이다. 그들은 네덜란드 독립 전쟁에도 종군하여 활약한다. 기본적으로 갑옷은 입지 않고 경장에 민족색 있는 의류를 착용했다. 주무기는 약 3.6m의 폭이 좁은 기병창과 투창이다. 보조무기로는 곡도와 곤봉(스페인어로는 「마사」)을 사용했으며 16세기 말에는 피스톨을 장비했다는 기록이 있다.

헨리와 엘리자베스의 시대

잉글랜드/스코틀랜드/아일랜드

장미 전쟁이 끝나고 튜더 왕조가 성립하자 초대 헨리 7세(재위 1485년~1509년)는 국내 정치의 기반을 공고히 다진다. 이어지는 헨리 8세(재위 1509년~1547년)부터 엘리자베스 1세(재위 1558년~1603년)까지의 약 100년간은 내란기에 방치해둔 국제 정치에 재진출한 시기로서 해군력도 증강되어 대영 제국으로 가는 기초가 마련되었다.

잉글랜드

헨리 8세는 신성 로마 황제 막시밀리안 1세와 쌍벽을 이룰 정도로 갑주 제작에 힘을 쏟았으며 해군력을 증강하는 등 군사 면으로도 활약했다. 그것은 엘리자베스 여왕 시대에 스페인을 해전에서 격파하는 눈부신 결과를 가져온다.

파이크병

파이크병은 상반신을 보호하는 하프 아머(반 갑주)나 「파이크맨즈 아머」라 불리는 갑옷을 입는다. 투구는 모리온으로 볏이 컸다. 다만 16세기 말의 스페인 침공에 대비한 훈련을 그린 삽화에서는 "비버"라는 높은 펠트 모자를 쓰고 있다. 파이크의 길이는 16세기 말까지 5.1~5.4m가 최적이라고 여겨졌으나 17세기부터 잉글랜드 내전(청교도 혁명)이 발발할 무렵까지 4.5~5.4m가 된다.

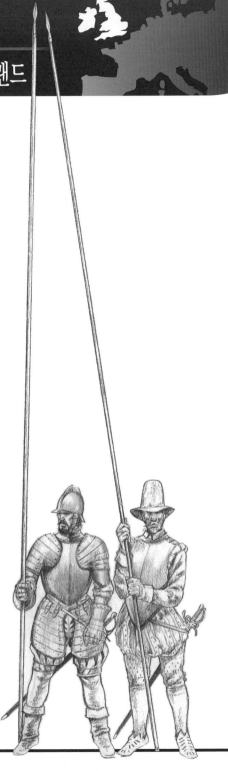

랜서

헨리 8세는 그리니치에 갑주 공방을 마련하고 있었다. 그곳에서 탄생한 갑주를 「그리니치식」 갑주라고 부른다. 그림은 헨리 8세가 말을 탄 모습을 그린 삽화와, 동시대 그리니치에서 제작된 현존하는 갑주를 바탕으로 한 것이다. 잉글랜드는 스페인만큼이나 중장기병이 풍부하지 못했다. 이는 귀족이 몰락했기 때문인데, 헨리 8세 시대가 되면 귀족 대신 지배계급의

지위를 확립해가고 있던 중산계급 상층부의 젠틀맨 층이 수입 갑옷을 입고 중장기병이 된다. 허리에는 롱소드나 손잡이가 긴 「핸드 앤드 하프 소드」를 찼다. 이것은 긴 검신을 가진 검의 균형을 고려하여 손잡이를 길게 만든 기승용 도검. 그림의 기병은 가슴에 잉글랜드의 수호성인인 성 조지의 십자를 그려 넣고 있다.

데미랜서

「데미랜서」는 「스리쿼터 아머」를 착용하고 무릎까지 오는 검은 부츠를 신는다. 갑옷의 이름은 "4분의 3 갑주"라는 의미로, 이전까지의 풀 아머(전신 갑옷)에 비해 갑주의 양이 4분의 3 정도 되는 판금 갑옷을 가리키는 말이다. 처음에는 중장의 견고한 갑옷을 입었으나 화기가 발달하면서 시계를 우선한 장비가 선호되었고, 그들이 중요하지 않게 여기는 부분은 생략되었다. 태싯(허벅지가리개)에는 「피카딜」이라 불리는 테두리 장식이 나타나 태싯 뒤에 받침이 있음을 알려주고 있다. 이는 1570년경부터 나타난 특징. 투구는 버거넷이 일반적인 가운데 비버(턱받이)를 달거나 소수지만 클로즈 헬름(밀폐형 투구)을 쓰는 사람도 있었다. 무기는 랜스(기병창)와 검과 단검이며 1580년대부터는 피스톨을 장비한다. 기병창은 길이 3.6~5.4m의 물푸레나무제. 휴대할 때는 가죽띠로 오른쪽 어깨에 멘다. 검은 레이피어 또는 선원용 도검으로 발생한 「커틀러스」. "쿨테르 아쿠스"("구부러진 도끼"라는 뜻)를 어원으로 갖는 외날 곡도이다. 목에는 16세기 유행한 수레바퀴형 주름깃 "러프"를 달고 있다. 또한 해외로 출병한 데미랜서는 때때로 부대기와 같은 색 카속을 입어 자신의 소속을 분명히 밝혔다. 그러나 1560년경 이후로는 무거운 기병창을 사용하지 않게 되었으며 16세기 말에 이르기까지 데미랜서 자체가 피스톨을 장비하는 부대로 개편된다.

라이트 호스

그림은 1581년 저술된 존 데릭의 책 『아일랜드의 이미지』를 토대로 한 라이트 호스. 체인 메일을 입고 원반형 흉갑을 장착했으며 흉갑에는 잉글랜드를 상징하는 성 조지의 십자가 그려져 있다. 이것은 전장에서 적과 아군을 식별하기 위한 것으로, 잉글랜드라는 국가 단위로 병사의 식별표를 사용한 최초의 예이다. 무기로는 3.6~3.9m가량의 폭이 좁은 랜스를 장비했는데 이 기병창을 "북방의 지팡이", "경기병의 지팡이" 또는 「개드」(가축을 모는 데 쓰는 봉)라고 불렸다. 허리에는 검과 단검을 찬다.

칼리버 총병

잉글랜드에서는 무거운 머스킷 총보다 메커니즘이 같으면서도 한층 가벼운 「칼리버」 총이 더 많이 사용되었다. 비교적 구경이 작아 탄환 무게로 치면 칼리버 총 20발분이 머스킷 총 12발분에 상당하다. 다만 경량화되었어도 여전히 지지대는 사용했다. 엘리자베스 여왕 치세에는 모리온 투구를 쓰고 잭 또는 브리건딘을 입었으나, 파이크병처럼 비버 모자(중산모)를 쓰고 갑옷을 입지 않는 병사도 있었다. 또한 16세기 중반까지는 「파우더 플라스크」(화약통)에서 직접 화약을 총구에 부어 담았지만 16세기 말이 되면 처음부터 1발분씩 나눠놓는 화약 케이스가 등장한다.

요먼 위병

요먼은 본래 군사 면에서 봉공하는 봉건적 가신을 의미했으나 잉글랜드의 봉건제도가 붕괴한 15세기경에는 독립자영농민 혹은 그 계급 전체를 가리키게 된다. 젠틀맨과 영세농민 중간에 위치한다. 요먼으로 이루어진 위병부대가 처음 조직된 것은 장미 전쟁이 종결되던 때의 일로 헨리 7세가 잉글랜드에 돌아온 1485년, 왕을 따르는 충실한 추종자들로 편제되었다. 당시의 정식 명칭은 "우리의 주군이신 왕의 옥체를 지키는 요먼". 줄여서 「요먼 가드」라고 불렀다. 또한 왕을 호위하는 무리는 1419년 이래의 전통에 따라 「요먼 오브 더 크라운」이라고도 했다. 헨리 8세 시대에는 궁정 호위부대로

서 40~100명을 헤아렸고 런던탑의 경호도 맡는다. 400명으로 증원되어 전장에서도 싸웠는데, 말을 타고 롱보우(장궁)를 사용하다가 화기가 도입되면서 화승총과의 비율이 반반이 된다. 한편 궁정에서는 폴 액스(긴 손잡이 도끼)를 장비했다. 엘리자베스 여왕 치세에는 다부지고 키가 큰 200명이 대원으로 선발되었다. 가슴에는 왕관과 함께 튜더 왕조의 문장인 흰 장미가 그려져 있다.

스코틀랜드

스코틀랜드는 잉글랜드인에게 있어 손쉽게 정복할 수 있는 나라로 인식되었으나, 그곳에서 자라난 독자성을 멀리 떨어진 런던에서 지배하기란 어려운 일이었다. 하지만 1603년 엘리자베스 여왕이 죽고 스코틀랜드 왕 제임스 6세(재위 1567년~1625년)가 제임스 1세로서 잉글랜드 왕위에 오르면서(재위 1603년~1625년) 다년간 항쟁을 벌이던 양국은 동군연합에 의해 사실상 통일 국가가 된다.

스코틀랜드 전사

파이크를 이용한 특유의 대형 「실트론」을 취하던 스코틀랜드에서는 당시 전성을 누린 파이크 전술에 대한 진입 장벽이 낮아 스위스와 독일의 용병에게 새로이 훈련받은 우수한 부대를 편제할 수 있었다. 잉글랜드군보다 1m 이상 긴 파이크를 능숙하게 다루며 질서 정연하게 대형을 이루는 모습은 잉글랜드 측의 목격자조차 칭찬할 정도였다. 반면에 롱보우로 집중 사격하는 잉글랜드의 전법에 대한 대처는 소홀하여 최전열 병사에게 갑옷을 입히는 정도였기 때문에 화기의 시대가 도래하자 딱 좋은 표적이 되고 만다. 스코틀랜드에 화기가 도입된 16세기 말까지 적의 화기에 대항한 것은 하일랜더 궁병이었다. 이들 보병의 이동속도는 여러 차례 잉글랜드군을 경악시켰으나 결국 갑옷이 부족했던 것뿐이라는 지적도 있다. 백병전에서는 도끼와 더불어 클레이모어라 불리는 장검을 능숙하게 사용해서 압도적인 파괴력으로 적 전열을 무너뜨린다. 대부분 경장인 소수의 기병은 주로 파이크병의 측면을 방어했으며 전통적으로 말에서 내려 도보로 싸우는 경향이 있었다. 기병창을 이용한 돌격은 서툴렀고 장비도 빈약했다. 기병은 대개 습격과 추격에 숙달되어 국경 부근에서 벌어지는 소규모 약탈전에 종사했다.

스코틀랜드의 총병. 귀족이 편제한 총병부대에서는 세련된 대륙풍 옷차림을 했다. 스코틀랜드 병사는 흥분하면 윗옷을 벗는 경향이 있었는데 총병도 예외는 아니었다.

파이크병. 파이크와 버클러(소형 방패)를 함께 장비하는 것은 동시기의 타국에서는 볼 수 없던 독특한 풍조.

하일랜더 궁병 3종. 왼쪽 위는 전통적인 킬트로 몸을 감싼 궁병. 하일랜더는 보통 맨발이지만 "쿠아란"이라 불리는 부츠를 신기도 한다. 왼쪽 그림은 아일랜드풍 의복을 입고 있다.

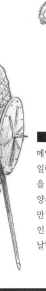

■클레이모어

메일 아머를 입고 장검 「클레이모어」를 손에 든 하일랜더 귀족. 클레이모어는 게일어로 "거대한 검"을 의미하는 "클레이드헴 모르"를 기원으로 하며 양손검의 일종으로 짐작된다. 정해진 크기는 없지만 1~2m 범위 안에 다양한 종류가 있다. 공통적인 특징은 칼끝 쪽으로 완만하게 기울어진 날밑과 날밑 끝에 달린 여러 개의 원형 장식.

아일랜드

경제적으로 빈곤했던 아일랜드는 군사적으로도 뒤떨어지는 시대가 계속되었다. 1567년 잉글랜드에서 귀향한 타이론 백작 오닐(1540년경~1616년)은 각지의 호족을 규합해 일대 세력을 구축하고 군의 근대화에 힘쓴다. 그리고 스페인의 지원을 받아 잉글랜드에 반란을 일으켰다.

컨

「컨」은 경장보병부대. 넓고 긴 소매를 가진 옷 "레이네"를 입고 그 위에 양모 외투를 걸친다. 그림의 병사는 왼손에 금속 팔보호대(「람후인」)를 끼고 있는데 아마도 잉글랜드와의 전투에서 빼앗아 방패 대용으로 장착했을 것이다. 검의 손잡이는 독특한 형태를 하고 있어 잉글랜드인은 「플라쳇」이라고 불렀다. 이 명칭은 "일그러진 것"을 의미하는 독일어에서 유래한다.

아일랜드의 수장

1581년 저술된 『아일랜드의 이미지』를 토대로 그린 아일랜드의 수장. 스팽겐헬름형 투구 「카흐바르」를 쓰고 브리건딘을 착용했다. 12세기 말에 "팔랑"이라 불리던 "아일랜드 망토"는 16세기의 기록에서 "브라트"라 불리고 있으나 기본적인 형태는 동일하다. 족장급의 유복한 자는 잉글랜드풍 의류를 입게 되었다.

컨

갤로글래스

「갤로글래스」는 아일랜드의 수장을 섬길 의무를 지는 가신과 병사를 가리킨다. 컨에 비해 중장으로 무장했다. 본래 스코틀랜드에서 온 용병으로 "갤로"에는 "외국인"이라는 의미도 있다. 그들은 크고 위력 있는 무기를 주로 사용하여 1.8m나 되는 대검과 손잡이가 긴 도끼 「스파스」를 장비했다고 기록되어 있다. 그림은 알브레히트 뒤러의 목판화를 바탕으로 한 갤로글래스. 검 손잡이가 아일랜드 특유의 모양이다.

아일랜드의 수장

갤로글래스

제국 최후의 때

신성 로마 제국

1437년 이후 신성 로마 제국 황제위는 합스부르크가가 장악한다. 하지만 위세를 자랑하던 제국도 제국 내의 영방들이 주권을 확립하는 사이 점차 유명무실해진다. "최후의 기사"라 불린 막시밀리안 1세(재위 1493년~1519년) 치세 말에 시작된 종교 개혁 운동(1517년)은 이윽고 독일을 황폐화시키는 대전쟁(30년 전쟁. 1618년~1648년)을 야기했다.

라이터(피스톨 기병)

「라이터」(독일어)는 사정거리 15~45m 정도의 휠락식 피스톨을 주무기로 장비한 기병. 16세기 중반 등장하여 사격 능력을 가진 기민한 부대로서 활약한다. 갑옷이 통일되지 않아 단순한 메일 셔츠부터 검은 바탕에 흰 띠를 가진 하프 아머(반갑주. 독일어 「할프하르니슈」)까지 다양했으나 고삐를 잡는 왼손에는 건틀릿을 착용했다.

◆카라콜 기병 전술◆

라이터가 가로 30~50열, 종심 8~10열의 방진을 짜고 빠른 걸음으로 전진하다가 적과의 거리 20m 전후가 되면 앞줄이 사격하고 사격을 마친 사람은 뒤로 돌아가 재장전한다. 다음 열 이후로도 똑같이 사격과 재장전을 반복하여 적에게 끊임없이 총탄을 퍼부었다.

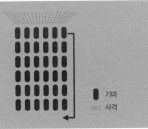

● 기마
::::: 사격

퀴라시어(흉갑기병)

16세기 말이 되면 기병창뿐만 아니라 피스톨과 하쿼버스 총을 장비한 흉갑기병이 등장한다. 피스톨은 그립 부분이 구형으로 되어 있어 거꾸로 잡고 메이스처럼 적을 구타할 수 있다. 그림의 「퀴라시어」는 30년 전쟁에서도 활약했다. 갑옷은 무릎까지 오는 태싯을 가진 「트랍하르니슈」, 투구는 생김새에서 따와 「토텐코프」("해골")라고 부르던 것이었다.

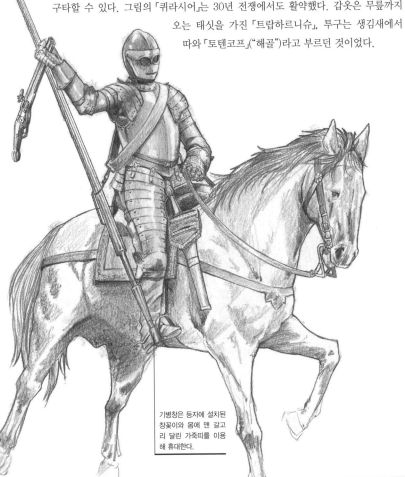

기병창은 등자에 설치된 창꽂이와 몸에 맨 갈고 리 달린 가죽띠를 이용 해 휴대한다.

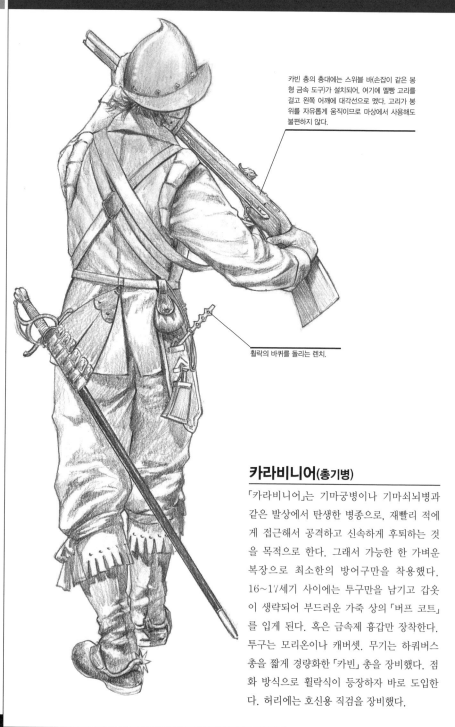

카빈 총의 총대에는 스위블 배(손잡이 같은 봉형 금속 도구)가 설치되어, 여기에 멜빵 고리를 걸고 왼쪽 어깨에 대각선으로 멨다. 고리가 봉위를 자유롭게 움직이므로 마상에서 사용해도 불편하지 않다.

휠락의 바퀴를 돌리는 렌치.

카라비니어(총기병)

「카라비니어」는 기마궁병이나 기마쇠뇌병과 같은 발상에서 탄생한 병종으로, 재빨리 적에게 접근해서 공격하고 신속하게 후퇴하는 것을 목적으로 한다. 그래서 가능한 한 가벼운 복장으로 최소한의 방어구만을 착용했다. 16~17세기 사이에는 투구만을 남기고 갑옷이 생략되어 부드러운 가죽 상의 「버프 코트」를 입게 된다. 혹은 금속제 흉갑만 장착한다. 투구는 모리온이나 캐버셋. 무기는 하퀴버스 총을 짧게 경량화한 「카빈」 총을 장비했다. 점화 방식으로 휠락식이 등장하자 바로 도입한다. 허리에는 호신용 직검을 장비했다.

드라군(용기병)

「드라군」은 전장까지의 이동을 기마에 의존하는 일종의 기동보병부대이다. 16세기 중반 프랑스 군에서 최초의 예를 찾아볼 수 있으며, 17세기 들어 이 방식을 채용한 부대가 각국에 등장했다. 명칭은 프랑스군이 처음 부대를 편제할 때 용의 깃발을 사용했기 때문에, 또는 "드래곤"이라는 단총신 머스킷 총을 장비했기 때문에 유래한 것이라고 한다. 신성 로마 제국 최초의 용기병연대는 30년 전쟁에서 운용되었는데, 무두질한 가죽 상의 버프 코트를 입은 점만이 다를 뿐 다른 장비는 보병과 아무런 차이도 없었다. 소

총이 아닌 파이크를 든 드라군도 있었다. 피스톨은 지휘관만이 안장에 휴대한다. 군용 말(전마)이 아니라 소형 일반마를 사용했기 때문에 후세의 드라군처럼 기병부대로 운용되지는 못했다. 다만 네덜란드와 스웨덴의 용기병은 예외적으로 기승한 채 전투에 참가했다.

외국인 경기병

16세기가 끝날 무렵 오스만 튀르크의 위협이 차츰 유럽에서 사라지기 시작하자 동유럽과 발칸 반도에 거주하던 기마부대는 유럽 열강의 용병부대로서 전장에 나타나게 된다. 제국군은 크로아티아, 헝가리, 세르비아인 등 기승에 숙달된 병사를 용병으로 고용하여 주로 경기병부대로서 정찰과 적의 추격에 이용했다. 특히 크로아티아인은 30년 전쟁에서 활약하며 습격, 매복, 약탈 등의 행위로 이름을 떨쳤다. 헝가리인은 독특한 복장과 「후사르」라는 경기병부대가 유명하여 후세의 유럽에서는 그들을 모방한 부대가 많이 편제된다. 「후사르」의 어원은

"20"을 의미하는 헝가리어 "후스"(husz)에서 유래한다. 이는 군을 소집할 때 농노 20명당 병사 1명을 종군시킬 의무가 있던 데서 비롯된 것이다. 신성 로마 제국에서는 헝가리의 기병을 소집할 때 같은 시스템을 사용하여 명칭도 그대로 들어온다.

세르비아인 경기병

헝가리인
경기병

크로아티아인
경기병

무스케티어(머스킷 총병)

머스킷 총은 대구경 화승총을 말한다. 독일어로는 「무스케테」라고 하며 그것을 휴대하는 총병을 「무스케티어」라고 불렀다. 탄환은 최대 300m까지 도달했으나 상대에게 명중시키고자 하면 사정거리는 100m를 밑돌았다. 총이 무겁기 때문에 부담이 되지 않도록 갑옷 대신 버프 코트를 입는다. 투구를 쓰기도 했지만 대부분은 모자를 썼다. 제국군이라는 표시로 몸에 붉은 천을 감는 경우도 있었다. 넓적다리 부분이 부푼 바지는 이 시대의 특색.

피케니어(파이크병)

「피케니어」(독일어)는 파이크병을 말한다. 5~6m짜리 파이크(동어 「피케」)를 장비하고 넓적다리를 덮는 태싯 달린 흉갑을 입는다. 이 갑옷을 영어로 파이크맨즈 아머, 투구를 「파이크맨즈 포트」라고 부른다. 그림에서는 기병의 돌격에 대비해 자세를 취하고 있는데, 왼손에 잡은 파이크를 뒤로 뺀 오른발로 눌러 비스듬히 겨누고 있다. 또한 백병전에 대비하여 허리의 검에 손을 댄 것이 보인다.

란츠크네히트

「란츠크네히트」는 1486년 막시밀리안 1세가 최초로 편제한 보병부대. 보병 전술에서 선배격인 스위스 용병의 가르침으로 전술과 전투법을 익혀 점차 명성을 쌓는다. 하지만 그 과정 속에서 늘 특별 대우를 받던 스위스 용병과 견원지간으로 사이가 나빠져 양자는 항상 적대하는 관계가 되었다. 전장에서 적으로 스위스 용병이 나오면 포로조차 잡지 않는 사투를 벌여 "나쁜 전쟁"이라고 불릴 정도였다. 한편 란츠크네히트의 특징은 그 화려한 복장에 있다. 이 시대의 병사는 일반적으로 화려한 복장을 하고 싸웠지만 그들의 것은 동시대 사람이 봐도 눈살을 찌푸릴 만한 것이었다. 그러나 그런 옷차림은 "몸을 위험에 노출하는 그들의 소소한 즐거움"이라며 제국 의회에서 승인을 받는다. 그들은 기본적으로 파이크와 핼버드, 하퀴버스 등으로 싸웠다. 허리에는 백병전용 검 「카츠발거」를 찬다. 또한 적의 파이크를 힘껏 내려쳐 잘라내기 위해 「투핸디드 소드」(양손검. 독일어로는 「츠바이헨더」)를 즐겨 사용했다. 본래 양손검의 기원은 독일로, 대략 13세기경 등장하여 15세기 중반부터 16세기 말에 걸쳐 전성을 누린다. 란츠크네히트가 사용한 양손검은 한층 더 긴 손잡이와 리카소(칼날 뿌리)를 가지고 있었다. 이는 전장까지 운반할 때 병사가 짊어지거나 가죽끈을 묶거나 어깨에 멜 수 있도록 일부터 길게 만든 것이다. 손잡이도 긴 검신과의 균형을 맞추기 위해 길게 제작되었다.

란츠크네히트 부대장 중에는 창끝이 커다란 나뭇잎 모양인 「보어 스피어」를 드는 사람도 있었다.

체인 메일제 어깨걸이는 독일어로 「판처크라겐」이라고 불렀다.

■카츠발거

「카츠발거」는 싸움용(用)이라는 의미를 갖는 날이 넓은 검. 위에서 볼 때 "S" 자형을 하고 있는 날밑이 특징.

양손검. 파도치는 듯한 모양의 검신은 「플랑베르주」라 불린다. 여기에는 장식의 의미도 있지만 이 칼끝으로 잘리면 살점이 떨어져 나가 상처가 잘 낫지 않는다.

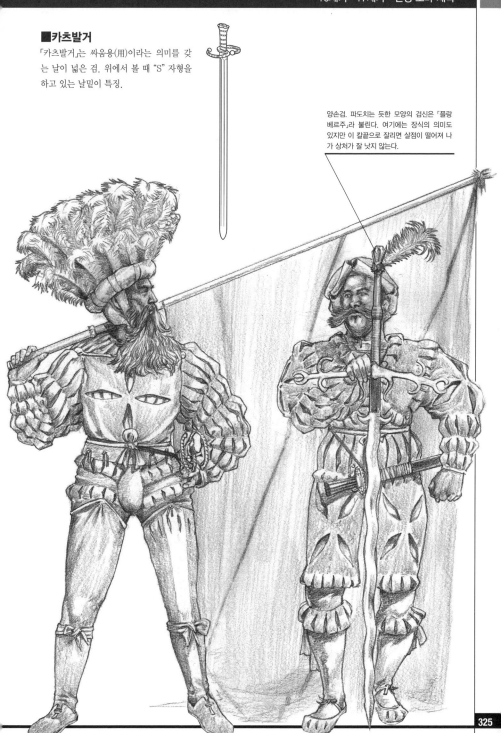

동유럽의 정예 기병

폴란드

폴란드의 국명에는 "평원의 나라"라는 의미가 있다(폴란드어로는 "폴스카"). 9세기경 서슬라브인의 일파 폴라니에족이 대두하고, 거기서 탄생한 피아스트 왕조를 중심으로 폴란드 공국이 세워진 것이 나라의 시작이다. 미에슈코 1세(재위 963년경~992년)가 966년 그리스도교로 개종한 이후 폴란드는 로마 가톨릭 국가로서 남방의 오스만 튀르크, 동방의 러시아, 북방의 스웨덴과 싸움을 계속했다.

■카라세나

17세기 말 제작된 스케일 아머 「카라세나」(폴란드어로는 「카라체노바」). 가죽제 상의에 비늘 모양 금속편을 박았다.

■치셰게

기병용 투구 「치셰게」(폴란드어로는 「시샤크」). 후두부에 드리워진 목가리개가 새우의 꼬리를 닮았다. 그래서 이런 형식의 투구를 영어로 「로브스터 테일 포트」라고 부른다. 그림은 날개가 있는 폴란드식 투구. 18세기의 것.

콤라데(윙드 후사르)

「콤라데」는 등에 단 "날개" 같은 깃발이 특징으로, 영어로는 「윙드 후사르」라 불린다. 1683년의 빈 전투에서 그 모습을 목격한 사람은 "이교도 튀르크인을 벌하기 위해 하늘에서 내려온 천사"라거나 "이 세상에서 가장 아름다운 기수"라고 기록했다. 날개 장식은 이시이에서 전래된 풍습인데 이것을 달면 "새처럼 빠른 속도를 낼 수 있다"고 여겼다. 하지만 본래 목적은 기수를 노리는 올가미에 대한 방책. 흉갑은 두꺼워 약 15m 거리에서 쏜 머스킷 총의 탄환도 견뎌냈다. 흉갑 왼쪽에는 성모 마리아, 오른쪽에는 십자 장식을 하고 곰이나 표범, 호랑이 가죽으로 덮었다. 무기는 페넌(창깃발)과 둥근 날밑을 가진 길이 5m짜리 기병창. 허리에는 곡도 「카라벨라」, 안장에는 피스톨 2정과 길이가 170cm나 되는 직검 「터크」(폴란드어로는 「콘체시」)를 휴대한다. 기사는 적어도 두 사람의 종자를 기느리며 이들 장비의 손질에 만전을 기했다.

17세기 초반의 콤라데. 이 무렵
에는 아직 날개가 1개뿐이다.

날개는 백조, 독수리, 거위 깃털로 만들
어졌다. 돌격할 때는 날개가 하늘을 가르
는 소리를 내서 훨씬 많은 기병이 습격
하는 것처럼 보였다. 배갑과 허리 부분에
있는 전용 홀더에 장착한다.

헝가리식 치셰게.
18세기.

17세기 말의 콤라데

판체르니(기병)

「판체르니」는 "철을 입는 자"라는 뜻으로, 메일 아머를 착용하며 군의 반수를 차지하는 기병이다. 그들은 사회적으로는 귀족이라고 할 수 없는 중류계급에 속했으나 1부대 100명 정도의 중기병으로 운용되었다. 장비한 무기는 3m짜리 창 「로하티나」, 사브르 「샤블레」 혹은 카라벨라, 워 해머 「나지아키」, 메이스 「부지간」, 긴 손잡이 전투도끼 「오부셰크」. 안장에는 길이 170cm의 직검 콘체시와 원형 방패 칼칸, 그리고 합성궁을 장비했다. 빈에서 싸운 일부 판체르니는 안장에 피스톨 2정을 장비했다고 한다.

헝가리인 중장(귀족)
기병

헝가리인
후사르

헝가리인 후사르

「후사르」는 15세기 말에 등장한 헝가리 경기병. 16세기 들어 동유럽 여러 나라에 명칭이 보급되면서 정예 기병의 호칭이 된다. 어깨 위에 외투를 걸친 모습은 그들의 트레이드마크로서, 그 이름을 잇는 자들은 모두 같은 차림새를 했다. 동방 아바르 민족의 영향을 받은 높은 안장을 사용하며 긴 기병창, 워 해머, 곡도, 그리고 합성궁을 장비한다. 왼손에는 닐개형 방패를 든다. 복장은 르네상스기 이탈리아에서 전래된 것으로 모자에 공작의 깃털 장식을 다는 사람도 있었다. 한편 귀족은 서유럽풍 갑옷을 입는다. 다만 투구에는 같은 깃털 장식을 달았다.

왈라키아인 칼라라시

왈라키아 혹은 발라키아는 지금의 루마니아
일부를 가리킨다. 튀르크 점령하에서 튀르크
의 기병 전술을 익힌 왈라키아인은 1595년 튀
르크군에 승리한 이래 기병 중심의 군대가 되
어 「칼라라시」라 불리는 기병부대를 편제했다.
칼라라시는 경기병이다. 왈라키아인의 장비는
헝가리인이나 러시아인과 비슷했으나 머리에
깃털 장식을 달고 턱수염을 길렀다. 16세기가
끝날 무렵부터 용병이 되어 폴란드를 시작으
로 헝가리, 러시아, 그리고 오스만 튀르크에
종군한다. 그들은 튀르크 기병과 마찬가지로
화기를 사용하지 않고 창과 곡도, 그리고 합성
궁으로 싸웠다.

총병

기병 주체였던 폴란드군에서는 총병을 독일인
용병에 의지한다. 폴란드인 독자적으로 부대를
편제한 것은 17세기 들어서이다. 전투도끼를
지지대로 사용하는 것은 극히 일반적인 방법으
로 폴란드인도 러시아인과 코사크의 영향을 받
아 채용했다. 러시아풍 전투도끼 「베르디시」가
보급된 것은 17세기 중반. 이전까지는 손잡이
가 긴 소형 도끼를 사용했다. 그림은 17세기
말의 총병. 기장이 긴 동방풍 외투를 입고 있
다. 어깨에는 탄약대를 차고 총을 다루는 데
필요한 도구류를 담은 천 가방도 매달았다.

독립을 획득한 혁신적인 군대

네덜란드

정규 네덜란드군은 스페인으로부터의 독립을 위한 싸움을 개시하던 1568년에 탄생했다. 소국 네덜란드가 대국 스페인에게 승리할 수 있었던 것은 군사상의 뛰어난 개혁자 마우리츠 공작(1567년~1625년)을 얻은 덕분이었다.

기병

16세기 말 네덜란드군의 창기병 비율은 전 기병부대 중 3할에 미치지 못했고, 그중에서도 갑옷을 입은 중장기병은 1할을 밑돌았다. 1590년에 이르기까지 피스톨을 1정 장비하게 되었으나 주무기는 여전히 랜스(기병창)로 화기의 시대에는 유효성이 사라져, 마우리츠는

1597년 기병의 기병창을 폐지하는 대신 하퀴버스 총을 가진 기승총병을 편제한다. 다만 그러면서도 공작은 돌격 후의 백병전 자체는 기본적으로 계속 중시했다. 그림은 1580년대 오라녜 공작 빌럼의 호위부대 창기병.

겉면에 선 장식이 있는 「카속」을 입었다.

기병창에는 어깨에 메기 위한 띠가 있다.

하쿼버스병

마우리츠 공작은 화기가 전국(戰局)에 커다란
영향을 미치는 데 주목하고 끊임없이 사격하
는 「카운터 마치」(반전 행진 사격)를 고안한
다. 이것은 전진하면서 앞줄의 병사가 사격하
고 그들이 멈춰 서서 장전하는 사이 뒷줄의 병
사가 앞으로 나와 사격하는 동작을 반복하는
것. 그림은 16세기 말부터 17세기에 걸쳐 사
용된 보병 조전(操典)에 그려진 하쿼버스병이
다. 하쿼버스는 지지대가 필요 없어 머스킷 총
보다 다루기 쉬웠다. 하지만 위력도 절반밖에
되지 않아 1600년 이후로는 점차 머스킷 총으
로 전환된다. 기병과 마찬가지로 카속을 착용
하고 있다.

창끝에 부착된 폐농(창깃
발)은 주황색, 흰색, 파란
색의 3색기.

◆마우리츠 방식 전투대형◆

테르시오의 결점을 극복하고자 고안된 대형. 양익의
총병은 날개 끝 하쿼버스병이 가로 10열, 중앙 쪽
머스킷 총병이 가로 5열로 늘어선다. 중앙의 파이크
병은 가로 25열로 늘어서고, 중앙·양익 모두 종심
10열로 포진한다. 양익의 총병은 기병의 돌격에 대
응할 때는 파이크병 둘레에 정렬했다.

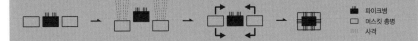

파이크병
머스킷 총병
사격

331

"북방의 사자"와 그의 군대

스웨덴

스웨덴군은 17세기 벌어진 종교 전쟁에 신교국의 입장으로 개입해서 신성 로마 제국을 상대했다. "북방의 사자"라 불리던 국왕 구스타브 2세 아돌프(재위 1611년~1632년)는 군의 개혁에 몰두하여 스웨덴을 신교 세력의 정예군으로 만드는 데 성공한다. 왕은 경량포를 대량 배치시켜 전진하는 보병과 기병을 원호하게 함으로써 보병, 기병, 포병으로 이루어지는 삼병 전술을 완성했다.

흉갑기병

구스타브 왕은 기병과 파이크병을 활용한 적극적인 돌격전을 도입하여 머스킷 총병의 일제사격 후 양자를 돌격시켰다. 기병은 용병을 제외하고 대부분 지원병이다. 그래서 사기가 높아 돌격전에서 밀집하지 않고 옆으로 넓게 퍼지는 대형을 취할 수 있었다. 돌격하면 "적의 흰자위가 식별 가능한 거리"까지 접근한 다음, 선두 혹은 2열째까지가 피스톨을 발사하고 뒷줄의 병사는 칼을 뽑아 백병전에 돌입한다. 이 돌격 방식을 스웨덴식 기병 돌격이라부른다. 이 방식에서 흉갑과 배갑을 걸치는 것은 앞줄의 기병뿐으로, 흉갑 안에 버프 코트를 입는 사람도 있었다. 하지만 평상복 그대로거나 버프 코트만을 입는 사람이 더 많았다. 또한 금속제 폴란드식 투구를 쓰는 사람도 있었지만 대부분은 평범한 모자를 써서 전체적으로 경장이었다.

호위병

왕의 신변을 경호하는 기병. 특별히 중장으로
무장하고 있으며 리보니아인으로 구성되었다.
병사는 모두 클로즈 헬름을 쓰고 갑옷은 넓적
다리까지 감싸는 스리쿼터형에, 무기로는 랜
스(기병창)와 피스톨을 장비했다.

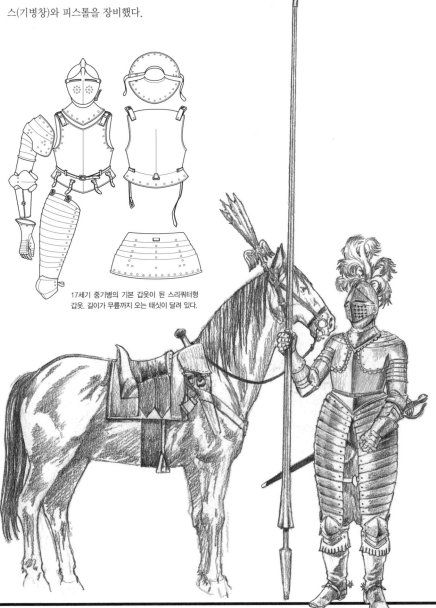

17세기 중기병의 기본 갑옷이 된 스리쿼터형
갑옷. 길이가 무릎까지 오는 태싯이 달려 있다.

머스킷티어

스웨덴에 머스킷 총이 전래된 것은 16세기 말
의 일이다. 구스타브 왕은 당시 일반적이던 무
게 6~8kg짜리 머스킷 총을 4kg 정도로 경량
화하였는데, 그에 따라 장전 등의 조작이 편리
해지고 총의 발사속도도 빨라졌다. 경량화와
함께 지지대가 폐지되었다는 말도 있으나, 그
것은 구전에 불과하고 구스타브 왕 사후에도
지지대의 지급은 이루어진다. 하지만 이용이
서서히 줄어든 것은 분명하여 스톡홀름의 무
기고는 1655년 이전에 비축을 중단한다. 마찬
가지로 왕이 탄약대를 폐지했다는 말에도 확
실한 증거는 없으며 실제로는 1670년까지 지
급되었다. 그림의 병사는 그러한 상황에 입각
하면서 1615년에 저술된 병법서의 삽화를 바
탕으로 재현한 것이다. 소총은 경량화된 구스
타브 시대의 것. 병사가 입고 있는 외투는 "카
자크" 혹은 "코사켄"이라 불린다. 머스킷 총병
은 이러한 외투를 통해 화약에 습기가 차지 않
도록 했지만 이것 역시 점차 사라지게 된다.

총을 쏘는 것만이 머스킷티어의 전투법은 아니다.
근접전에서는 온갖 수단을 동원해서 싸웠다.

①검으로 싸운다. ②총으로 때린다. ③투구로 때린다. ④지지대로 때린다. ⑤탄띠로 때린다. ⑥맨손으로 승부한다.

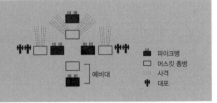

◆ 스웨덴 방식 전투대형 ◆

마우리츠 방식 전투대형을 발전시킨 것. 양익에 총병을 배치하는 점은 똑같지만, 중앙의 파이크병 뒤에 더 많은 총병을 배치하여 정면과 대각선에서 사격할 수 있도록 했다.

예비대

파이크병
머스킷 총병
사격
대포

잉글랜드인 용병

스코틀랜드인과 아일랜드인 용병은 외국에서 모두 잉글랜드인에 포함되었는데, 아일랜드인은 때때로 아일랜더라고 불리면서도 다른 잉글랜드인과 같은 부대에 속했다. 모국은 무기의 수출을 금지하고 있었기 때문에 현지에서 지급받기 전까지는 적당히 준비한 것이 많았고 활을 무기로 사용하기도 했다.

파이크병

구스타브 왕의 시대, 파이크병은 돌격전에 대비해 가능한 범위에서 최대한의 갑주를 지급받았다. 표준적인 방어구는 버프 코트, 흉갑, 배갑, 허벅지가리개, 그리고 투구였다. 하지만 왕 사후 파이크병은 서서히 머스킷 총병으로 개편된다. 신교국에서는 부대에 색깔 이름을 붙이는 것이 유행하여 황색, 적색, 청색, 녹색, 흑색 등의 부대가 편제되었고 병사들도 거기에 맞는 색의 옷을 입었다.

스웨덴군의 파이크 길이에 대해서는 여러 가지 설이 있는데 현존하는 것은 5m 전후로 길다. 한편 구스타브는 3~4m가량의 파이크를 사용하는 등 기동력을 높이기 위해 노력했다고 한다.

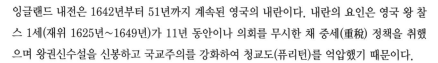

왕당파(로열리스트) 대 의회파(팔러먼트)

잉글랜드 내전

잉글랜드 내전은 1642년부터 51년까지 계속된 영국의 내란이다. 내란의 요인은 영국 왕 찰스 1세(재위 1625년~1649년)가 11년 동안이나 의회를 무시한 채 중세(重稅) 정책을 취했으며 왕권신수설을 신봉하고 국교주의를 강화하여 청교도(퓨리턴)를 억압했기 때문이다.

왕당파 중장기병

기사당(캐벌리어스)으로도 불리는 왕당파(로열리스트)에서는 봉건제도의 귀족계급에 속한 사람들이 군대의 주력이 되었다. 기병은 모두 귀족의 자제로 구성되었고, 그들을 지휘한 것은 왕의 조카이자 30년 전쟁에 종군한 적도 있는 루퍼트 왕자(1619년~1682년)였다. 스웨덴군에서의 종군 경험을 가진 왕자는 스웨덴식 기병 돌격과 기병창을 장비한 기병을 활용하여, 기병의 충격력과 백병전 전력을 효과적으로 조합함으로써 전쟁 초기에 성공을 거둔다. 기병의 갑주는 스리쿼터형. 현존하는 이 형식의 갑주는 무게가 40kg에 달한다. 그림과 같은 기병은 총기가 발달하면서 차츰 경장화되어 부대 지휘관은 투구 일부를 생략하였고 일반병사에 이르러서는 일절 착용하지 않게 된다.

■아이언 햇

철제 골조를 가진 모자형 투구의 뼈대. 펠트를 씌운 뒤의 외관은 우아한 모자지만 실제로는 투구 그 자체.

말에서 내렸을 때는 걷기 편하도록 승마용 부츠를 무릎 부분에서 접었다.

왕당파 기병

기병은 버프 코트를 입고 퀴래스(흉갑)를 착용하며 고삐를 쥐는 왼손에 건틀릿(쇠장갑)을 장착한다. 투구는 「트리버」라 불리는 콧날을 따라 금속 봉이 장착된 가죽제 모자나, 전체가 금속제 또는 철판이 내장된 「아이언 햇」을 썼다. 새들(안장) 앞부분의 홀스터에는 피스톨을 2정 휴대한다. 점화 방식으로는 휠락과 신식 플린트락이 사용되었다. 또한 왕당파의 기병은 아군을 식별하기 위해 허리에 붉은색이나 장미색 장식띠를 맸다.

하쿼버시어

왕당파에 대항한 측을 의회파 또는 원두("라운드헤드")당이라고 부른다. 「하쿼버시어」는 신형 플린트락식 「하쿼버스」나 「카빈」을 장비한 의회파 기병을 가리킨다.

■로브스터 테일

「로브스터 테일」("새우 꼬리")형 투구. 목덜미 부분을 보호하는 목가리개의 모양에서 유래한 이름이다. 바이저(가동식 면갑)는 간략화되어 콧날 앞의 금속 봉과 그 양옆의 봉을 결합했을 뿐인 얼굴가리개가 되었다.

머스킷 총병과 파이크병

잉글랜드 내전의 부대 편제와 장비는 대륙의 것과 거의 다르지 않다. 기병은 흉갑기병과 용기병, 보병은 머스킷 총병과 파이크병이 주체가 된다. 보병부대가 전투대형을 짤 때는 중앙에 파이크병, 양익에 머스킷 총병을 배치했다. 머스킷 총병은 일제사격이 아닌 네덜란드식 반전 행진 사격을 실시한다. 기병의 공격에는 파이크병이 대항하고 보병끼리의 백병전이 되면 검을 뽑아 든다. 파이크병은 그들 전용의 파이크맨즈 아머를 입고 투구는 모리온 혹은 「픽트 모리온」이라 불리는 차양 달린 모자형 투구를 썼다. 파이크 길이는 약 5m.

하사관 병사

하사관은 폴 액스나 코르세스카 등의 구시대적인 긴 손잡이 무기를 장비한다. 이는 물론 백병전에서도 여차하면 무기로 사용되었지만, 전투 후에 하사관이 들어올린 창의 개수를 부대 지휘관이 헤아려 대략적인 병력을 어림잡는 데 도움이 되었다.

파이크병

머스킷 총병

하사관 병사

■머스킷 총병의 사격 순서

머스킷 총병의 사격 순서. 1607년 야콥 드 게인이 출판한 『무구교본』에서 발췌한 것.

① 머스킷 총을 어깨에 메고 화승 양단에 불을 붙인 채 전진.

② 사격 위치에서 총을 내리고 화약 카트리지의 뚜껑을 연다.

③ 화약(발사약)을 넣고 탄을 「꽂을대」로 눌러서 다진다.

④ 화문을 불어 타고 남은 재 등을 제거한다.

⑤ 점화약을 「팬」(화약접시)에 붓고 「팬커버」(화약접시덮개)를 닫는다.

⑥ 총을 지지대에 고정한 채 오른손을 자유롭게 움직일 수 있는 자세를 취하는 것이 중요.

⑦ 화약접시덮개를 열어 발사 태세를 갖춘다.

⑧ 부집게에 화승을 장치하고 방아쇠를 당기면 발사된다.

소총의 구조와 변천

초기의 소총 성능은 주로 점화 방식, 총신 구조, 그리고 탄환 자체에 의존했다. 여기에서는 그것들에 대해 시대순으로 개관한다.

소총 각부 명칭

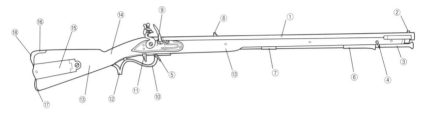

①배럴(총신)
②포어사이트(가늠쇠)
③래머/램로드(꽂을대)
④⑤슬링 스위블(멜빵 고리)
⑥⑦래머 파이프(꽂을대 통)
⑧백사이트(가늠자)

⑨락(점화장치)
⑩트리거 가드(방아쇠울)
⑪트리거(방아쇠)
⑫그립(손잡이)
⑬스톡(총대)
⑭스몰 오브 더 스톡(총대 손잡이)

⑮패치박스/버트박스(개머리판 상자)
⑯버트플레이트 탱(개머리판 보강판)
⑰버트플레이트(개머리판)
⑱버트(개머리판 끝 부분)

피스톨 각부 명칭

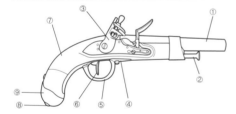

①배럴(총신)
②래머(꽂을대)
③락(점화장치)
④트리거 가드 피니얼(방아쇠울 쇠 장식)
⑤트리거 가드(방아쇠울)
⑥트리거(방아쇠)
⑦버트/그립(개머리판)
⑧버트 캡(개머리판 마개)
⑨래니어드 링(총 고리)

총신 구조

●활강식

초기 소총의 총신은 내부에 홈이 없이 단순한 파이프 형태를 하고 있었다. 그래서 탄환을 총구로 넣는 전장식의 경우 장전이 용이하다. 하지만 발사를 계속하면 총신이 팽창하여 명중정밀도가 떨어진다.

●강선식

「라이플」(강선)이라 불리는 나선형 홈을 안쪽에 파놓은 총신. 이 홈이 탄환을 회전시켜 탄도가 안정된다. 다만 탄환이 구경에 밀착해야 하므로 전장식에서는 장전이 불편하다.

화약통과 탄환

●플라스크

탄환과 발사약이 따로 떨어져 있던 시대에는 각각을 장전·장약할 필요가 있었다. (a)는 발사약을 수납하는 데 썼던 용기「파우더 플라스크」(화약통). 그림과 같이 거꾸로 들고 레버로 뚜껑을 열었다 닫으면 1발분의 화약이 꼭지쇠에 채워지는 구조. (b)는 거꾸로 들고 레버를 쥐는 것만으로 1발분이 흘러나왔다. (c)는 점화약을 수납하는「프라이밍 플라스크」. 발사약보다 소량이면 충분하므로 용기도 파우더 플라스크보다 작다.

●우든 카트리지

1발분의 발사약만을 담은 목제 통. 어깨띠에 여러 개 매달아 휴대했다. 프랑스군은 12개를 매달았다 하여 "십이사도"라고 불렀다.

●페이퍼 카트리지

종이 통에 1발분의 화약과 탄환을 함께 담은 것. 장전할 때는 앞니로 물어뜯고 화약을 재는데, 종이도 탄환과 함께 집어넣었다. 이것이 등장하고 나서 징병 조건에 "앞니가 있을 것"이 추가된다.

●드라이제식 실탄

1848년 채용된 약협식 탄환. 약협은 종이. 내부에 발사약과 뇌관이 들어 있어 공이가 뇌관을 쳐서 점화하면 탄환이 발사된다. 이 탄환이 개발되면서 후장이 가능해졌다.

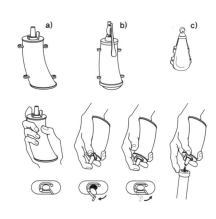

a) b) c)

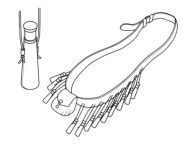

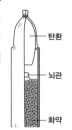

탄환
종이
화약

탄환
뇌관
화약

●미니에식 탄환

1844년 프랑스의 미니에 대위가 전장식 소총용으로 고안한 탄환으로서 후미에 캡이 들어 있다. 외형을 총강(銃腔)보다 작게 만들었는데, 발사 시의 가스압으로 캡이 밀려들어가면 탄환의 꼬리 부분이 부풀어 올라 총강과 밀착한다. 밀착된 탄환은 강선에 의해 회전하여 안정된 탄도를 얻었다. 이 방식으로 인해 강선 총신이 소총의 주류가 된다.

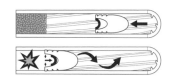

점화 방식

● 매치락

1475년 최초로 문헌에 등장하는 방식. 일반적으로 화승총이라 불리는 총의 점화 방식이다. 대략 15세기 중반에 고안되었다. 방아쇠를 당기면 부집게에 끼워진 화승이 팬 쪽으로 내려와 점화약에 불을 붙인다.

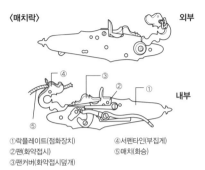

〈매치락〉 외부

내부

①락플레이트(점화장치)　④서펜타인(부집게)
②팬(화약접시)　⑤매치(화승)
③팬커버(화약접시덮개)

● 휠락

15세기 말 이탈리아 북부에서 등장하여 17세기 초반까지 전성을 누린 방식. 용수철의 힘으로 톱니바퀴가 회전하며 황철석을 문지르면 불꽃이 일어나 발사약을 점화시킨다. 톱니바퀴는 태엽식으로 발사할 때마다 전용 도구를 이용해 감는다. 일단 장전하면 언제든 발사 태세를 취할 수 있지만 불발도 잦았다. 그래서 초기의 휠락식 소총 중에는 전투도끼나 검을 연결한 것이 나타난다. 구조가 복잡한데다 고가이기도 했다.

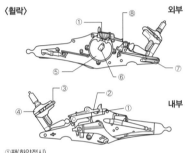

〈휠락〉 외부

내부

①팬(화약접시)
②팬커버(화약접시덮개)
③아이언 퍼라이티즈(황철석)
④콕/도그 헤드(공이치기)
⑤휠(톱니바퀴)
⑥휠 아버/스핀들(톱니바퀴축)
⑦콕 스프링(콕용 스프링)
⑧팬커버 릴리스(화약접시덮개 개폐장치)

● 스내펀스락

네덜란드에서 개발된 방식으로 플린트락의 전신이다. 1530~1540년경 널리 사용되었으며, 북해 연안에서 이것을 개량한 발틱락이 16세기 중반에 등장한다. 부싯돌을 강판에 부딪쳐 일어나는 불꽃으로 팬의 점화약에 불을 붙인다. 스내펀스에는 "새 사냥"이라는 뜻이 있다. 밤중에 눈에 띄는 화승을 이용하지 않는 점화 방식으로서 닭도둑이 발명한 것이라는 말도 전해진다.

〈스내펀스락〉 외부

내부

①시어(걸쇠)
②콕(공이치기)
③플린트(부싯돌)
④버퍼(완충장치)
⑤팬(화약접시)
⑥스틸(강판)
⑦팬커버(화약접시덮개)
⑧스틸 스프링(강판용 스프링)

● 미클렛락

스내펀스락을 개량한 것. 16세기 말 등장했다. 스내펀스락은 발사할 때 팬커버와 콕을 들어올려야 했지만, 미클렛에서는 팬커버와 스틸이 일체화되어 팬커버를 따로 젖힐 필요가 없어졌다.

● 플린트락

17세기 전반부터 19세기에 걸쳐 전성을 누린 방식. 수석식 또는 수발식으로 번역된다. 유명한 총 마니아였던 루이 13세(1600년~1643년)가 후원하여 17세기 전반 프랑스에서 발명되었다. 미클렛락과 같은 원리지만 부품 개수가 줄어 구조가 단순해졌다.

● 퍼커션락

뇌관식이라고 불린다. 1820년대에 등장. 점화약을 뇌관(퍼커션 캡)이라는 캡형으로 만들어 화문에 씌우고, 이것을 내리쳐서 불꽃을 일으켜 발사약에 점화하는 방식.

● 센터파이어

공이 방식. 현대의 점화 방식이다. 1848년대에 요한 니콜라우스 폰 드라이제가 발명하여 프로이센군이 사용했다. 이 방식을 채용한 소총을 「드라이제식 공이총」(드라이제 췬드나델) 또는 「니들 총」이라고 불렀다. 공이로 발사약 중앙에 장치되어 있는 뇌관을 찔러 점화시킨다. 다만 탄환과 발사약, 뇌관이 일체화된 실탄이 필요. 그것이 오늘날의 약협식 탄환으로 발전했다.

〈미클렛락〉

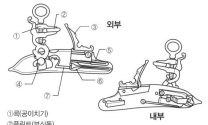

① 콕(공이치기)
② 플린트(부싯돌)
③ 배터리/스틸(부시)
④ 콕 브라이들(공이치기용 물림쇠)
⑤ 하프콕 시어(반장전 걸쇠)
⑥ 풀콕 시어(전장전 걸쇠)
⑦ 메인스프링(주 스프링)

〈플린트락〉

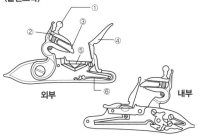

① 톱조 스크루(고정 나사)   ④ 스틸(부시)
② 콕(공이치기)   ⑤ 팬(화약접시)
③ 플린트(부싯돌)   ⑥ 스틸 스프링(강판용 스프링)

〈퍼커션락〉

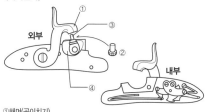

① 해머(공이치기)
② 퍼커션 캡(뇌관)
③ 니플(화문 꼭지)
④ 니플 럼프/볼스터(화문 꼭지 받침)

〈센터파이어〉

① 스프링   ② 니들   ③ 뇌관

　제Ⅲ장에서는 등장하자마자 종언을 향해야만 했던 금속제 전신 갑주와 그 원인이 된 화기가 격전을 벌인 시대를 다루었다.

　중세부터 이어진 화려한 모습을 한 기사의 시대는 화기의 등장으로 인해 점차 그늘이 드리워지기 시작한다. 얄궂게도 갑주 개발의 정점은 화기의 발달과 거의 동시대에 찾아온 것이다.

　「군대」는 다시 개인에서 집단의 힘을 이용하는 방향으로 변화해간다. 화기와 장창 위주의 이름 없는 병사들은 그때까지 전장을 앞마당처럼 누비고 다니던 기사들을 땅바닥으로 끌어내렸다. 이로써 무모하게 그저 저돌적으로 창을 쥐고 돌격하던 기사의 시대는 종언을 맞이했다. 하지만 그렇다고 기승전사가 가진 기동 전력으로서의 가치가 사라진 것은 아니다. 「기사」에게는 폭넓은 임무를 수행할 것이 요구되었으며, 그들은 군대 안에서 「기병」이 되어 경장의 장비를 선택한다. 서유럽에 비해 군사적으로 뒤처진 동유럽은 지역색을 남긴 채 발전을 계속하였는데, 그들의 기병 전력에는 서유럽의 모범이 될 만한 점도 많아 이윽고 양자는 결합해서 다음 시대로 나아가게 된다.

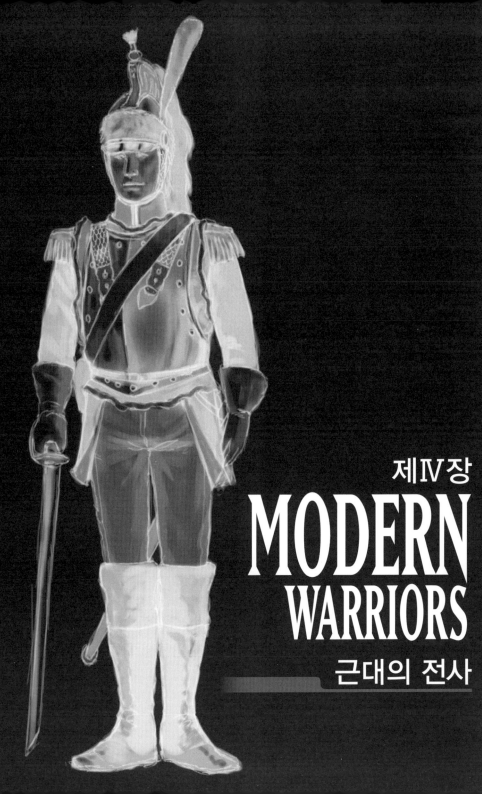

제IV장

MODERN
WARRIORS

근대의 전사

수석식 소총과 총검
프랑스/잉글랜드

종교 개혁을 둘러싼 전쟁이 종식되고 유럽은 왕권을 절대시하는 절대주의 시대를 맞이한다. 그러한 절대군주의 대표가 프랑스의 태양왕 루이 14세(재위 1643년~1715년)이다. 루이는 영토 확장 정책을 추진하여 영불 관계에 새로운 대립축을 가져왔다. 중앙 집권과 국내 정비가 진행된 이 시대에는 근대군의 맹아가 싹터 군장도 보다 정비되고 규격화된 것으로 변화해간다.

퓨질리어(퓨질 총병)

「퓨질」(프랑스어로는 퓌지) 총을 장비한 병사를 「퓨질리어」(동어 「퓌질리에」)라고 부른다. 머스킷 총이 화승으로 점화하는 대구경 대형 총이었던 데 비해, 퓨질 총은 「플린트락식」(수석식 또는 수발식)을 이용하여 구경이 작고 위력은 떨어졌지만 경량 소형으로 지지대도 필요 없었다. 프랑스에서 퓨질 총을 장비한 정규 부대가 창설된 것은 1671년. 포병대의 호위부대로서 등장한다. 당초에는 퓨질 총의 위력 부족과 발사 시 콕이 스틸을 치는 충격으로 조준이 흔들리는 점 때문에 병기로서의 신뢰성을 의심받아 전선부대에는 배치되지 않았다. 반면 후방에서는 다루기 쉽다고 호평을 받으며 보급되었다. 그 후 10년간 머스킷 총도 경량화되어 지지대가 불필요해졌고 오히려 퓨질 총의 구경은 커져서 둘 사이의 차이가 메워진다. 1699년 프랑스에서 정식으로 화승식 소총이 폐지되었고 총검의 개량과도 맞물리면서 이후 유럽의 보병부대 주무기는 수석식 소총과 총검이 되었다.

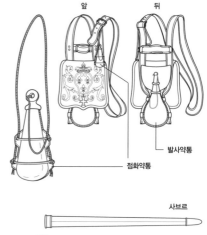

잡낭
앞
뒤

발사약통

점화약통

사브르

■퓨질 총병의 장비

퓨질리어의 장비. 장비도 이전 시대와는 달라져, 어깨에 교차시켰던 「십이사도」 대신 1683년에는 허리의 벨트에 탄약 파우치를 달게 되었다. 파우치 속에는 작은 구멍이 여러 개 뚫린 나무틀이 들어 있어 탄환 10발 정도를 수납한다. 벨트 왼쪽에는 총검을 꽂는 케이스 「프로그」가 부착되었고 탄약 파우치는 벨트 오른쪽에 달았다. 1690년대에는 탄약 파우치가 복부 중앙으로 이동한다.

모자의 차양을 세 방향으로 접어 올려 3개의 뿔을 만든 모자 「트라이콘」(삼각모. 프랑스어로는 「트리코르느」). 소총을 멜 때 방해되지 않도록 한 것이다.

수석(부싯돌)으로 점화하는 「퓨질」 총. fusil에는 "부싯돌"이라는 의미가 있다. 부싯돌은 평소에 연마해두지 않으면 불발의 원인이 된다.

프랑스의 퓨질리어. 1671년의 퓨질리어 부대 창설 시에는 플러그식 총검을 휴대했다.

잉글랜드의 퓨질리어. 잉글랜드에서는 1678년에 퓨질리어 부대가 창설되었다. 역시 치중부대를 호위하는 후방부대로서 등장한다.

■바요넷(총검)

당시 단발총을 장비한 총병은 자주 탄약을 장전해야 했기 때문에 적의 접근을 쉽게 허용했다. 「바요넷」(총검. 프랑스어로는 「바요네트」)은 그러한 총병이 총을 파이크처럼 이용해 스스로의 호신과 방어를 할 수 있도록 고안되었다. 이름은 최초 생산지인 프랑스 바욘에서 유래한 것이라고 한다. 당초의 총검은 총구에 직접 끼워 넣는 방식으로(「플러그식」), 총검을 빼지 않으면 탄환을 재장전할 수 없었다. 또한 헐렁해서 잘 빠지거나 반대로 빠지지 않게 되는 문제도 발생했다. 이를 해결한 것이 「소켓식」이라 불리는 장착 방식이다. 프랑스의 보방 장군(1633년~1707년)이 고안하였으며, 이것으로 인해 단숨에 열강 군대에 총검이 보급되었다. 17세기 중반 유럽의 보병은 40%가 파이크병이었으나 금세 불필요한 병종이 되어 프랑스에서는 1703년에 파이크가 완전히 폐지된다.

플러그식. 총구에 끼워 넣는다.

링식. 총검에 링을 달아 장착.

소켓식. 총구가 가로막히지 않아 발사와 장전이 가능.

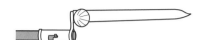

소켓식(크랭크형). L 자형으로 만들어 검신을 한층 더 총구에서 떼어놓았다.

총검을 이용한 방어자세. 자세 자체는 파이크와 동일하다.

그레네디어(척탄병)

17세기 후반에는 새로운 보병종 「그레네디어」
(척탄병. 프랑스어로는 「그르나디에」)가 등장
한다. 그림은 프랑스군의 척탄병. 이름 그대로
척탄(수류탄)을 투척하는 역할을 맡는다. 척탄
은 17세기 중반에 등장한 병기지만, 이를 전문
적으로 다루는 부대의 창설은 1670년 프랑스
군이 최초로 척탄병중대를 편제한 것에서 비
롯된다. 그 후 열강 각국이 잇따라 이것을 채
용하였다. 나중에는 엘리트 보병부대의 명칭
으로 쓰이게 되나 7년 전쟁(1756년~1763년)
까지는 실제로 척탄을 투척하며 야전보다도
공성전에서 위력을 발휘한다. 한편 척탄을 던
지는 동안 총은 등에 멜 수 있도록 가죽띠 「건
슬링」(멜빵)을 총에 달았다. 이러한 총의 멜빵
은 프랑스군에 의해 처음으로 세상에 등장한
것이다. 프랑스군에서는 1687년부터 머스킷
총(구경 18.6mm)의 경량화를 진행하였는데,
척탄병이 구경 16mm의 수석식 머스킷 총을
채용하자 그것이 전군으로 확산되어 점차 머
스킷 총과 퓨질 총의 구별이 사라졌다.

당시의 척탄은 지름이 64mm, 무게가 약
1.3kg으로 도화선(척탄 퓨즈)이 달려 있
었다. 도화선의 길이만큼 폭발하기까지
시간이 걸린다. 제2차 대전 당시의 수류
탄도 손에서 불만 붙이지 않았을 뿐 도
화선식이다.

척탄 퓨즈(도화선)

화약

◆척탄 투척 순서◆

① 왼손에 화승을 든다.

② 총의 멜빵을 늘여 삼각형으로 넓힌다.

③ 팔을 교차시켜 소총을 어깨에 대각선으로 멘다.

④ 불씨로 화승에 점화.

⑤ 척탄을 꺼내고 마개를 입으로 열어 내부의 척탄 퓨즈 부분을 드러낸다.

⑥ 화승을 입으로 불어 불씨를 살리고 불이 잘 붙었는지 확인.

⑦ 몸을 젖혀 투척자세에 들어간다. 이때 척탄에 화승을 갖다 대 점화한다.

⑧ 척탄을 투척.

척탄기병

그림은 17세기 프랑스군의 근위부대인 척탄기병. 일반적인 기병 장비와 함께 척탄을 장비하고 있다. 17세기 중반 들어 유럽에서는 기병의 갑옷을 없애고 장착한다 해도 흉갑만을 걸쳤다. 이는 총기가 발달하기는 했지만 아직 명중정밀도나 발사속도에는 난점이 있으므로, 중장갑보다 몸이 가벼운 편이 더 안전하다고 판단했기 때문이다. 버프(무두질한 가죽)제 코트와 반바지, 펠트 모자를 착용한다. 무기는 안장 앞부분에 수납한 피스톨과 어깨에 멘 총신이 짧은 기병총 「카빈」. 허리에는 돌격용으로 사브르를 찼다. 척탄기병은 근위대에 속하는 병사로서 척탄병 중에서도 우수한 사람을 뽑아 편제된다. 다른 기병과 달리 길이가 긴 부츠가 아니라 게이터를 장착했다. 또한 콧수염을 기르는 것이 의무였던 점도 다른 기병과 다르다.

1680년 당시의 척탄기병

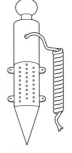

척탄병이 사용한 매치 케이스(불씨통). 보통 어깨에 멘 잡낭 끈의 가슴 부분에 꿰매 달았다. 불이 꺼지지 않도록 여러 개의 통기 구멍을 뚫고 불씨를 넣어둔다.

드라군(용기병)

화기가 보급되자 전장에 적과 아군의 총탄이 난비하여 승자라 해도 큰 피해를 입었다. 그래서 각국의 군주는 귀중한 재산(병사들)이 정면에서 부딪치는 것을 회피하기 시작한다. 이미 17세기부터 나타난 이 경향은 18세기가 되면 야전에 대한 사고방식 자체의 변화로 이어진다. 그때까지의 야전은 마주보고 자웅을 겨루는 것이었으나, 이후로는 결전을 피하면서 유리한 전개로 끌고 가기 위해 전략적 목표를 탈취하는 지구전의 양상을 띠게 된다. 따라서 부대의 기동력이 중시되어 보병이 말을 타고 전장을 누비게 만들었다. 이것이 「드라군」(용기병. 프랑스어로는 「드라공」)이다. 17세기 중반부터 급속히 확산되었으며 전투 시에는 말에서 내려 총을 쐈다. 또한 통상적인 기병으로서도 운용되었다. 그림은 17세기 말 프랑스군의 용기병.

용기병은 다른 기병과 달리 카빈 총이 아니라 머스킷 총을 장비했다.

총사(18세기 전반)

프랑스의 총사대는 1646년에 일단 해산되었다가 루이 14세에 의해 1657년 부활한다. 왕은 처음으로 군대에 제복을 도입하여, 총사에게는 "파란" 카속 코트를 지급하고 전후좌우에 십자를 그려 그 존재를 과시했다. 이 제복은 전 부대에 동경의 대상이 된다. 그림은 18세기 전반경의 총사. 전장에서는 앞뒤에 십자를 단 소매 없는 상의를 입었다. 목에 크라바트(장식용 천)를 매는 것은 이 시대부터(1660년경부터) 나타난 전사들의 양식이다. 기원은 로마 군단병이라고 전해지며 오늘날 넥타이의 시초이기도 하다.

총사의 흉갑. 1675년 이후 프랑스군은 전장에서 기병이 흉갑을 착용하도록 의무화한다. 총사대도 역시 흉갑을 걸쳤는데 표면에는 부대의 문장인 십자가 그려졌다.

카속 코트

러시아/스웨덴

대북방 전쟁

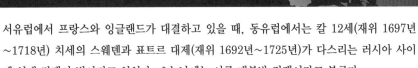

서유럽에서 프랑스와 잉글랜드가 대결하고 있을 때, 동유럽에서는 칼 12세(재위 1697년 ~1718년) 치세의 스웨덴과 표트르 대제(재위 1692년~1725년)가 다스리는 러시아 사이에 일대 전쟁이 벌어지고 있었다. 오늘날에는 이를 대북방 전쟁이라고 부른다.

러시아군

나르바(핀란드 만 근교) 전투(1700년)에서 패한 표트르 대제는 군의 개혁을 결의하고 연병과 포병 육성에 힘썼다. 그가 완성시킨 방어진과 화력을 효과적으로 이용하는 대기동 전술은 훗날의 제정 러시아군에 커다란 영향을 미친다.

근위척탄병

그림은 정예부대인 프레오브라젠스키 근위척탄병연대의 군장. 연대명은 러시아 교외의 이궁(離宮)이 있는 마을 이름에서 유래한다. 표트르 대제가 어린 시절 창설한 부대를 모태로 하여 진정한 충절을 바치는 부하를 양성하는 부대로 삼았다. 황제는 귀족의 자제를 이 연대에 소속시켜 우수한 성적을 거둔 자는 행정과 군사를 담당하는 요직에 앉힌다. 모자의 깃털 장식은 같은 근위대인 세묘노프스키 연대와 함께 단 특별한 것. 일반척탄병은 깃털 장식이 없는 주교관모를 썼다. 그림에서는 척탄을 발사하는 「그레네이드 건」을 휴대하고 있다. 1670년경 등장해서 표트르 대제 시대에 도입된다. 미늘창을 지지대로 이용하였으며 공성전에서의 사용이 주목적이었다.

「그레네이드 건」. 구경은 49mm.

주교관(마이터)형 척탄모. 일반적으로 어느 나라의 척탄병이나 측면에 차양이 없는 "척탄모"를 썼다. 그래서 척탄을 휘둘러 던지는 데 방해가 되지 않는다.

퓨질리어

러시아의 퓨질리어(러시아어로 「푸질료르」)는
보통 삼각모를 썼으나, 겨울철에는 방한구가
되는 귀덮개 달린 모자를 쓰기도 했다(오른쪽
위 그림). 모자는 「카르투스」라 불린다. 사용하
는 머스킷 총은 플린트락식으로 17세기 중반
영국에서 개발된 「도그락」이라는 타입을 카피
한 것. 부싯돌을 끼우는 콕과 불꽃을 일으키는
강판용 시어(걸쇠)가 다른 부품으로 분리되어
있고, 콕용 금속구가 특수한 모양을 하고 있다.

귀덮개(이어플랩) 달린 군모. 접을 수 있
어 방한을 필요로 하지 않을 때는 위로
접어 올려 단추로 고정했다.

주로 시민병이 쓰던 털가죽 달린 모자. 시
민병 대부분은 장비와 군복이 구식이었으
며, 모자 같은 보조장비는 개인이 준비하
는 경우가 많았다.

스웨덴군

스웨덴 왕 칼 12세는 기동전을 통한 각개 격파가 특기로, 대북방 전쟁의 초전에서도 이를 이용해 승리한다. 기동 전술이라면 자군의 병력이 열세라도 적을 농락할 수 있다. 다만 높은 사기가 필수적이나 왕은 친히 선두에 섬으로써 이를 해결했다.

그레네디어(척탄병)

스웨덴어로 「그레나디에르」. 일반적인 주교관 형 모자를 썼다. 왼쪽 허리에는 길이 90cm짜 리 사브르와 70cm짜리 총검을 차고, 오른쪽 허리에는 어깨에 멘 척탄 가방을 늘어뜨린다. 동시기 유럽 군대는 척탄병을 한데 모아 대대 로 편제했지만 스웨덴군에서는 머스킷 총병 측면에 배치하여 총병의 선도 역을 맡겼다.

그레네디어

코트(상의)

브리치(반바지)

스웨덴군의 상하 군복. 파랑과 노랑을 기조로 하고 있다. 색은 다르지 만 이러한 군복은 17세기 후반부터 18세기에 걸쳐 유럽에서 유행한 「쥐스토코르」라 불리는 상의를 바탕으로 한다. 프랑스어의 "juste au corps"("몸에 꼭 맞는"이라는 뜻)가 어원이다. 겨울에 착용하던 카속 코트는 활동이 불편했기 때문에 단추로 채울 수 있게 만들었고 소매 를 접어서 길이도 줄였다. 1670년경 네덜란드에서 등장하였으며, 이 로 인해 이전까지 선 장식 등으로 과도하게 꾸며졌던 귀족복에서 실 용적인 시민복 타입으로의 전환이 군복 영역에서도 이루어지게 된다.

머스킷티어

스웨덴어로 「무스케타르」. 초기에는 삼각모를 쓰다가 점차 러시아군처럼 방한 기능을 가진 모자를 쓰게 된다. 이 모자는 「카르푸스」라 불리는 것으로 형태가 둥그스름하고 접힌 부분이 양모로 덮여 있다. 1708년에 이르기까지 대부분의 연대에서 삼각모 대신 사용하기 시작했다.

파이크병

총검의 등장으로 열강이 차례차례 파이크병을 폐지하는 중에도 스웨덴군과 러시아군은 계속해서 파이크병을 유지했다. 스웨덴의 파이크는 4.5~5m 정도로, 당시 표준과 비교하면 1m 정도 짧다. 취급의 용이함과 기동을 중시했기 때문이다. 금속제 흉갑도 폐지되어 병사들은 대신 버프(무두질한 가죽)제 코트를 겉옷 안에 받쳐 입었다. 탄환을 막기에는 불안해 보이지만 당시의 기록에 따르면 17발 명중했는데도 상처 없이 멀쩡했던 예도 있다고 한다.

머스킷티어

파이크병

스웨덴군의 총검은 70cm로 타국의 것보다 길다. 당시의 평균 신장은 165~170cm였다고 하는데, 140cm짜리 머스킷 총에 장착하면 2m를 넘는다. 이 길이를 이용해 돌격 시의 충격력을 높였을 것이다.

스코틀랜드/잉글랜드

자코바이트의 난

왕정복고(1660년)가 이루어진 잉글랜드에서는 가톨릭을 중시하던 국왕 제임스 2세(재위 1685년~1688년)가 "명예혁명"으로 퇴위하게 된다(1688년). 이에 대항하여 가톨릭 국왕 과 그 혈통을 지지하는 일파가 오랫동안 계속해서 반란을 획책한다. 그들을 제임스파 (James의 라틴어명 JACOBUS에서 따와 "자코바이트")라고 부른다. 그 대부분은 스코틀 랜드 고지인(하일랜더)으로 1695년에는 국왕 윌리엄 3세(재위 1689년~1702년) 암살 미 수 사건을 벌이고, 1715년과 1745년에는 대규모 반란을 일으켰다.

자코바이트 민병

스코틀랜드는 "클랜"이라 불리는 많은 씨족에 의해 지배되고 있었다. 자코바이트 대부분은 스코틀랜드 고지에 거주하는 하일랜드 클랜이 었다. 씨족장급은 귀족에 상당하지만 군대는 민병에 의존해야 했으며, 그래서 장비도 시대 에 뒤떨어졌다. 특기는 용맹스럽게 검과 도끼 를 휘두르는 돌격전이다. 그림은 스코틀랜드 특유의 「로카버 액스」를 든 하일랜드 민병. 이 긴 손잡이 무기에는 갈고리가 있어 적을 끌어 당겨 쓰러뜨리는 데 사용한다. 일상생활에서 는 장식이 없는 푸른 「보닛」(테 없는 모자)을 썼으나, 반란에서는 자코바이트를 상징하는 흰 꽃 모양 표식을 달았다.

로카버 액스

보닛 모자

■더크

하일랜더 특유의 단검 「더크」. 일생 동안 몸에 서 떼지 않았다고 하며, 일상에서 사용하고 위 급할 때는 무기로도 사용한다. 도신의 등에 장 식적인 칼집이 들어간 것도 있는데 톱날처럼 사용할 수 있다.

◆킬트 입는 법◆

스코틀랜드의 복식인 킬트 입는 법.

① 타탄(격자무늬가 있는 천)을 펼치고 규칙적으로 접어 플리츠(주름)를 만든다. 그 위에 반듯이 누워서 천의 양쪽 끝을 잡는다.

② 오른쪽이 밑에 오도록 감고 왼쪽도 마저 감은 다음 벨트로 허리에 고정한다. 일어서서 남은 위쪽 천을 아래로 늘어뜨린다.

③ 늘어진 천의 끝을 등 뒤로 둘러 왼쪽 어깨까지 가져간다. 그것을 브로치나 핀으로 고정해서 완료.

하일랜드 파이프

백파이퍼(군악병)

백파이프는 리드악기의 일종으로 주머니 안에 공기를 불어넣고 그것을 내보내면서 소리를 연주한다. 스코틀랜드에서 사용된 것은 "하일랜드 파이프"라고도 부른다. 전장에서는 사기를 높이는 군악대로서 전선에 나가 병사를 이끌었다. 전사한 병사를 애도하며 장송곡을 연주하기도 한다.

스코틀랜드 정규병

클레이모어

하일랜드의 유복한 귀족 병사
는 호화로운 검과 소총을 장비한
다. 검은 하일랜더에게 지위의 상
징이자 가장 존중받는 무기였으나,
실제로는 총검 달린 머스킷 총을 쓰는
사람이 더 많았다. 기록 등을 통해 판단
하기로는 대략 80% 이상의 병사가 소총
으로 무장했고 도검을 가진 사람은 20%에
불과했다. 하지만 검을 가진 병사는 그 숫자
에 비해 훌륭한 전과를 보인다. 그들은 적의
사정거리 안에 뛰어들어 일제사격을 받으면서
도 총으로 응전하다가, 적이 탄환을 장전하기
시작하면 검을 뽑아 들고 과감하게 돌격했다.
적이 총검이나 파이크로 대항해도 방패로 칼
끝을 막아내며 손에 든 검을 휘두른다. 적의
품에 파고들어서는 방패를 든 왼손에 쥐고 있
던 단검 「더크」로 목을 찔렀다. 그림 중 한 사
람이 손에 든 것은 스코틀랜드 특유의 검 「클
레이모어」. 16세기 이후 계속해서 사용된다.

■스키아보나

「스키아보나」는 바구니형 힐트를 가진 도검. 또는 힐트
(칼자루)의 형식 명칭. 15세기에 슬라브 지방에서 사
용되던 도검을 기원으로 하며, 16세기 초 베네치아 공
화국의 슬라브인 부대가 사용한 것을 계기로 서유럽에
보급되어 각지에서 독자적인 발전을 거친다. 그림 b)
와 c)는 스코틀랜드에서 사용되던 것.

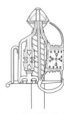
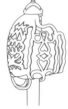

a) 이탈리아형   b) 스털링형   c) 글래스고형

잉글랜드 병사

자코바이트가 모자 장식에 흰색을 사용한 데
반해 잉글랜드 병사는 검은색을 표식으로 삼
았다. 잉글랜드 병사는 18세기 중반이 되기까
지 수석식 소총과 칼날 길이 41cm의 총검이
라는 최신 장비를 갖추게 된다. 스코틀랜드 병
사를 상대로 우위에 설 만한 실력이 충분했다
고 할 수 있다. 그러나 반란 초전에 참패하고
사기가 내려가 패주를 계속했다. 잉글랜드로
침공해온 자코바이트군에 대항하고자 파견된
것이 컴벌랜드 공작 윌리엄(1721년~1765년)
이다. 유럽에서 경험을 쌓은 우수
한 군인이었던 공작은 즉시 적의
전투 방법을 분석한다. 그래서 얻은 결
론은 검사와 정면에서 맞붙어 싸우지 않
고 적이 도검을 치켜들었을 때 텅 비는
옆구리를 총검으로 찌른다는 것이었다.

컴벌랜드 공작 윌리엄은 강도 높은
훈련을 통해 사기가 꺾인 군을 재건
했다. 공작은 훈련 중 총검의 착검을
처음 도입한 것으로도 유명하다.

프로이센/오스트리아/러시아/프랑스

7년 전쟁

7년 전쟁의 발단은 오스트리아 계승 전쟁으로 인해 슐레지엔 지방을 프로이센에 할양한 오스트리아가 이를 탈환하기 위해 프로이센에 압력을 가한 데서 비롯된다. 프랑스, 러시아 등의 열강과 동맹을 맺은 오스트리아에 맞선 프로이센 국왕 프리드리히 2세(재위 1740년 ~1786년)는 연합군을 상대로 선전하며 위기에 처하면서도 슐레지엔 지방을 지켜내는 데 성공한다. 이를 계기로 그는 "대왕"이라 불리게 된다.

드러머(고수)

군대의 악사(취타수)는 전장에서 각 부대에 명령을 전달하는 손쉬운 수단으로서 예로부터 널리 운용되었다. 고수는 근대 들어 부대의 기동을 정연하게 만드는 중요한 역할을 수행하기 시작한다. 일반병사는 "전열병"이라는 이름처럼 전장에서 가로 1열로 늘어섰다. 고수는 전열병이 열을 흩뜨리지 않고 같은 속도로 전진할 수 있도록 리듬에 맞춰 북을 친다. 리듬은 상황에 대응해 다양한 것이 있었다. 하사관과 함께 전열 바로 뒤에 배치되었는데, 하사관은 부대를 지휘하는 동시에 병사의 도망을 감시한다. 그리고 고수는 북을 쳐서 병사를 재촉했다.

거인 연대(프로이센군)

당시에는 키가 큰 남성이 곧 강인한 병사로 여겨졌다. 165cm라면 징모관의 관심을 끌지 못하지만 172cm를 넘으면 확실하게 군대에 끌려갔다. 프로이센 국왕 프리드리히 빌헬름 1세(재위 1713년~1740년)는 특히 덩치 큰 남자들을 욕심내어, 전 유럽에서 때로는 유괴까지 해가며 거한을 그러모아 "거인 연대"로 이루어진 근위부대를 만든다. 입대 기준은 신장 180cm 이상의 건강한 남자. 지적장애가 있더라도 문제되지 않았다. 다만 젊지 않은 사람이나 얼굴이 못생긴 사람은 제외된다. 연대 중에서도 가장 "거인"이었던 것은 노르웨이인 요나스 에릭손으로 그의 신장은 268cm였다. 그들 거인 연대는 열병식의 꽃이었으나 이를 유지하는 데는 맞춤 제작하는 군복·장비품 값, 부대에 잡아두기 위한 급료·보장금 등 같은 규모의 부대에 비해 적어도 4배 이상의 비용이 들었다. 그런 이유도 있어 후계자 프리드리히 2세(대왕)가 즉위한 뒤 구경거리로 1개 대대만을 남기고 해산되었다.

보병(18세기 중반)

그림은 7년 전쟁 당시의 주요한 보병종과 그 군장. 프로이센과 그에 맞선 오스트리아, 러시아, 프랑스의 것을 나열하였다. 군복을 의미하는 「우니포름」(독일어. 영어로는 「유니폼」)은 프리드리히 대왕 시대에 처음으로 사용되었다. 그림을 보면 알 수 있듯이 이 시점에서 유럽 열강의 병종별 군장은 어느 나라든 그리 다르지 않다. 이 시대의 군복은 중세에 존재하던 종복 관계의 연장이 아니라 합리적인 사상에 기초한다. 즉 아군을 인식하고 타국의 부대와 식별하기 위한 것. 또한 병사가 단결심을 가지고 군대의 규율을 지키게 하기 위한 것이다. 대왕 스스로가 「군복 없이는 규율도 없다」라고 말할 정도였다.

머스킷티어   그레네디어

오스트리아군

머스킷티어   그레네디어(독일인 연대)   그레네디어
(헝가리인 연대)

러시아군

머스킷티어

그레네디어

◆프로이센군의 전술◆

프로이센은 징병(칸톤)구 제도를 통해 유럽 최고의 군사력을 구축한다. 군대에는 교육과 엄격한 훈련을 부과하여, 당시 유럽 병사가 1분간 2발의 탄환을 발사한 데 비해 프로이센군은 5발이나 쏠 수 있었다. 여기에는 금속제 꽂을대를 채용한 것도 한몫한다. 이러한 병사를 거느린 프로이센군은 사면초가의 상황이 된 7년 전쟁에서 열세에 몰리면서도 승리를 거듭할 수 있었다. 또한 대왕은 실전을 방불케 하는 훈련을 반복해 세상에 알려진 "사행(斜行) 전술"을 완성시킨다. 이것은 부대를 적 앞에 전개하는 단계에서 적 날개의 측면과 정면에 병력을 집중시키는 전법이다. 그뿐만 아니라 전장에서 산개하는 보병과 기병부대를 수행하며 화력 지원을 담당하는 "기마포병"을 군사상 최초로 등장시켰다. 이는 소형 대포를 장비한 채 포수와 탄약수 등이 말을 타고 이동하는 부대를 말한다.

프랑스군

머스킷티어

그레네디어

기병(18세기 중반)

7년 전쟁 주요 4개국의 주된 기병과 그 군장. 이 시대에 일반화된 기병종으로「후사르」가 있다. 헝가리를 기원으로 하며 돌격전의 파괴력과 높은 기동력을 가진 우수한 기병부대로서 독특한 복장이 유명하다. 대왕은 이 같은 기병의 충격력에 주목하여 필요 이상의 장비를 없애고 신속한 이동과 발도(拔刀)로 돌격하는 부대를 편제했다. 그리고 철저한 훈련을 통해 돌격을 마친 뒤 뿔뿔이 흩어진 4,500기의 기병이 겨우 4분 만에 대열을 재정비할 수 있을 정도로까지 성장시킨다.

프로이센군

흉갑기병(퀴러시어)
배갑은 착용하지 않는다.

용기병(드라군)

후사르

오스트리아군

흉갑기병
흉갑, 배갑 모두 착용.

용기병(드라군)

후사르

러시아군

흉갑기병
배갑은 착용하지 않는다.

용기병

후사르

프랑스군

흉갑기병

용기병

후사르

산병전과 게릴라전
미국 독립 전쟁

미국 독립 전쟁은 본래 영국 본국 정부의 대식민지 경제 정책에 반대하는 저항 운동이었다. 그러던 것이 무력 항쟁으로 발전하여 순식간에 독립을 목표로 13개 식민지(독립 13주) 모두가 참가하는 전쟁이 되었다. 당초에는 영국군이 우세하였으나 새러토가의 패배(1777년)를 계기로 전황은 일변한다. 대륙군(식민지군)과 동맹을 맺은 프랑스군이 도착하기도 하여 궁지에 몰린 영국 파견군은 결국 항복하고 만다(1781년). 이 전쟁에서 대륙군이 사용한 산병전과 게릴라전은 새로운 전술과 전략으로서 세상에 알려지게 된다.

라이플병
(펜실베이니아 주
라이플 연대 소속
병사)

식민지군 민병

사냥은 물론 원주민과의 문제 해결에 소총을 사용하던 식민지에서는 소총이 성인 남성에게 필수적인 도구였다. 그래서 자신의 소총을 들고 참가하는 것만으로 그대로 민병이 되었다. 입대하고 나서도 훈련 없이 정확한 사격을 할 수 있었으며, 개중에는 무장하고 "몇 분" 만에 전장으로 달려가 그대로 실전을 견뎌냈다 하여 "미니트맨"(긴급 소집병. 직역하면 "분" 병사)이라 불린 민병부대도 있었다. 하지만 정규병과 달리 전열보병으로서의 훈련은 부족하고 총검도 장비하지 않았다. 오로지 총을 손에 들고 차폐물에 숨어 각자 마음대로 목표를 사격하는 산병전을 벌였다. 신출귀몰한 게릴라전에 적합한 이 전법은 영국군을 괴롭힌다. 사관을 우선적으로 저격하는 방식은 유럽에서는 야만적으로 여겨졌으나, 그것은 원주민과의 가차 없는 살육 전쟁을 통해 몸에 익힌 것이었다. 이후 산병 전술은 바다를 건너 유럽에 도입된다.

독립 13주

경보병(제38보병연대
소속 병사)

■펜실베이니아 라이플

식민지군 민병이 손에 든 소총은 「펜실베이
니아 라이플」이라 불리는 장총신 라이플 총
으로, 미국 독립 전쟁은 라이플 총을 실전에
서 사용한 최초의 전쟁이었다. 독일의 수렵
용 예거 라이플을 바탕으로 제작되었으며,
대륙의 펜실베이니아 지방에서 탄생하여 이
렇게 이름 붙여졌다. 또한 서부 개척 시대의
켄터키 지방에 보급되어 널리 사용되면서 오
늘날에는 「켄터키 라이플」이라 부르는 경우
가 많고 이쪽 이름이 더 유명하다. 특징으로
는 구경이 작고(13.2mm) 그만큼 총신이 길
다(1,016~1,143mm)는 점이 있다. 총신이
길면 탄환이 총신 내를 달리는 거리(송탄 거
리)와 발사 가스의 영향 시간이 길어져 탄도
가 안정된다. 그리고 가늠쇠와 가늠자의 거
리도 멀어지므로 조준정밀도가 상승한다. 구
경이 작다는 말은 탄환이 작다는 것을 의미
하지만, 크기가 작으면 탄속은 빨라지기 때
문에 위력에서 그리 손해를 보지는 않는다.
단점은 강선과 총신이 길어 탄환의 장전에
시간이 걸리고, 총 자체가 장대하여 다루기
까다롭다는 것이다. 그중 장전에 대한 것은
기름에 담근 종이나 짐승 가죽에 탄환을 감
싸 부드럽게 통과되도록 함으로써 해결했다.

대륙군 정규병

식민지군 총사령관 조지 워싱턴(나중의 미국 초대 대통령)은 유럽식 군대를 조직하여 "콘티넨털 아미"(대륙군)라고 불렀다. 1776년 9월에 승인된 이 군대가 대륙 의회 정규군이 된다. 그들에게는 각 식민지(주)가 정한 군장이 지급되었다. 공통적으로 삼각모를 쓰고 같은 디자인의 군복을 입었으나 색은 주마다 다르다. 예를 들어 펜실베이니아, 메릴랜드, 버지니아, 델라웨어에서는 빨강을 기조로 했다. 장비는 유럽식 군대와 차이가 없었고 소총은 흔히 「브라운 베스」라 불리던 영국제 활강식 머스킷 총을 사용했다. 훈련과 전술도 유럽식이었지만 실전에서는 경험 많은 영국군을 당해내지 못하는 경우가 많았다.

대륙군 경용기병

1777년 초, 워싱턴 장군의 오랜 요망이던 기병이 대륙군에 처음 등장한다. 편제된 것은 「경용기병」(「라이트 드라군」)이라 불리는 기병종이다. 주로 소총을 한쪽 손에 들고 마상에서 사격전을 벌였으며 사브르를 뽑아 들고 싸우는 돌격전은 서툴렀다. 당초 3,000기가 소집되었으나 정규군으로서 실제로 전쟁에서 운용할 수 있던 것은 1,000기를 넘지 못했다. 시민군과 지원병으로 구성되는데 장비는 영국군과 그리 다르지 않다. 독특한 차양이 달린 투구를 쓰고 카빈 총(기병총)을 든다. 하지만 같은 해 말경까지는 카빈 총이 부족하여 사브르와 피스톨만 장비하거나 혹은 보병용 머스킷 총을 사용했고, 개중에는 기병창을 장비하는 사람도 있었다.

바지는 가죽제.
부츠 길이가 길다.

영국군 병사(미국 독립 전쟁 시)

영국군은 군복의 색에서 유래하여 "레드 코트"(빨간 옷)라고 불렸다. 1645년에 전 육군이 통일해서 이 색을 사용하기로 결정한다. 영국군의 규율과 훈련의 완성도는 대륙군이 발끝에도 미치지 못할 정도였다. 횡대 대형으로 어깨가 닿을 만큼 밀집한 상태에서 전진하고 약 50m까지 접근했을 때 일제사격을 한다. 당시의 소총 성능으로는 그 이상 떨어지면 명중정밀도가 낮아져 "적의 흰자위가 보이면 발포하라"는 것이 상식이었다. 하지만 대륙군은 적이 사정거리 안에 들어오면 바로 발포했기 때문에 그들이 먼저 사격을 시작하는 경우가 많았다. 영국군은 이를 견디면서 거리를 좁혔다. 대체로 서로 간에 2회씩 사격을 주고받은 후 총검을 꽂아 백병전을 벌인다. 영국군이 싸우는 모습은 그야말로 전쟁 기계라 불릴 만하여 총검돌격이 되면 대부분 승리했다. 대륙군은 총검이 부족한 점도 있어 백병전에는 매우 약했다.

영국군 일반병

가죽띠를 감은 투구.
볏에는 말총이 달려
있다.

영국군 경용기병

프랑스/영국/러시아/오스트리아/프로이센

나폴레옹 전쟁

절대왕정에 종지부를 찍은 것처럼 보였던 프랑스 혁명(1789년~1799년)이었으나, 나폴레옹 보나파르트(1769년~1821년)가 대두하면서 프랑스의 미래는 다시 한 사람의 인간이 좌우하게 된다. 툴롱 포위전에서 두각을 드러낸 나폴레옹은 1815년까지 "식인귀"로서 유럽에 군림한다. 오늘날 나폴레옹 전쟁이라 통칭되는 이 시대의 전쟁에서는 최고사령관 스스로가 전선에 서서 지휘하였기 때문에, 전장에서 아군을 한눈에 판별할 수 있도록 군복에 화려한 색이 사용되었다.

프랑스군 보병

프랑스군은 군복에 국기의 색을 배합한 파랑, 하양, 빨강을 사용했다. 각 보병종 간에는 플룸(모자의 깃털 장식)의 색과 모자의 형태, 복색의 차이로 구분된다(타국도 마찬가지).

1805년까지 썼던 이각모.

1812년 당시

퓨질리어(전열보병종)

프랑스어로는 「퓌질리에」. 프랑스군의 주요 전열보병. 1805년까지 이각모(바이콘)였다가 그 이후로는 원통형 군모 「샤코」를 쓴다. 상의가 파란색이고 하반신의 바지 등은 흰색. 경보병 부대는 「샤쇠르」(사냥꾼이라는 의미)라 불렸는데 하의가 상의와 같은 색이었다.

샤쇠르의 샤코에는 경보병을 상징하는 나팔 문장이 붙어 있다.

볼티죄르(경보병종)

전열보병과 경보병부대의 선발 경보병. 「볼티
죄르」는 프랑스어로 "곡예사"를 의미한다. 전열
보병부대에서는 척탄병에 버금가는 엘리트 병
사. 산병전과 척후에 정통한 몸집이 작고 몸이
가벼운 사격의 명수가 뽑혔다. 그림은 경보병
대대의 것이다. 전열보병부대에서는 같은 복장
에 흰 바지를 입었다. 플룸의 색 등으로도 구별
된다. 경보병종에는 그 밖에 척후병인 「티라이
외르」(프랑스어로 저격병이라는 의미)도 있다.

카라비니에(경보병종)

「카라비니에」(프랑스어)는 경보병부대에서 선
발된 최정예. 전열보병부대의 그르나디에(척
탄병)에 해당한다. 카라비니에라는 말은 장비
에 따른 것이 아니라 명예 호칭으로서 붙여진
다. 건장하고 몸집이 큰 것이 선발 조건.

카라비니에의 엘리트 중대에
서는 곰털 모자를 썼다.

1804년 당시

1806년 당시

그레네디어(척탄병)

프랑스어로는 「그르나디에」. 이 시대에는 척탄을 투척하는 전문 부대로서의 "척탄병"은 자취를 감추고, 그 이름은 최정예부대를 가리키는 명예 호칭이 된다. 프랑스군의 보병대대는 척탄병, 전열보병, 경보병중대로 구성되었는데 전투에 돌입하면 연대의 각 대대에서 척탄병 중대가 뽑혀 나와 후방에 모여서 연대의 예비 병력으로 대기하다가 중요한 순간 투입되었다. 척탄병은 위험한 임무가 많기 때문에 급료도 높다. 신장은 약 173cm 이상이어야 했다.

■보병 장비

나폴레옹 전쟁 시대의 보병은 등에 장비 일식을 짊어진 채 싸웠다. 등에 멘 장비의 총중량은 30kg 전후가 되기도 하였으며 이는 어느 나라든 마찬가지였다. 냅색형 잡낭, 즉 배낭의 어깨끈에는 가슴을 가로지르는 벨트가 달린 것도 있으나 호흡을 곤란하게 만든다는 말이 있어 프랑스군에서는 채용하지 않았다. 배낭에는 외투인 그랜드 코트와 담요를 동여맨다. 행군 시에는 그랜드 코트를 입고 샤코에 방수 커버를 씌우는데, 상황과 날씨에 따라서는 그 모습 그대로 전투에 돌입하기도 했다.

1813년 당시

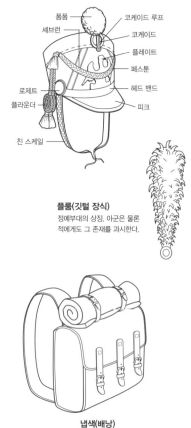

샤코(원통모)

폼폼 · 코케이드 루프 · 셰브런 · 코케이드 · 플레이트 · 페스툰 · 로제트 · 헤드 밴드 · 플라운더 · 피크 · 친 스케일

플룸(깃털 장식)
정예부대의 상징. 아군은 물론
적에게도 그 존재를 과시한다.

냅색(배낭)

상의와 바지

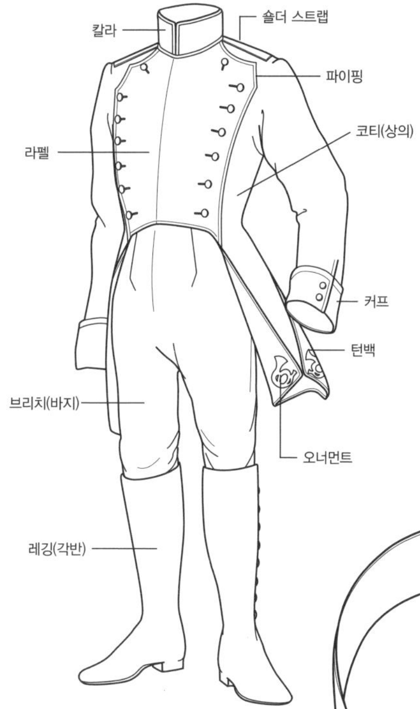

칼라

숄더 스트랩

파이핑

라펠

코티(상의)

커프

턴백

브리치(바지)

오너먼트

레깅(각반)

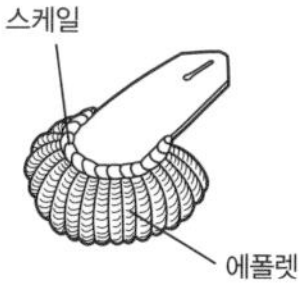

스케일

에폴렛

사관뿐만 아니라 정예부대는 이처럼 화려한 숄더 스트랩을 달았다. 술이 없는 테두리 장식은 스케일이라고 한다.

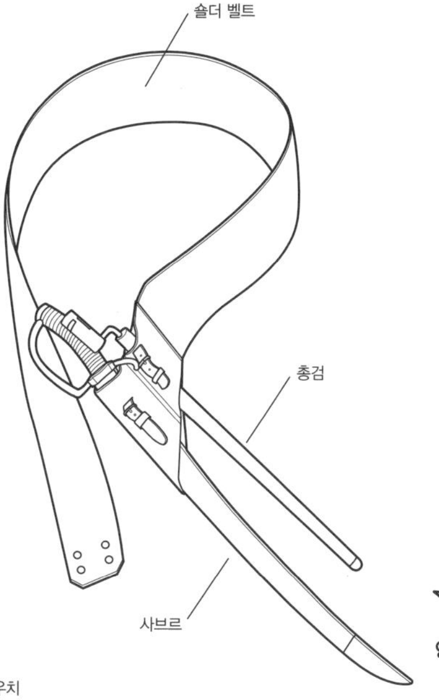

숄더 벨트

총검

사브르

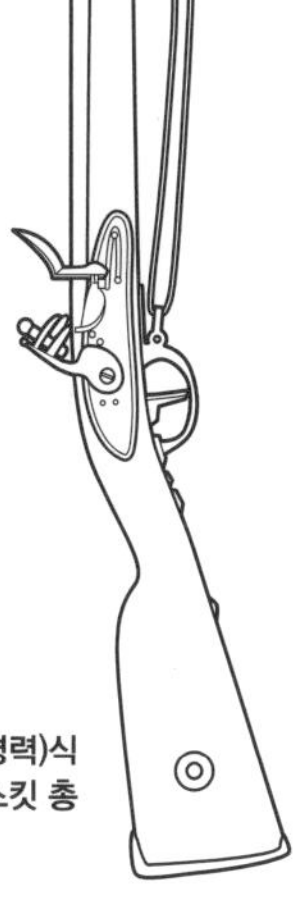

수통

파우치 벨트

파우치

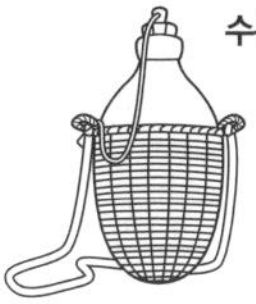

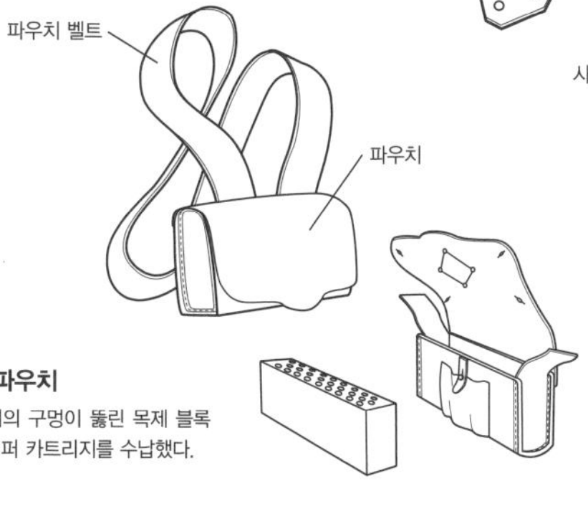

탄약 파우치
여러 개의 구멍이 뚫린 목제 블록에 페이퍼 카트리지를 수납했다.

XⅢ년(혁명력)식 머스킷 총

영국군 보병

나폴레옹 전쟁기 최고의 군대. 하지만 본국에서 대륙으로 수송해야 했기 때문에 근위부대를 제외하고 정원을 채우지 못한 부대도 많았으며, 못 미더운 동맹군과 함께 싸운다는 것이 약점이었다. 내셔널 컬러는 빨강. 이 색은 스튜어트가의 리버리 코트(정복), 또는 크롬웰의 뉴 모델 아미가 착용한 군복 색에서 따온 것이라고 한다.

라인(전열보병종)

일반병인 전열보병. 횡대를 짜고 가하는 일제사격은 영국군의 전통적인 기예라고 할 만한 것으로 흐트러짐 없는 발포음을 들으면 그것이 영국군이라고 알 수 있었다. 영국군의 전열보병부대는 "라인"이라 불렸으며 3개 연대만이 예전 그대로 퓨질리어를 호칭으로 사용했다.

■**영국군 보병 장비**

총검 벨트

잡낭

배낭

수통

1815년 당시

탄약 파우치

「브라운 베스」
머스킷 총

흰색 — 녹색 — 흰색

적색

플룸의 배색
영국군 보병종은 플룸의
색으로 간단히 구분할 수
있었다.

라인   라이트/라이플   척탄병

라이트(경보병종)

본대 앞쪽에서 산병전을 벌이는 경보병은 미
국 독립 전쟁이 계기가 되어 타국과 마찬가지
로 영국에도 채용된다. 워털루 전투(1815년)
에서는 엎드려쏴 자세로 공격하여 프랑스군을
크게 괴롭혔다.

라이플(경보병종)

최초의 라이플병은 1797년에 실험적으로 편제
되었다. 그 후 1800년 1월에 14개 라인 연대에
서 각 30명씩 선발되어 막 채용된 국산「베이
커 라이플」총의 훈련을 받는다. 그들은 같은
해 3월에 정식으로 2개 연대로 편제되어 라이
플 군단으로서 스페인 전선에 투입되었다. 상
하 모두 암녹색 군복을 착용한다.

1812년 당시

1811년 당시

■베이커 라이플

미국 독립 전쟁에서 교훈을 얻어 영국군
이 처음 실전용으로 채용한 라이플 총.
1800~1840년에 걸쳐 널리 사용되었다.

총의 청소구. 화문을 청소하기 위한
것. 발포 찌꺼기로 막힌 구멍을 바늘
로 쑤시고, 솔로 찌꺼기를 쓸어 떨어
뜨린다.

그레네디어(척탄병)

영국군 보병대대는 8개 전열보병과 각 1개 경
보병 및 척탄병중대로 구성된다. 횡대 전술을
사용하던 영국군에서는 약점이 되는 날개 끝
을 척탄병이 담당했다.

하일랜더(하일랜드 병사)

스코틀랜드인 부대. 영국군 정예부대이기도
하다. 타탄을 허리에 감고, 거위 깃털 장식을
단 군모를 쓴다.

1800년 당시

1815년 당시

■영국군 특유의 샤코

정수리로 갈수록 좁아진다. 실루엣으로 그것을 한눈에 알 수 있어 아군의 오발을 막았다. 웰링턴 공작은 그것이 이 군모 최대의 장점이라고 여겼다.

1800년경.

1812년. 접어놓을 수 있는 목가리개가 달려 있다.

1815년.

◆나폴레옹 전쟁 시대의 보병 대형◆

①횡대 대형

세로 수열의 병사를 가로로 길게 배열하는 공격대형. 사격 중시 대형이다. 압도적인 화력으로 적의 접근을 막으면 절대적인 위력을 발휘한다. 하지만 접근과 돌파를 허용하면 부대의 붕괴를 초래하게 된다. 계속해서 전열을 유지하는 것이 중요하기 때문에 이동속도는 떨어진다.

②종대 대형

백병전 위력을 높이기 위해 종심을 늘린 공격대형. 행군 시의 종대보다도 정면 폭이 좁다. 이동속도는 횡대보다 빨라 적진을 돌파하는 충격력을 갖는다. 그런 반면 사격력이 격감하고 횡대 대형을 짠 적에게 측면 공격을 허용하게 된다.

③산병 대형

대형이 없는 대형. 보통 아군 주력부대 앞쪽에 뿔뿔이 흩어져 전개한다. 사관의 지휘가 없어도 도망치지 않는 사기 높은 병사들로만 가능하다. 프랑스군은 혁명으로 애국심이 고양된 국민군이었기 때문에 널리 사용할 수 있었다.

④오르드르 믹스트(복합 대형)

횡대, 종대, 산병 대형을 조합한 것. 산병으로 적을 혼란시키고 횡대의 화력으로 아군의 전진을 원호하며 최종적으로 양익의 종대가 적을 돌파한다.

기본 대형은 횡대 1개, 종대 2개의 3개 대대로 구성된다. 이 대형은 프랑스의 군인이자 군사이론가인 기베르(1743년~1790년)가 1772년에 고안하였으며(『전술일반론』) 나폴레옹이 즐겨 사용하면서 그 이름을 높였다.

⑤방진 대형

전방위 방어대형. 시계가 안 좋을 때나 기병 돌격에 대항할 때 사용한다. 횡대를 짠 병사가 "口"자 대형을 이루는 것으로, 전방위 시야를 확보하고 적을 사격할 수 있다. 영국군에서는 앞쪽의 병사가 무릎을 꿇고 총검을 꽂은 소총을 비스듬히 들어 말을 위협했다. 여기에 보호받으며 뒤쪽에 있던 병사는 소총으로 끊임없이 사격한다. 방어에 만전을 기했으나 대포에게는 절호의 표적이 되었다. 이 대형에 기병으로 돌격할 때는 포병의 지원이 필수적이다.

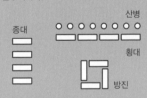

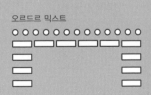

러시아군 보병

러시아군이 가진 힘의 원천은 광대한 영토에서 얻을 수 있는 무한한 동원 능력에 있다. 러시아인은 총검 전투에 능했는데, 그 배경에는 소총 성능이 떨어지고 규격도 정리되지 않아 탄환 보급이 원활하지 못했기 때문이라는 사정이 있었다. 내셔널 컬러는 녹색.

■러시아군 보병 군모의 변천

머스킷티어

1805~1807년

1809~1811년

1812~1815년

예거

1805~1807년

1809~1811년

1812~1815년

머스킷티어(전열보병종)

러시아군 전열보병. 러시아어로는 「무시케툐르」. 사격전보다 총검을 이용한 돌격전으로 프랑스군을 괴롭혔다. 어깨에 대각선으로 메고 있는 그랜드 코트는 방한을 겸해 두껍고 약간의 방인(防刃)효과가 있어 입고 돌격하는 경우도 있었다.

1812년 당시

클로즈드 칼라

겨울에는 검은색 각반을 착용했다.

예거(경보병종)

경보병. 러시아어로는 「예게리」. 프로이센군의 보병종을 러시아군이 도입한 것이다. 당초에는 전열보병의 일부로 편입되어 소량의 라이플 총을 장비했다. 1811년부터는 연대 규모로 편제되었으며, 이후 러시아군 1개 사단은 2개 경보병(예거)연대와 4개 전열보병(머스킷티어)연대로 이루어지게 된다. 단, 경보병이라고는 하지만 라이플 총을 거의 장비하지 않았고 제대로 된 경보병 훈련을 받지 않은 사람도 있었다.

그레네디어(척탄병)

러시아어로는 「그레나데르」. 군모에 높은 플룸을 달아 금세 알아볼 수 있다. 이것으로 적과 아군 양쪽에 정예인 자신들의 존재를 과시했다. 플룸의 모양은 연도에 따라 다른데 점차 가늘어진다.

1805~1807년

1812~1815년

오픈 프론티드 칼라

1805~
1807년

1807~
1811년

오스트리아군 보병

오스트리아군은 러시아와 더불어, 프랑스
군과 단독으로 대등하게 싸울 수 있는 병력
을 가진 몇 안 되는 국가였다. 하지만 우수
한 지휘관이 없고 치중대를 많이 거느리고
있어 행군속도가 느렸다. 병사도 훈련 부족
을 노출하는 일이 잦았다. 그래도 카를 대
공(1771년~1847년) 밑에서 서서히 그 힘
을 발휘하게 된다. 내셔널 컬러는 흰색.

퓨질리어(전열보병종)

다민족국가였던 오스트리아군에는 독일계
(72%)를 필두로 헝가리계(19%), 왈롱계(8%),
이탈리아계(1%) 연대가 있었다. 그림의 「퓨질
리어」(독일어)는 각각 헝가리계와 독일계의 복
장을 하고 있다. 헝가리계는 끈 장식이 달린
바지를 입는다. 1809년경까지 볏이 있는 투구
를 쓰다가 부대가 재편되면서 샤코로 바뀐 연
대도 있다.

헝가리계
퓨질리어
1801년 당시

독일계
퓨질리어
1809년 당시

예거(경보병종)

위아래 암회색 군복을 입었다. 1809년 이후로는 볏이 달린 군모 대신 일부에서 벨루치 햇을 채용한다. 이것은 행군 시 소총을 어깨에 멜 때 방해가 되지 않도록 배려한 것으로, 사격이 특기인 산악 지방의 병사(티롤 지방 등)들 사이에서도 사용되었다.

그레네디어(척탄병)

척탄을 사용하지 않게 된 후에도 가슴에는 척탄용 매치 케이스(불씨통)를 달았다. 1811년 이후가 되면 척탄이 불을 뿜는 모양의 척탄 배지로 교체된다.

매치 케이스   척탄 배지

벨루치 햇은 17세기 중반에 등장한다. 사격할 때는 접힌 부분을 앞으로 향해 조준을 가리지 않게 하고, 행군 시에는 방해가 되지 않도록 옆으로 돌렸다.

1800년 당시

1811년 당시

프로이센군 보병

나폴레옹 전쟁 초기, 프로이센군을 수식하던 프리드리히 대왕 시대의 영광은 과거의 것이 되어 있었다. 부대가 종대에서 횡대로 대형을 변경하는 데만도 프랑스군의 갑절인 4분이 걸리는 등 훈련 부족이 현저했다. 하지만 1806년에 대패한 뒤 새로운 군대로 재편되어 1808년 이후로는 프랑스군에 필적하는 역량을 가진 부대로 서서히 다시 태어나게 된다. 내셔널 컬러는 파랑(프러시안 블루).

머스킷티어(전열보병종)

독일어로는 「무스케티어」. 프로이센군은 프리드리히 대왕 시대의 횡대 사격전을 절대적으로 여겨 경보병을 경시했다. 주력은 어디까지나 머스킷 총병이었으며, 그것이 경보병을 보유한 프랑스군에 대패를 당하는 원인이 되었다. 또한 병력의 4할은 란트베어라 불리는 민병이었다고 한다.

1806년 당시

1809~
1815년

퓨질리어(경보병종)

독일어로는 「퓌질리어」, 또는 「슈첸」이라고도 불린다. 프랑스군과 달리 프로이센군에서는 퓨질리어가 산병 전술을 수행하는 경보병종이었다. 일반적으로 규율이 잘 잡힌 사기 높은 정예부대로 인식되지만 초계 임무 중에 약탈 행위를 벌이는 경우도 있었다. 라이플 총을 장비했으나 총검으로 백병전에 임하기도 한다.

그레네디어(척탄병)

독일어로는 「그레나디어」. 프리드리히 대왕 시대와 마찬가지로 전열보병 측면에 위치하며 부대를 선도하는 역할을 한다. 나폴레옹 전쟁에서는 연대에 배속되었던 2개 중대를 모아 합동척탄병대대를 만들어 각 연대의 예비군으로 삼았다.

척탄병은 주교관모뿐만 아니라 높은 플룸을 단 샤코도 쓴다.

1814년 당시

1806년 당시

◆보병의 사격자세◆

보병부대의 사격자세에는 여러 가지가 있다.
「서서쏴」(a)와 「무릎쏴」(b)는 전열보병의 기본
사격자세. 「엎드려쏴」(c)와 「누워쏴」(d, e)는 경
보병이 다양한 경험을 통해 만들어낸 것이다.
「엎드려쏴」에서는 총신을 받치는 양각대 대신
샤코를 사용하기도 한다. 「누워쏴」에서는 다리
를 교차시켜 총의 멜빵(슬링)에 거는 등 고안이
이루어졌다.

a) 서서쏴

b) 무릎쏴

c) 엎드려쏴

d) 누워쏴1

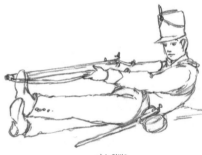

e) 누워쏴2

각국의 기병종

흉갑기병(퀴러시어)

퀴라스(흉갑)를 착용한 중기병(프랑스어로는
「퀴라시에」). 흉갑은 흉판과 배판으로 구성되
지만 나라에 따라서는 흉판만 걸치거나(오스트
리아), 혹은 흉갑을 전혀 장착하지 않았다(프
로이센). 이는 18세기 들어 흉갑을 입은 기병
이 더 이상 중요시되지 않았기 때문으로, 명칭
만이 명예 호칭으로서 남겨진 결과이다. 그러
나 프랑스군은 돌격전에 있어 흉갑의 중요성을
인식하고 글자 그대로 흉갑을 입은 기병을 채
용한다. 이 책에서는 나폴레옹 전쟁기의 이 흉
갑기병을 "중"기병으로 불러, 고대와 중세의
중장비 "중장"기병과 구별하고 있다. 단, 그들
의 임무가 기승 돌격전이라는 점은 같다. 경장
이라도 밀집 대형을 짜면 동일한 돌격 효과를
얻을 수 있었다. 무기는 안장 앞부분에 구비한
피스톨 2정과 허리에 찬 직검 사브르. 그 밖에
소총(1811년에는 카빈 총, 프랑스어로 「무스
크통」)을 장비했다.

프랑스군 흉갑기병

돌격할 때는 직검 사브르를
앞으로 내밀어 상대를 찌르
는 자세를 취한다.

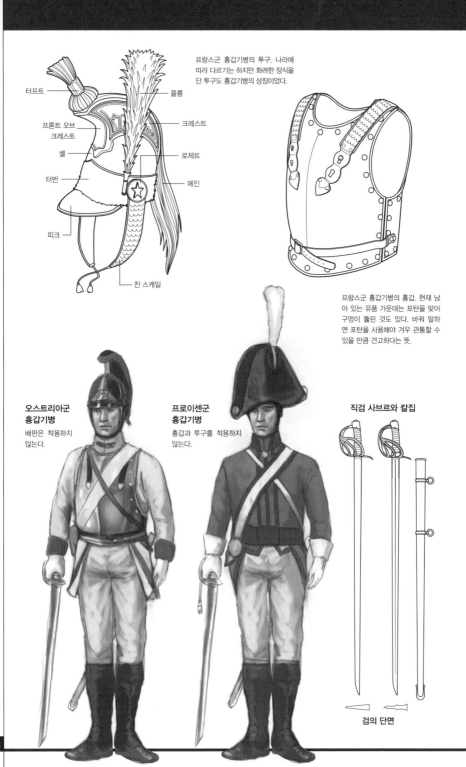

프랑스군 흉갑기병의 투구. 나라에 따라 다르기는 하지만 화려한 장식을 단 투구도 흉갑기병의 상징이었다.

터프트

플룸

프론트 오브 크레스트

크레스트

셸

로제트

터번

메인

피크

친 스케일

프랑스군 흉갑기병의 흉갑. 현재 남아 있는 유품 가운데는 포탄을 맞아 구멍이 뚫린 것도 있다. 바꿔 말하면 포탄을 사용해야 겨우 관통할 수 있을 만큼 견고하다는 뜻.

오스트리아군 흉갑기병
배판은 착용하지 않는다.

프로이센군 흉갑기병
흉갑과 투구를 착용하지 않는다.

직검 사브르와 칼집

검의 단면

용기병(드라군)

용기병은 루이 14세 시대가 전성기였으나 나
폴레옹 전쟁에서도 계승되고 있었다. 하지만
전장에서 말을 내려 싸우는 경우는 점차 사라
지고, 기병으로서의 성격이 보다 중요시된다.
그들은 경장으로, 카빈 총이나 통상적인 머스
킷 총보다 약간 짧은 「드라군 머스킷」(또는 「머
스커튼」. 프랑스어로 「무스크통」)이라는 소총
을 장비하여 사격 능력을 갖추었다. 또한 안장
에는 피스톨 2정을 구비해 직접 사브르를 들
고 중기병처럼 돌격할 수도 있었다. 만능 기병
종이라고 할 수 있지만 중기병인지 경기병인
지는 애매하다. 그래서 "중(中)기병"이라는 새
로운 분류에 넣기도 한다. 프랑스군에서는 원
래의 용기병으로서 보병 취급을 받으며 투입
되는 경우도 많았는데, 스페인 독립 전쟁(반도
전쟁)에서는 실제로 그렇게 운용되었다. 영국
군에서는 "경"(라이트)과 "중"(헤비)의 두 가지
용기병으로 분류하여 각각의 임무를 명확히
설정했다.

프랑스군 용기병(드라공)

■드라군 머스킷/피스톨

용기병은 카빈 총, 또는 드라군 머스킷 총 가운데 하나를 장비했다. 후자는 특히 말에서 내려 싸울 목적으로 사용된다. 카빈 총과 피스톨은 오로지 마상에서만 사용하였는데, 돌격 시의 난전에서는 피스톨이 효과적이었다. 피스톨에는 조준이 없어 대략적인 가늠으로 발사한다.

**영국군 중용기병
(헤비 드라군)**
중기병으로서 돌격전을 수행한다.

**영국군 경용기병
(라이트 드라군)**
기동력을 살려 정찰·전초 임무 및 산병전 등을 담당.

후사르

「후사르」(프랑스어로는 「위사르」)는 헝가리 기병의 군장을 본뜬 기병을 말하며, 나폴레옹 전쟁에서는 경기병종으로 운용되었다. 이 "경기병"이라는 말은 경장이기 때문에 붙은 것이 아니고 임무가 "중기병"과는 달라 구분하기 위해 사용하는 것이다. 그들은 초계나 정찰을 맡았고 전투에서는 전령이나 산병전을 수행했다. 한편 추격전과 돌격전도 가능하다. 이 시대의 경기병은 중기병보다 밀집 대형을 많이 짜지 않았으므로 다양한 임무를 부여할 수 있었다. 그런 점에서 최대의 특징은 그 용법이 아니라 독특한 복장에 있었다고 할 수 있다. 어느 나라에서든 가슴에 끈 장식(모양에서 따와 늑골 장식 등으로도 표현된다)이 있는 상의 「돌먼」을 착용하고, 왼쪽 어깨에는 같은 끈 장식을 단 기장이 짧은 재킷 「펠리스」를 걸친다. 왼쪽 어깨에만 걸치는 것은 본래 사브르를 다루기 편하도록 오른쪽 어깨와 팔을 자유롭게 하려는 배려였다. 하지만 단순히 멋있어 보이기 위한 것이기도 하다.

프랑스군 후사르

후사르를 비롯한 경기병은 백병 전용으로 곡도 사브르를 장비했다. 기승 돌격에서는 달려가면서 내려치거나 아래에서 퍼 올리듯 사용한다.

■사브르와 사브르타슈

프랑스군의 곡도 사브르와 같은 벨트에 매달
던 납작한 가죽 가방 「사브르타슈」(영어로는
「세이버태시」). 덮개는 연대나 왕실을 상징하
는 기장으로 장식했다.

오스트리아군
후사르

프로이센군
후사르

창기병(랜서)

돌격용 랜스(기병창)를 든 기병의 모습은 총기의 발달로 일단 서유럽 여러 나라
에서 자취를 감춘다. 하지만 서서히 재평가되다가 창기병으로 이름을 떨치던
폴란드의 분할을 계기로 부활했다. 프랑스군에서는 「랑시에」, 오스트리아군, 프
로이센군, 러시아군에서는 「울란」이라고 부른다. 각국에 종군하던 폴란드인 창
기병은 위에서 보면 마름모꼴인 「차프카」라는 군모를 썼다. 랜스는 3m 전후로
선단에 페농(창깃발)을 단다. 나폴레옹 전쟁에서 창기병이 활약하면서 서유럽
에 다시 한 번 그 전성시대를 가져왔고 제1차 대전까지 계속해서 운용된다.

랜스(기병창)
측면   정면

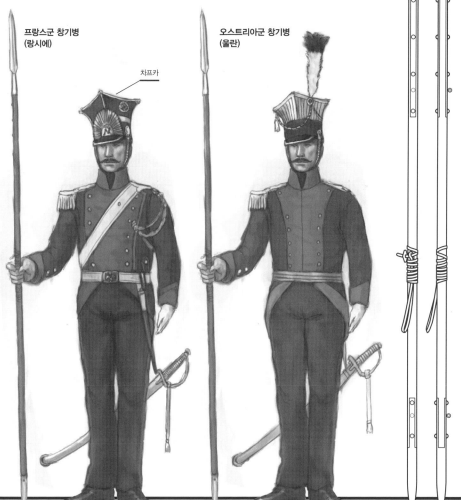

프랑스군 창기병
(랑시에)

차프카

오스트리아군 창기병
(울란)

샤쇠르 기병

소총을 장비하는 경기병종. 그림은 프랑스군 샤쇠르 기병이다. 「샤쇠르」는 프랑스어로 "사냥꾼"을 의미하여 "엽(獵)기병"으로도 번역된다. 기병이라기보다 기승한 경보병에 가깝고 사냥꾼처럼 저격 능력을 갖추었다. 임무는 기동력을 살린 정찰과 전초 임무지만 소총을 장비하고 있어 산병전도 가능했다. 때로는 밀집대형으로 기승 돌격하기도 한다.

카라비니에 기병

「카라비니에 기병」은 프랑스군의 중기병. 사격 실력이 우수한 병사 중에 선발된 엘리트 부대로 기병 돌격을 선도하는 역할을 한다. 적 보병이 방진을 짜고 대항할 경우에는 마상에서 그 귀퉁이 부분에 사격을 집중시켜 대형을 무너뜨리는 식으로 지원했다. 용기병과 마찬가지로 말에서 내려 싸우는 것도 전제로 하고 있으나, 실제로 그런 경우는 거의 없었다. 1811년

샤쇠르의 엘리트 중대는 주머니형 드리개 장식(백)이 달린 「버즈비」(프랑스어로는 「콜바크」)라 불리는 곰털 모자(베어스킨)를 썼다.

프랑스군
카라비니에 기병

프랑스군
샤쇠르 기병

부터 카빈 총을 장비한다. 또한 당초에는 흉갑을 입지 않았지만 전위와 초계 임무를 맡으면서 부상자가 늘어나 1812년에 흉갑 착용이 의무화된다. 그와 더불어 높은 곰털 모자에서 볏이 달린 금속제 투구로 교체되었다. 중장으로 바뀌어 잘된 일이라고 생각할 수도 있으나 그들 입장에서 보면 엘리트 부대의 상징인 곰털 모자를 빼앗기고, 용기를 의심하게 만드는 흉갑까지 강요당하니 불명예한 일로 여길 수밖에 없었다. 다만 흉갑기병이나 거의 다름없는 모습이 되기는 했어도 투구와 흉갑은 황동(사관은 적동)으로 도금된 특별 사양이었다(흉갑기병은 은색).

흉갑을 착용한
카라비니에 기병
(1812년 이후)

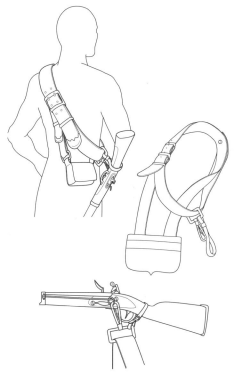

■카빈 총과 장착 벨트

카빈은 어깨에 대각선으로 맨 벨트에 늘어뜨렸다. 마상에서 다루기 편리하도록 총에는 긴 금속 봉(스위블 바)이 달려 있다. 여기에 건 벨트의 고리가 봉을 따라 미끄러지기 때문에 다루는 데 불편함을 느끼지 않는다.

■기병의 군장

그림은 프랑스군 후사르가 착용한 기병 장비. 탄약 파우치는 어깨에 대각선으로 맨 벨트에 달아 허리 뒤쪽으로 돌려놓았다. 어깨에 1줄의 벨트가 걸쳐진 그 모습을 정면에서 보면 비스듬한 1개의 선이 된다. 이 대각선이 작전도 등에 표시되는 기병부대의 기호이다. 행군 시에 착용하던 그랜드 코트는 전투 시에는 개서 안장 뒷부분에 수납했다.

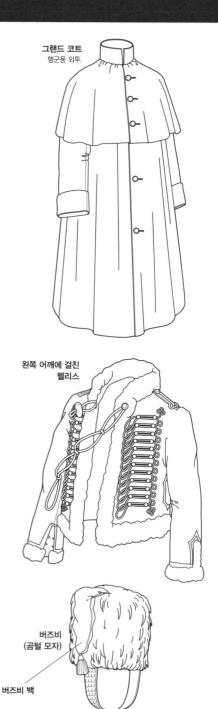

그랜드 코트
행군용 외투.

돌먼

왼쪽 어깨에 걸친 펠리스

새시(넓은 허리띠)
가는 끈을 몇 개의 다발로 만든 것.

**버즈비
(곰털 모자)**

버즈비 백

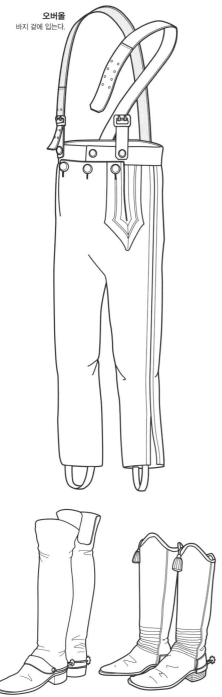

오버올
바지 겉에 입는다.

■안장

병종에 따라 세세한 차이는 있으나 기본 구조와 부속품은 같다. 안장 앞부분 좌우에는 도합 2정의 피스톨을 담는 홀스터가 있다. 뒷부분에는 그랜드 코트와 담요, 예비 부츠 등을 담는 수납 케이스가 있다.

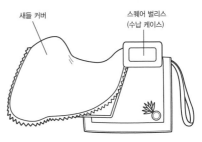

새들 커버

스퀘어 벌리스
(수납 케이스)

프랑스군 흉갑기병의 안장

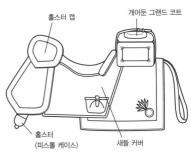

홀스터 캡

개어둔 그랜드 코트

홀스터
(피스톨 케이스)

새들 커버

프랑스군 중기병의 안장

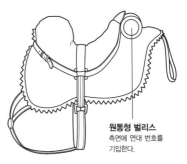

원통형 벌리스
측면에 연대 번호를
기입한다.

프랑스군 경기병의 안장

부츠
왼쪽은 중기병용 하이 부츠.

근위대/친위대

영어의 「가드」(프랑스어로는 「가르드」)는 "친위" 혹은 "근위"라고 번역된다. 차이는 대원의 충성심이 어디로 향하는가에 따른다. 전자의 경우는 "개인"이며 후자는 "대상이 되는 인물이 대표하는 일족"이다.

프랑스군 황제 친위대

황제 친위대는 나폴레옹 제국 최강의 부대이다. 제국이 확장되면서 조금씩 규모가 커져 보병, 기병, 포병대가 편제되기에 이른다. 창설 시에는 엄격한 입대 제한이 있다가 나중에 완화되어 선발제로 바뀌었는데 10년 이상의 전투경험과 함께 척탄병이라면 신장 180cm 이상, 샤쇠르라면 170cm 이상이 요구되었다. 그림은 친위대 척탄병. "벌통"이라 불리던 곰털 모자를 썼다. 그들은 "불평가"(그로냐르)라는 별명을 가졌으나, 거기에는 얼마간의 경의도 담겨 있다. 황제(즉 나폴레옹)가 전선에 나가 불필요한 위험에 몸을 드러내면 「황제께서 물러나지 않으시면 저희는 무기를 버리겠습니다!」라고 소리쳤다고 한다. 그러면서 행군 중에는 늘 불만을 터뜨렸다고 하니, 정말이지 믿지는 않지만 다루기도 힘든 불평가가 아닐 수 없다.

프랑스군
황제 친위대 병사
(척탄병)

황제 친위대의 척탄모. 정수리 부분에는 "불을 뿜는 척탄"이 그려져 있다. 1808년 까지는 붉은 바탕에 흰 십자였다.

프랑스군 황제 친위대 「장다르므리」

프랑스어 「장다르므리」는 "헌병대"지만 나폴레옹 시대의 프랑스군에서는 친위기병 일부를 구성하던 중기병을 가리킨다. 친위기병으로는 그 밖에 "신"이라 불리던 그르나디에 기병, "무적"이라 불리던 샤쇠르 기병이 있다. 이들과 어깨를 나란히 하며 "불사신"이라는 별명을 가진 것이 장다르므리. 전신은 1801년 7월 창설된 총재 경호부대로 요인과 시설의 경호를 맡고 있었다. 그러던 것이 나폴레옹의 경호부대가 되어 전장에서 황제와 그 진영을 호위하고, 후방의 연락선 유지를 담당하게 된다. 평시에는 헌병으로서의 임무도 수행한다.

프랑스군 황제 친위대 「맘루크」

황제 친위대 중에서도 이색적인 존재였던 것이 「맘루크」이다. 이집트 원정(1798년~1799년) 때 시리아의 예니체리 부대로 편제한 것이 시초. 그 후 프랑스에 따라와 1800년 "공화국의 맘루크 부대"가 된다. 1811년 친위대의 일원이 되었다가 1814년 3월 황제의 실각과 함께 해산되었다. 독특한 복장과 부대기로 유명하다.

■블런더버스 총

통칭 "나팔총" 또는 "우레총". 산탄총의 원형. 17세기 중반 네덜란드에서 탄생하여 18세기경 널리 보급되었다. 소형 탄을 확산시키기 위해, 또한 장전이 용이하도록 총구가 나팔 모양을 하고 있다. 자갈 등을 채워 발사할 수도 있으나 지근거리에서밖에 위력을 발휘하지 못한다. 총이 익숙하지 않은 사람이나 선상에서 사용할 때, 혹은 신변 경호 등에는 효과적이다. 북아프리카의 군주들은 호위병에게 이 총을 장비시켰고 맘루크 병사도 이것을 사용했다.

프랑스군 황제 친위대 「장다르므리」

프랑스군 황제 친위대 「맘루크」

영국군 근위기병

잘 훈련된 영국군 중기병은 근접전에서는 사브르와 피스톨을 사용하고, 거리를 두고는 카빈 총을 사용한다. 우수한 부대임에는 틀림없었지만 소규모 전투는 서툴고 주로 대대적인 돌격에서 파괴력을 발휘했다. 그것이 긍지 높은 그들이 원하는 바이기도 했다. 한편 프랑스군처럼 흉갑을 착용하지 않기 때문에 총격이나 측면에서의 기병 공격에 약한 일면도 있었다. 근위기병에는 「라이프 가드」, 「호스 가드」, 「드라군 가드」, 「스카츠 그레이」 등이 있다. 스카츠 그레이는 정식 명칭을 "제2용기병연대 로열 스카츠 그레이"라고 한다. 스코틀랜드인 중기병으로, 기승하는 말 전부가 회색마였던 이색적인 부대이다.

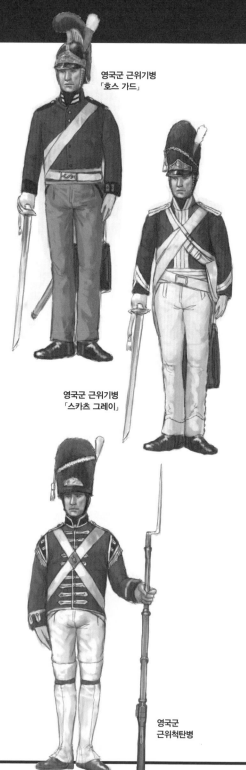

영국군 근위기병
「호스 가드」

영국군 근위기병
「스카츠 그레이」

영국군 근위보병

근위보병(「풋 가즈」)은 3개 연대가 있었다. 그중 제2연대는 「콜드스트림」(스코틀랜드의 지명)이라는 이름을 가지고 있다. 찰스 2세의 왕정복고에 조력하여 얻은 명예 호칭이다. 그림은 제1근위보병연대의 척탄병 병사. 곰털 군모를 착용하고 있는데, 통상적으로 인저 성과 세인트 제임스 궁전을 경호할 때만 사용한다. 스페인 독립 전쟁 중에 잠시 사용했다는 기록이 있으나 전장에서는 일반병사와 같은 타입의 샤코를 썼다.

영국군
근위척탄병

러시아군 「파블로브스키 척탄병」

나폴레옹 전쟁기의 척탄병은 더 이상 주교관형 척탄모를 쓰지 않았다. 그러한 풍조 속에서도 파블로브스키 척탄병연대는 계속해서 주교관모를 쓴다. 당초 그것은 새로운 군복의 지급이 늦어진 것에 불과했지만 프리트란트 전투에서 활약하고 나서는 공적에 의해 러시아 황제에게 주교관모를 계속 쓸 수 있는 명예를 얻는다(1807년). 1813년에는 근위부대로 격상되었다.

러시아군 「근위 코사크」

코사크 병사는 경기병으로서 러시아군에서 활약한다. 장창을 장비하였으며, 사격 실력이 뛰어나고 기동력도 출중한 부대였다. 하지만 그들을 통제하기란 어려워 추격전을 비롯해 적을 습격하는 임무에서 비로소 그 본래의 실력을 발휘했다. 그에 비해 근위 코사크는 어느 정도 통제된 우수한 부대이다.

러시아군
「파블로브스키 척탄병」

러시아군
「근위 코사크」

US 대 CS

남북 전쟁

남북 전쟁은 1861년부터 1865년까지 아메리카 합중국에서 벌어진 내전. 자유무역과 노예 제도의 대립으로 남부 여러 주가 합중국을 이탈하면서 전쟁으로 발전했다. 내전이지만 그 규모는 나폴레옹 전쟁을 능가한다.

북군 보병

"양키"라는 애칭으로 유명한 북군(북부연방군) 병사는 개전 당시 화기에 미숙했던 탓에 남군 (남부연합군) 병사에 압도당했다. 하지만 철저한 훈련을 통해 형세는 역전된다. 사용된 소총의 종류는 수십 종에 달하지만 태반이 강선식 머스킷 총이나 점화 방식을 수석식에서 「퍼커션락」(뇌관식)으로 개조한 활강식 머스킷 총이었다. 대부분 전장식이다. 강선식(라이플링) 소총에는 원뿔형 탄환이 사용된다. 이는 「미니에식」이라 불리는 것으로 프랑스에서 개발되었다. 이 탄환은 약 800m 앞에서도 살상이 가능했으며 훈련된 병사라면 1분간 3발을 발사할 수 있었다. 일반적인 사격전은 200m 전후 거리에서 이루어져 적이 그 이상 전진하는 것을 막는다. 북군 병사는 파란색을 기조로 한 군복을 입었는데 회색 군복을 입은 남군과의 싸움이라 하여 남북 전쟁을 "블루 & 그레이"라고 통칭하기도 한다.

북군 벨트의 버클, 또는 군복 단추에서 볼 수 있던 "US" 문자. "United States"(합중국)의 약칭이다. 정식으로는 "USA"(아메리카 합중국)지만 남군과 혼동하기 쉬워 "북부연방" 등으로 번역된다.

◆인디언 차지◆

남북 전쟁에서는 양군 모두 여단 단위로 배치되었고 각 여단은 800~1,000m의 전열을 만들어 전진했다. 여단은 4개 연대, 연대는 10개 중대로 이루어진다. 4개 여단이면 1개 사단이 된다. 통상 1개 연대의 정원은 1,500명이었지만 500명 정도가 일반적으로(군대에서는 보통 정원과 실수가 다르다) 1개 여단은 2,000~2,500명의 병력을 보유했다. 이만한 인원이 북소리에 보조를 맞춰가며 중대 단위로 번갈아 사격과 전진을 반복하는 것이다. 이 돌격 방식을

흔히 「인디언 차지」라고 부른다. 훈련에서는 끝을 총검 돌격으로 마무리하나 실전에서는 그렇게 되기 전에 한쪽이 퇴각한다. 이는 화기의 성능이 향상되었기 때문으로, 대부분의 병사가 백병전 이전에 총탄으로 쓰러졌다. 그래서 공성전에 사용하던 참호를 야전에서도 파게 되었고 병사들은 거기에 숨어서 사격하기 시작한다. 남북 전쟁은 야전에서 처음으로 참호를 이용한 전쟁이기도 하다.

북군의 "US"와 대비해 남군에서 볼 수 있던 "CS" 문자. "Confederate States"의 약칭이다. "주연방"이나 "주연합"이라는 의미가 있다. 정식으로는 "CSA"(아메리카 맹방)지만 "남부연합"으로 번역되는 경우가 많다.

남군 보병

"조니"라는 애칭으로 유명한 남군 병사. 그들은 화기를 다루는 데 익숙했고 열의도 넘쳤기 때문에 서전에서 승리를 거듭했다. 하지만 적을 앞에 두고는 사기가 왕성했던 반면 구속을 싫어하여 많은 탈주병과 낙오자를 낳는다. 개전 당초에는 보병 대부분이 전장식 활강식 소총을 사용했다. 소총의 태반이 영국에서 온 수입품으로 강선식 총신은 1863년이 되어서야 들어온다. 점화 방식도 초기에는 수석식 머스킷 총을 사용했으며 뇌관식이 사용되기 시작한 것은 1862년 후반이다. 군복의 색은 푸른빛을 띠는 회색을 기조로 하고 있다. 복사뼈까지 오는 군화는 조악한 것이 많아 물에 젖으면 분해되어 맨발로 종군하는 병사도 적지 않았다. 유명한 게티즈버그 전투(1863년)도 마을에서 신발을 싸게 판다는 광고를 본 양군의 병사가 조우한 데서부터 대규모 회전으로 발전했다는 말이 있다.

북군 기병

소총이 현격히 진보한 남북 전쟁에서는 종래와 같은 기병의 발도 돌격도 그 효력을 상실한다. 더 이상 전장에서의 결전 전력이 되지 못한 채 주로 정찰과 초계 임무, 급습을 위해 투입되었다. 특히 북군은 기마경관을 용기병으로 편제했는데, 그들은 목적지까지 말로 이동한 뒤 보병이 되어 싸움으로써 전쟁의 승리에 공헌한다.

■튜브식 탄창과 레버 액션

그림은 튜브식 탄창과「레버 액션」장탄 방식을 가진 카빈 총 (기병총). 남북 전쟁에서는 표준화된 정식 카빈 총이 없었고, 성능이 뛰어난 튜브식 탄창도 일부 기병 부대에서 사용되었을 뿐이다. 탄환은 당시로서는 희귀한 금속제 약협(메탈 카트리지)식으로 불발이 적어 병사들 사이에 평판도 매우 좋았다. 하지만 정부는 동포를 손쉽게 살상할 수 있는 "병기"의 채용에 소극적이었다. 장탄 방식은 레버 액션이라 불리는 것으로, 구체적으로는 트리거 가드를 겸하는 레버를 움직여 약협의 배출과 급탄을 행한다. 오늘날에도 일부 엽총에 사용되고 있다.

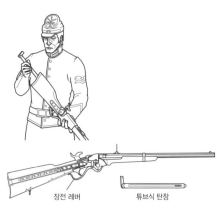

장전 레버   튜브식 탄창

남군 기병

북군과 마찬가지로 남군에서도 기병은 정찰과 척후를 주요 임무로 삼았다. 남부에서는 농장 경영을 위해서나 교통수단으로 말을 타는 일이 일상적이었기 때문에 그 기량은 북군에 비해 한발 앞서 있었다. 지휘관마다 기병관과 운용 방법은 가지각색이라 스튜어트 장군(1833년 ~1864년)처럼 예전과 다름없는 화려한 돌격 전을 고집한 사람이 있는가 하면 포레스트 장군(1821년~1877년)처럼 기승한 보병부대로 서 운용한 장군도 있다. 결과적으로는 후자가 전국 타개에는 적합했다.

■리볼버식 권총

피스톨(권총)은 주로 장교와 기승병이 휴대했다. 가장 많이 사용된 것은 콜트사의 리볼버식 권총이다. 리볼버식이란 회전(리볼빙)식 탄창을 가진 것으로 탄창은 「실린더」라고 불린다. 이 타입의 권총이 처음 등장한 것이 남북 전쟁기의 미국이었다. 초기의 것은 뇌관식으로 금속제 약협이 없어 리넨이나 종이로 감싼 발사약과 탄환을 탄창에 채우고(그림 a) 총신 아래의 장전 레버로 깊이 밀어 넣었다(그림 b). 그 다음에 점화용 뇌관(「퍼커션」)을 꽂는다(그림 c). 사격은 매회 공이치기를 젖히고 방아쇠를 당기는 「싱글 액션」식. 공이치기를 뒤로 젖히면 탄창이 자동 회전하여 다음 탄환이 발사 가능해진다. 남군에서 사용하던 것은 탄창의 회전축이 파이프 모양이라 산탄을 장전할 수 있었다고 한다.

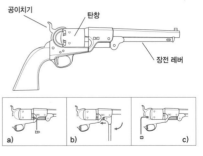

공이치기　　탄창

장전 레버

a)　　b)　　c)

북미 대륙의 원주민

네이티브 아메리칸

원주 아메리카인(네이티브 아메리칸)은 흔히 "아메리카 인디언"으로 알려져 있다. 백인 이주 당초의 양호했던 관계는 이주자 측의 일방적인 확장 정책으로 인해 무자비한 살육전으로 발전한다.

이로쿼이족 전사

이로쿼이에는 "진정한 살무사들"이라는 의미가 있다. 지족으로는 세네카, 카유가, 오논다가, 오네이다, 모호크 등 5개가 있으며 문화적으로 비슷한 투스카로라(휴런)족과 함께 6부족 연합을 구축했다. 짧은 치마와 각반, 그리고 바닥이 평평한 가죽제 신발 「모카신」을 착용한다. 「토마호크」 도끼와 여러 가지 곤봉을 이용해 싸웠고 담배를 피운 것으로 유명하다.

다코타족 전사

수라고도 불리지만 그 명칭은 적대 부족이 붙인 호칭으로 "뱀"을 가리킨다. 대륙에 온 프랑스인은 그들을 "사우크"라고 불렀는데, 그 이름이 오늘날 일반적인 명칭이 되었다. 북미 대평원에 거주하던 평원 인디언의 한 부족으로 백인과의 투쟁에서 특히 긴 역사를 자랑한다. 그중에서도 샤이엔족과 함께 커스터 장군(1836년~1876년)이 이끄는 제7기병대를 전멸시킨 것이 유명하다.

■네이티브 아메리칸의 무기

원주 아메리카인의 무기는 목제 곤봉이나 도끼머리가 작은 토마호크로, 겉보기에는 위력이 없어 보인다. 하지만 갑옷을 폐지한 시대의 유럽인에게 이들 무기는 무서운 흉기였고, 취급에 숙달된 원주민과의 백병전에서 승리한다는 것은 지극히 어려운 일이었다.

a) 「이 와타 징가」 스톤헤디드 클럽(중앙 평원 부족).
b) 「자 다그나」 또는 볼헤디드 클럽(이로쿼이족). 목제. 1700년경.
c) 철제 가시가 달린 볼헤디드 클럽(이로쿼이족). 1700년경.
d) 건스톡 워클럽(사우크족). 손잡이에는 "전과(戰果)"가 새겨져 있다. 1760년경.
e) 건스톡세이프트 클럽(삼림 부족). 1820년경.
f) 워 액스(미주리 강 주변 부족).
g) 파이프 토마호크.
h) "감자 으깨기"형 클럽(삼림/평원 부족).
i) 활(평원 부족). 평원 부족의 대표적 무기. 19세기 중반.
j) 코요테 가죽을 이용한 화살집. 19세기 말.

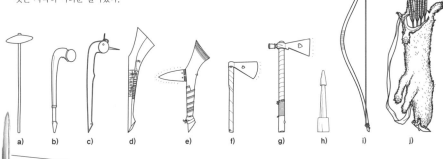

a) b) c) d) e) f) g) h) i) j)

아파치 랜스. 무기보다 수렵과 제사 목적으로 사용되었으며 깃털 장식이 달려 있다.

아파치족 전사

남서 인디언의 한 부족. 주니어로 "적"을 의미한다. 애리조나에 거주하며 일찍부터 말을 도입했다. 특히 호전적인 동부 아파치는 말을 이용해 약탈을 벌인다. 합중국 군대에 저항한 최후의 족장 제로니모(1829년~1909년)가 잘 알려져 있다. 가죽제 상의에 나타나는 끈 모양은 장식이 아니라 비가 옷에서 방울져 떨어지도록 고안한 것.

적 습격 두 번째
적에 의한 부상
날개를 꺾다
적 살해
적의 목을 자르다
적 습격 세 번째

"인디언"이라고 하면 일반적으로 머리에 깃털 장식을 단 모습을 떠올릴 것이다. 하지만 깃털 장식은 명예의 상징으로서 이것을 수여받는 것은 극히 한정된 사람뿐이었다. 부족에 따라서는 깃털 하나하나에 의미가 있어 그 인물의 무훈을 나타낸다.

나폴레옹 전쟁 후의 유럽

크림/보오/보불 전쟁

대나폴레옹, 대프랑스로 한 차례 결속했던 유럽 열강은 나폴레옹 전쟁이 종결되자마자 견제와 분쟁을 되풀이하게 된다. 반면 커다란 전쟁은 19세기 후반까지 벌어지지 않는다. 하지만 크림 전쟁 이후 또다시 열강 간의 대립이 전쟁이라는 형태가 되어 나타난다.

크림 전쟁(1853년~1856년)

크림 전쟁은 러시아의 남하 정책으로 인해 시작된 전쟁. 러시아가 오스만 튀르크령의 할양을 요구하자 위협을 느낀 영국과 프랑스가 튀르크 측에 서서 참전한다. 이로써 러시아의 남방 최대 거점이던 세바스토폴 요새를 둘러싼 싸움이 크림 반도에서 전개되었다.

영국군 퓨질리어 근위병

그림은 알마 전투(1854년)에서 활약한 영국 스코틀랜드인 근위부대 병사「퓨질리어 근위병」. 고수 이외의 근위병 전원에게는 더블 코트가 지급되었다. 높은 곰털 군모는 전장에서도 쓰는 그들의 상징이다. 소총은 전장식 뇌관식 라이플 총으로 미니에식 탄환을 사용하여 사정거리가 900m에 달했고 대략 1분간 2발을 발사할 수 있었다.

러시아군 보병

러시아군의 소총은 질이 떨어지는 전장식 뇌관식 라이플 총으로 사정거리 130~180m 정도였다. 러시아에서는 "탄환에 의지하는 것은 어리석은 자, 영웅이라면 총검으로 싸워라"라고 말하며 사격 훈련을 제대로 하지 않아 25년간 종군하면서 한 번도 소총을 쏴본 적이 없다는 증언이 나오기도 했다. 소총 대부분에 총검을 꽂아 창 대신으로 사용했다고 한다. 크림 전쟁의 패인은 그러한 러시아군의 전투 교의에 따른 무모한 돌격의 결과라고도 할 수 있다.

프랑스군 주아브병

주아브병은 프랑스군 아프리카 군단의 부대병(1830년 편제). 알제리 북부 산악지대에 거주하는 베르베르계 커바일인으로 편제되었다. 본래는 주아우아인이지만 프랑스어풍으로 주아브라고 불린다. 끈목 장식을 단 짧은 재킷과 파란색 조끼에 「사르웰」이라는 헐렁한 바지(흰색. 겨울에는 빨간색)를 입고, 빨간 「페즈」 모자를 쓰거나 터번을 감았다. 이 독특한 무어인풍 군복은 그들이 크림 전쟁에서 활약하고 나서 그 군공을 본받고 싶다며 각국에서 따라하게 된다. 남북 전쟁에서도 볼 수 있었으며 로마 교황의 사병들조차 이 군복을 채용한다. 프랑스군에서 처음으로 수장(袖章)을 단 부대이기도 하다.

보오/보불 전쟁(1866년/1870년~1871년)

세계의 근대화는 전쟁의 기술에도 큰 변화를 가져온다. 철도, 전신, 전화를 이용한 작전행동은 이전까지 불가능했던, 여러 개의 부대가 여러 개의 루트를 사용하여 결전장에서 합류하는 분진합격(分進合擊)을 가능하게 만들었다. 보오(普墺, 프로이센-오스트리아) 전쟁(7주 전쟁)은 독일 중소 방국들의 재편과 통일에 대한 주도권을 어느 쪽이 가질 것인가 하는 전쟁. 그리고 보불(普佛, 프로이센-프랑스) 전쟁은 보오 전쟁에서 승리해 대국화의 길을 걸어간 프로이센이 크림 전쟁으로 이름을 드높인 나폴레옹 3세(황제 재위 1852년~1870년. 나폴레옹의 조카)가 이끄는 프랑스와 싸운 전쟁이다.

프로이센군 보병

프로이센군은 보오 전쟁에서 후장식 소총「드라이제식 공이총」(독일어로는「드라이제 친드나델」)을 사용했다. 이 소총은 단발식이지만 현대의 총과 같은 구조를 가지고 있다. 보오 전쟁에서는 전장식 소총밖에 없던 오스트리아군을 속사성에서 능가하여, 이후 각국이 후장식 소총 개발을 추진하게 된다. 그래서 획기적인 발명품이었던 드라이제식 소총도 보불 전쟁에서는 더 이상 최신식이라고 할 수 없었다. 병사는 탄환 100발분, 총검, 냄새, 잡낭, 수통, 그레이트 코트(외투), 식기, 참호 굴삭 용구(삽 등)를 휴대한다. 완전무장한 병사의 장비 무게는 26kg에 이른다(당시 영국군에서는 22kg). 군복의 색은 출신 지방마다 달라 바이에른인은 하늘색, 색슨인은 암녹색, 독일인은 검정에 가까운 암청색이었다.

프랑스군 퓨질리어 병사

프랑스군의 퓨질리어 병사는 「케피」모라는 차양 있는 모자를 썼다. 이 모자는 프랑스로부터 군사적인 영향을 받은 여러 외국에서도 사용된다. 모자의 정수리 부분에는 부대를 나타내는 글자나 기장을 달았다. 군복에서는 숄더 스트랩(견대)이 폐지되고, 전쟁이 시작되면 단추가 부족해진다는 이유로 커프스(소매) 단추도 사라진다. 근대 병기가 등장하기 시작한 시대였으나 군복의 색은 아직도 위장 효과가 없는 빨강(바지)과 파랑(상의)의 프랑스 색이 사용되었다. 빨간 바지는 제1차 대전 초기까지 계속 사용된다. 소총으로는 통칭 「샤스포 라이플」을 장비했다. 이 총은 앙트완 알퐁스 샤스포가 개발한 것으로 프로이센의 드라이제식 소총이 발사 가스의 불완전한 밀폐로 종종 폭발하던 점을 개량하였다. 이렇게 드라이제식 소총도 금세 구식이 된 것이다.

프랑스군 흉갑기병

프랑스군에는 과거 나폴레옹 전쟁 당시와 같은 우수한 흉갑기병이 있었다. 그러나 삼림지에서 방전 태세를 갖춘 적에게 돌격하는 등 작전과 지휘 면에서 실수가 잇따라 뼈아픈 손해를 입는다. 그렇지만 그 충격력은 건재하여 사브르를 치켜든 기병의 돌격은 적을 흩뜨리는 효과적인 수단 중 하나였다.

대영 제국의 싸움

식민지 전쟁 시대

19세기부터 20세기 중반까지 구미 열강은 해외의 식민지 경영에 매진한다. 그중에서도 대영 제국이라 불리던 영국은 전 세계에 영토를 가지고 전성기를 구축하고 있었다. 여기에서는 식민지 전쟁 시대 열강의 대표로서 1838년(제1차 아프간 전쟁)부터 1902년(보어 전쟁 종결)까지 영국 병사가 착용하던 군장을 다루는 동시에 이에 저항했던 사람들에 대해서도 알아본다.

붉은 상의를 입은
"토미"
(1878년 당시)

영국군 병사(19세기 후반)

영국 병사는 식민지 전쟁 시대 아프리카와 인도에 파견되었다. 영국 병사는 "토미"라는 애칭으로 유명한데 이는 제국주의적 사상으로 알려진 러디어드 키플링(1865년~1936년)이 보급시킨 캐릭터 "토미 앳킨스"에서 유래한 것이다. 당시 대영 제국의 풍조를 타고 인기를 얻어 병사의 애칭이 되기에 이르렀다. 파견된 병사들은 당초 내셔널 컬러인 붉은 군복을 입었지만 현지인과의 싸움에서 일방적으로 눈에 띄었기 때문에 점차 카키색으로 바뀌갔다. 기병은 나폴레옹 전쟁 이후에 부활한 랜스(기병창)를 가지고 있다. 하일랜드(스코틀랜드 고지) 병사는 어디서든 그들 고유의 의복인 킬트를 착용했다.

■웨블리 리볼버

회전식 탄창을 가진 「웨블리」 권총. 방
아쇠 바로 앞에 지렛목이 있어 그곳을
꺾으면 한 번에 빈 약협을 전부 배출할
수 있다.

드라군
(1899년 당시)

하일랜드 병사
(1898년 당시)

"토미"
(1885년~1896년)

■영국군 보병 장비(19세기 후반)

나폴레옹 시대부터 보병의 기본적인 장비는 크게 변하지 않았다. 다른 것은 탄환이 메탈 카트리지가 되어 화약을 담는 용기가 불필요해진 정도이다. 탄환 파우치는 다양한 형태가 등장하였으며 병사 한 사람이 100발 정도를 휴대했다. 장비의 총무게는 대략 26.5kg이다. 다른 열강 군대도 거의 비슷해서 23~26kg 사이였다.

■리메트포드 총

영국군 최초의 연발식 라이플 「리메트포드」 총. 1888년 채용. 미국의 리식 볼트 액션과 8연발 상자형 탄창, 메트포드사의 라이플 총신을 조합했다. 나중에 「리엔필드」 총으로 교체된다.

배낭

탄환 파우치

식사 용구

담요

수통

414

마흐디교도 전사(수단)

마흐디 교단은 19세기 동수단에서 성립한 종교결사. 1881년 교단의 설립자 무함마드 아흐마드(1844년~1885년)가 튀르크, 이집트, 유럽 각국에 성전(지하드)을 선언하고 영국의 고든 장군(1833년~1885년)이 지휘하는 군을 하르툼에서 전멸시켰다. 하지만 1898년 영국군에 진압된다. 그림은 마흐디 교단의 베자족 전사. 독특한 머리모양에 「타코바」 검과 소형 둥근 방패를 장비한 것으로 알려져 있다. 베자족은 엄밀하게는 4개 부족으로 나뉘어 각자 독자적인 입장을 고수했다. 마흐디의 반란에는 그중 한 부족인 하덴도아가 참여하고 두 부족은 영국에 가담한다.

시크교도 전사(인도)

시크교는 힌두교와 이슬람교의 절충을 꾀한 혁신적인 힌두교 일파. 19세기 초 펀자브에 국가를 세워 영국과 대립하기 시작했고, 1849년 패배하여 인도령으로 병합되기까지 무력투쟁을 계속했다. "정결한 자들의 집단"이라는 의미의 "카르사"를 중심으로 전투 집단을 형성한다. 대원은 머리와 수염을 길게 길러 "싱"("사자"라는 뜻)이라고 불렸다. 무기로 단검을 소지하는 것이 의무였고 도검 「소순 파타」와 작은 방패도 장비했다. 또한 특이하게 생긴 고리모양 투척무기 「차크람」을 사용했다. 이것은 머리에 얹어서 휴대하다가 던질 때는 집게손가락으로 회전시키거나 프리스비처럼 손가락 사이에 끼워서 던진다.

아프간 전사(아프가니스탄)

19세기 아프가니스탄은 영국과 러시아의 세력 다툼 한복판에 있었다. 인도를 지배하던 영국은 러시아의 남하를 우려하여 선수를 치는 형태로 국가 형성기에 있던 아프가니스탄을 세 차례 침공한다(1838년~1842년, 1878년~1880년, 1919년). 앞의 두 차례 전쟁에서는 칸다하르를 점령했으나 싸움은 더욱 치열해진다. 아프간인은 파슈툰인이라는 호칭도 가졌으며 "파슈툰왈리"라는 무용과 자유를 중시하는 관습이 있었다. 의복은 흰색 면 옷이 대부분으로 조금 헐렁하게 착용했고 때때로 빨간색과 파란색, 회색도 사용했다. 머리에는 정수리 부분이 뾰족한 「쿨라」라는 모자를 쓴 다음 그 위에 터번을 두른다. 무기는 수석식 소총 「제자일」. 이 총은 구식이지만 총신이 길어 유효 사정거리가 200~300m 정도이다. 곡도 「탈와르」와 단도 「초라」도 사용했다. 통칭 「아프간 나이프」라고도 부르는 초라는 복대(커머번드)에 꽂는다. 그 밖에 「달」이라 불리는 소형 둥근 방패를 장비했다. 이는 인도를 시초로 널리 보급된 것이다.

아비시니아인 전사(에티오피아)

아비시니아는 에티오피아의 옛 이름. 에티오피아는 1868년 영국과의 전쟁에서 패하기는 했으나, 열강의 진출을 막아내고 이프리기 분할의 시대를 살아남은 몇 안 되는 나라이다. 이곳에 살던 아비시니아인(암하라인)은 「쇼텔」이라는 "S"자 검신을 가진 독특한 도검을 사용했다. 다만 예로부터 있던 것은 아니고 호칭도 19세기 중반 영국의 모험가 N. 피어스가 명명한 것. 그들은 본래 도검보다 창을 중시한 무장을 했지만, 내전과 타국 군대의 침입에 대비해 평소에도 검으로 무장하기 시작했으며, 동시에 검에 의한 공격을 막기 위해 지름 50cm가량의 원형 방패를 장비하게 된다. 쇼텔은 그런 과정 속에서 태어난 도검으로 방패를 돌아들어가 공격할 수 있도록 고안되었다.

줄루족 전사(남아프리카)

줄루족은 남아프리카 동안부에 거주하던 일대 부족. 19세기 초반 샤카 왕(1787년경~1828년)이 줄루 왕국을 건설하고 독자적 군사기구와 전술로 주변의 여러 부족을 통합했다. 1838년에 침입해온 보어인(예로부터의 백인 이민 세력)의 화기 앞에서 패배하지만 영국인으로부터 총을 구입해 이에 대항한다. 1879년에는 대신 침략해온 영국군과 싸워 초기 승리를 거두었으나 대군에 무너져 결국 정복당했다(줄루 전쟁). 그림은 전통적인 줄루 전사. 손잡이가 짧고 창끝이 긴 단창 「이시줄라」를 쥐고 동물 가죽을 씌운 커다란 타원형 방패를 들었다. 이시줄라는 투척과 백병전 모두에 사용 가능하다. 줄루족의 장기였던 공격대형은 "뿔"이라 불렸다. "가슴"이라 불리는 전열 중앙에 연장자로 구성된 숙련 병사를 배치하고, 양익에 "아마부토"라 불리는 미혼의 젊은 병사를 배치했는데, 전투가 시작되면 중앙이 적을 공격하고 양익이 튀어나와 적을 포위한다. 그들은 다리가 튼튼해서 말과 견줄 만한 기동력을 발휘했다. 기복이 심한 땅에서는 말보다도 신속하게 이동할 수 있었다.

아비시니아인 전사

아프간 전사

줄루족 전사

보어인 병사(남아프리카)

"보어"란 "농민"이라는 의미로 남아프리카에 거주하던 예로부터의 백인 이주자를 가리킨다. 영국인은 멸시의 뜻을 담아 그렇게 불렀으나 본래는 이주자 스스로 "부르"(네덜란드어)라고 자칭하던 데서 비롯되었다. 그들은 네덜란드계 중심의 비영국계 백인으로 이루어졌다. 공화국을 건설하고 있었지만 영국의 침략을 받아(보어 전쟁. 1899년~1902년) 영국의 자치령이 된다. 보어인이 사용하던 독일제 화기 「마우저 피스톨」과 「마우저 라이플」은 영국군의 화기에 비해 월등히 우수했다. 마우저 라이플은 구경 7.29mm의 볼트 액션식으로 5연발 상자형 탄창이지만 탄환의 초속(初速)이 빠르고 명중정밀도가 높다. 또한 탄환을 한데 모으는 「클립」을 사용할 수 있어 빠른 장전이 가능하다. 8연발 탄창인 영국군의 소총은 1발씩 손으로 장전해야 했다. 보어 전쟁에서의 전투는 시종일관 사격전으로 치러졌는데 "서(西)트란스발의 사자"라고 불린 데 라 레이(1847년~1914년) 등은 참호를 은폐하고 병사를 배치하여 적을 저격했다. 이는 근대 참호전의 시초라고도 일컬어진다.

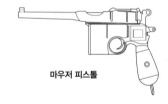

마우저 피스톨

◆식민지 세력의 무기◆

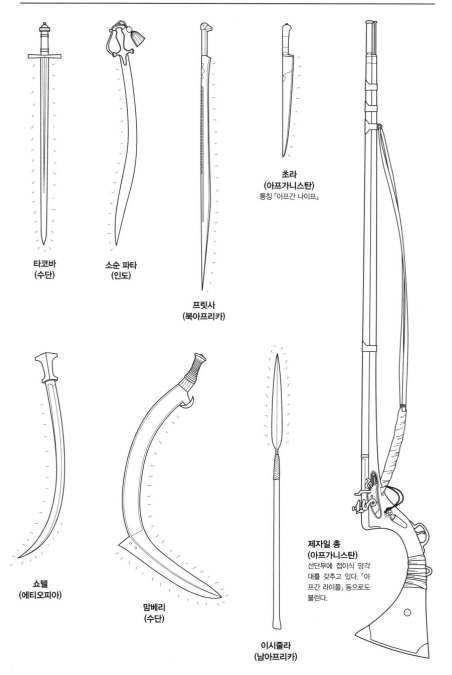

초라
(아프가니스탄)
통칭「아프간 나이프」

타코바
(수단)

소순 파타
(인도)

프릿사
(북아프리카)

쇼텔
(에티오피아)

맘베리
(수단)

이시즐라
(남아프리카)

제자일 총
(아프가니스탄)
선단부에 접이식 양각
대를 갖추고 있다. 「아
프간 라이플」 등으로도
불린다.

기관총의 발명 – 대량 살상의 시대로–

초기 화기의 가장 큰 단점은 한 번 발사하면 다음 발사까지 시간이 걸린다는 것이었다. 그래서 여러 명의 병사가 번갈아 사격하는 등 운용 면에서 다양한 고안이 이루어진다. 동시에 연속으로 발사할 수 있는 병기의 개발도 끊임없이 계속되었다. 그 결과 인류는 마침내 "기관총"을 탄생시켜 대량 살상의 시대로 접어든다.

다총신식 포

15세기 초반에 등장한 「리볼데퀸」(「오르간 포」). 여러 개의 총신을 가진 화포. 단발총을 합체시켜 탄환의 대량 발사를 꾀한 것이지만 탄환이 일제히 발사되고 난 다음, 재장전에 시간이 너무 오래 걸렸다. 또한 총신 수를 늘려 무게가 무거워졌기 때문에 이동이 어려워 전장에서 초기 배치가 잘못되면 의미가 없는 병기였다.

오르간 포(15세기 초반)

퍼클 총

1718년 제임스 퍼클이 고안한 「디펜스」 총. 통칭 「퍼클」 총. 9발분의 회전식 탄창을 갖추고 있어 9회 연속 발사가 가능하다. 회전식 탄창을 이용하여 즉시 차탄을 발사한다는 아이디어는 좋았으나 "그리스도교도에게는 둥근 탄환, 이슬람교도에게는 네모난 탄환을 사용한다"라는 터무니없는 기록도 남아 있다.

퍼클 총(1718년)

애거 포

모양이 커피밀을 닮아 "커피밀" 총으로도 불린다. 1860년에 등장했다. 탄환, 발사약, 뇌관을 철관에 채워 넣은 것이 실탄으로, 총 상부에 넓게 뚫린 탄창 구에 우수수 떨어뜨렸다. 크랭크 핸들을 돌리면 발사된다. 아직 금속 약협이 없던 시대에 고안된 것.

애거 포(1860년)

개틀링 포

남북 전쟁에서 등장한 다총신식 수동 기관총. 리처드 개틀링이 발명했다. 후미 측면의 크랭크 핸들을 돌려 계속해서 탄환을 발사할 수 있다. 완성한 것은 1862년이지만 내란에서 동포에게 사용하는 것은 적절치 않다고 인식되었다. 한편 영국군은 아프리카 등지의 원주민을 상대하기에 효과적인 병기로서 채용한다.

개틀링 포(1862년)

몽티그니 미트라예즈 포

나폴레옹 3세의 비밀병기로 1851년 벨기에의 조셉 몽티그니가 발명하고 프랑스인이 개량하여 보불 전쟁(1870년~1871년)에서 사용했다. 다총신을 가졌으며 뒷부분의 핸들을 돌려 탄환을 발사한다. 탄환은 샤스포 소총용이었다. 프랑스군은 이 병기를 대포로 취급했으나, 실제로는 거점 방어와 교량 방위에 위력을 발휘한 반면 야전에서는 사정거리 밖에서 날아오는 포격에 파괴되었다.

몽티그니
미트라예즈 포
(1870년)

노르덴펠트 포

스웨덴의 헬게 팔크란츠가 1873년 고안한 10개의 총신을 묶은 수동 기관총. 개틀링 포와 마찬가지로 크랭크식 핸들을 조작하여 탄환을 발사한다. 주로 유럽에서 판매했고 영국군도 채용했다.

노르덴펠트 포
(1873년)

맥심 기관총

1884년 하이럼 맥심에 의해 실용화된 기관총. 발사 시의 반동을 이용해 탄환을 자동 장전한다. 1890년에는 윌리엄 J. 브라우닝이 가스압으로 자동 장전되는 「브라우닝」 기관총을 발명했다. 이 시점에서 기관총(머신 건)이라 부를 만한 병기가 개발되었다고 할 수 있다. 보어 전쟁에서 사용되어 위력을 증명했지만 제1차 대전이 시작되기 전까지는 수요가 그리 많지 않았다.

맥심 기관총(1884년)

　　제Ⅳ장에서는 17세기 말부터 시작해 20세기 초반의 「대량 살상 병기」 등장까지의 과정을 빠른 걸음으로 좇아보았다.

　　근대는 징병제도의 도입으로 인한 국민개병 시대이다. 이는 고대 로마 · 그리스 세계에서도 시도되었던 것이었으나, 중세를 거치는 사이 무력은 특권계급의 손에 들어갔다. 그러다 화기가 비약적으로 발달한 근대가 되자 또다시 시민들에게 무기를 들려 전장으로 내보낸 것이다.

　　화기의 발달과 총검의 등장은 보병이 다른 격투전용 무기(창과 도검)를 버리고 화력을 갖추게 함으로써 보병을 "전장의 여왕"으로 등극시키는 데 성공한다. 기병은 일부 특권부대로 편제되거나, 초계 혹은 집단 돌격을 위한 기동부대로 재편되었다.

　　17세기 말부터 19세기 초반의 전장에서는 난비하는 총탄 속에서 보병이 규율을 지키며 한 덩어리가 되어 적을 향해 전진하다가 최종적으로는 백병전을 통해 적을 분쇄하는 전투 스타일이 사용된다. 총기에 그만큼의 성능밖에 없었기 때문이다. 19세기 중반이 되면 총기가 한층 더 진화하여 그러한 전투 방식을 총격으로 저지할 수 있게 된다. 하지만 당시 지휘관들은 수하 병사들이 막대한 피해를 입어도 전투 스타일을 바꾸려 하지 않았다. 그러는 동안 상당수의 귀한 생명이 희생된 것은 말할 필요도 없다. 더구나 그러한 사태는 최초의 세계대전이 시작되어도 여전히 개선되지 않았다.

여기에서 제시하는 참고문헌은 통사와 각 장을 구분하여 저자
명순으로 나열한 것이다.

신키겐샤 간행
　무기와 방어구 서양편(武器と防具・西洋編)
　　　　　　　　　　　　／이치카와 사다하루／1995
　무훈의 칼날(武勳の刃)／이치카와 사다하루와 카이헤이타이／1989
　환상의 전사(幻の戰士)／이치카와 사다하루와 카이헤이타이／1988
　무기상(武器屋)／Truth in Fantasy 편집부／1991

【통사, 일반】

Ashdown, Charles Henry
　　/European Arms & Armour/Brussel & Brussel/1967
Barber, Richard/Barker, Juliet/Tournaments
　　　　　　　　　　　　　　　/Boydell Press/1989
Balent, Matthew
　　/The Compendium of Weapons, Armour & Castles
　　　　　　　　　　　　　　　/Palladium Books/1989
Bilson, Frank/Crossbows/Hippocrene Books/1974
Blair, Claude/European Armour/Batsford/1958
Borg, Alan/Two Studies in the History of the Tower Armouries
　　　　　　　　　　　　　　　/Society of Antiquaries/1976
Boutell, Charles/Arms and Armour
　　　　　　　　　　　　　　　/Combined Books/1996
Burton, Richard F./The Book of the Sword/1884
Byam, Michele/Arms & Armour
　　　　　　　　　　　　　　　/Dorling Kindersley/1988
Chandler, David G./The Art of Warfare On Land
　　　　　　　/The Hamiyn Publishing Group Limited/1974
Clare, Jhon D./Knights in Armour/Bodley Head/1991
Connolly, Peter/The Cavalryman
　　　　　　　　　　　　/Oxford University Press/1988
Cottrell, Leonard/The Warrior Pharaohs
　　　　　　　　　　　　　/G.P.Putnam's Sons/1969
Davies, Charles Fox/The Art of Heraldry/
　　　　　　　　　　　　　　　Bloomsburt Books/1986
Dolinek, Vladimir/Durdik, Jan
　　/The Encyclopedia of European Historical Weapons
　　　　　　　　　　　　　　　/Hamlyn/1993
Dufty, Richard
　　/European Swords and Daggers in the Tower of London
　　　　　　　　　　　　　　　/HMSO/1974
Elgood, Robert/Firearms of the Islamic World
　　　　　　　　　　　　/I.B.Tauris & Co.Ltd/1995
Elgood, Robert
　　/The Arms and Armour of Arabia/Scolar Press/1994
Elgood, Robert/Islamic Arms and Armour
　　　　　　　　　　　　　　　/Scolar Press/1979
Embleton, Gerry/Medieval Military Costume
　　　　　　　　　　　　　/The Crowood Press/2000
Embleton, Gerry/Howe, John
　　　　　　/Medieval Soldier/Windrow & Greene/2000
Faktor, Zdenek/Knives & Daggers
　　　　　　　/Hamlyn Publishing Group Limited/1989

Farwell, Byron
　　/The Encyclopedia of Nineteenth-Century Land Warfare
　　　　　　　　　　　　　　　/W.W.Norton/2001
Foulkes, Charles/The armourer and his craft/Dover/1988
Francesco, Rossi/Mediaeval arms and armour
　　　　　　　　　　　　　　　/Magna books/1990
Funcken, Liliane & Fred/Arms and Uniforms Part 1-2
　　　　　　　　　　　　　　　/Ward Lock/1978
Gallwey, Ralph Payne/The Crossbow/Holland Press/1903
Gorelik, Mikhael V./Warriors of Eurasia/1995
Government Bookshops/Crossbows/1976
Greener, W.W./The Gun and its development/A&AP/1986
Hammond, Peter/Royal Armouries/Tower of London/1986
Hart, Harold H./Weapons & Armor
　　　　　　　　　　　　/Dover Publications, Inc/1978
Held, Robert/Art, Arms and Armour Vol.1
　　　　　　　　　　　　/Acquafresga editrice/1979
Hewitt, John
　　/Ancient Armour and Weapons in Europe Volume I-III
　　　　　　(Iron Period of 13th to 17th centuries)
　　　/John Henry and James Parker/1855-60
Hutton, Alfred/The Sword and the centuries/Tuttle/1973
Hyland, Ann/The Medieval Warhorse
　　　　　　　　　　　　/Alan Sutton Pub.Ltd./1994
Hogg, Ian V./The Encyclopedia of Weaponry
　　　　　　　　　　　　　　/Wellfleet Press/1992
Koch, H.W./History of Warfare/PRC Published/1987
Kottenkamp, F./The History of Chivalry and Armor
　　　　　　　　　　　　　　/Portland House/1988
Lewerken, Heinz-Werner/Kombinations Waffen
　　/Militarverlag der Deutschen Demokratischen Republik/1989
Mann, James Sir/Wallace Collection Catalogues
　　　　European Arms and Armour Volume I Armour
　　　　　　　　　　/William Clowes and Sons Ltd/1962
Mann, James Sir/Wallace Collection Catalogues
　　　　European Arms and Armour Volume II Arms
　　　　　　　　　　/William Clowes and Sons Ltd/1962
Narayan, Jagadish/The Art of War in Medieval India
　　　　　　　　　　　　　　/MMP/1984
Nickel, Helmut/Arms and Armor in Africa/Atheneum/1971
Nickel, Helmut/Warriors and Worthis/Atheneum/1971
Norman, A.V.B./The Rapier and Small Sword/A&A/1980
Norman, A.V.B./Wilson, G.M.
　　　　/Treasures from the Tower of London/1983
Norman, Vesey/Arms and Armour/Octopus Books/1964
Oakeshott, R.Ewart/The Archaeology of Weapons
　　　　　　　　　　　　　　/Lutterworth/1960
Oakeshott, R.Ewart/The Sword in the Age of Chivalry
　　　　　　　　　　　　　　/Praeger/1964
Oakeshott, R.Ewart/Records of the Medival Sword
　　　　　　　　　　　　　　/Boydell/1991
Pant, G.N./Indiam Archery/Agam Kala Prakashan/1978
Pant, G.N./Indian Arms and Armour Volume 1
　　　　：Pre-and Protohistoric Weapons and Archery
　　　　　　　　　　/Agam Kala Prakashan/1978

Pant, G.N./Indian Arms and Armour Volume 2
　　　　:Swords and Daggers/Agam Kala Prakashan/1980
Pant, G.N./Indian Arms and Armour Volume 3
　　　　:Human Armour and Shield/Agam Kala Prakashan/1983
Pant, G.N./Indian Shield/Army Educational Stores/1982
Pant, G.N./Mughal Weapons in The Babur-Nama
　　　　/Agam Kala Prakashan/1989
Pant, G.N./Horse & Elephant Armour
　　　　/Agam Kala Prakashan/1997
Partington, J.R./A History of Greek Fire and Gunpowder
　　　　/Johns Hopkins University Press/1999
Paterson, W.F./A Guide of the Crossbow/1986
Perzolli, Susanna/Mediaeval arms and armor
　　　　/Magna Books/1990
Pfaffenbichler, Matthias/Armourers
　　　　/British Museum Press/1992
Pollington, Stephen/The Warrior's Way/Blandford/1989
Rangstrom, Lena/Riddarlek Och Tornerspel
　　　　/Utstallning Livrustkammaren Stockholm/1992
Rawson, P.S./The Indian Sword/Herbert Jenkins/1968
Reid, William/Weapons Through the Ages
　　　　/Peerage Books/1976
Reid, William/Buch der Waffen/ECON/1976
Robinson, H.Russell/Oriental Armour/David & Charles/1967
Royal Armouries/The Royal armouries of ficial guide/1986
Stibbert, Frederick/European Civil and Military Clothing
　　　　/Dover Publications/2001
Stone, George C./A Glossary of the Construction,
　　　　Decoration and Use of Arms and Armor
　　　　/The Southworth Press/1934
Spring, Christopher/African arms and armour
　　　　/British Museum Press/1993
Talhoffer, Hans/Medieval Combat/Greenhill Books/2000
Trench, Charles Chenevix/A History of Horsemanship
　　　　/Longman Group Limited/1970
Troso, Mario/Le Armi in Asta
　　　　/Istituto Georgrafico De Agostini/1988
Vadi, Filippo/Arte Gladiatoria Dimicandi
　　　　:15th Century Swordsmanship of Master Filippo Vadi
　　　　/Chivalry Bookshelf/2002
Viereck, H.D.L./Die Romifche Flotte/Koehler/1975
Vuksic, V./Grbasic, Z.
　　　　/Cavalry:650BC-AD1914/Cassell/1993
Wagner, Eduard/Cut and Thrust Weapons
　　　　/Spring Books/1967
Wagner, Eduard/Medieval Costume,
　　　　Armour and Weapons/Andrew Dakers/1958
Wallace Collection/Wallace Collection Catalogues
　　　　: Europian Arms and Armour 1-3/1924-45
Watkins, Jane/Studies in European Arms and Armor
　　　　/University of Pennsylvania Press./1992
Watoson, Philip J./Costume of Old Testament Peoples
　　　　/B T Batsford Limited/1987
Wilkinson, Frederick/Arms & Armour
　　　　/Chancellor Press/1996

다이어그램 그룹 편/무기(武器)/마루샤
　　　　/타지마 마사루, 키무라 코이치 역/1982
미우라 시게토시/기사와 갑주(騎士と甲冑)/타이리쿠쇼보/1975
미우라 시게토시/도설 서양 갑주 무기 사전(図説西洋甲冑武器事典)
　　　　/카시와쇼보/2000
이와도 켄진/세계 총포사(世界銃砲史)/코쿠쇼칸코카이/1995

【제 I 장 고대 편】
Barker, Phil/The Armeies and Enemies of Imperial Rome
　　　　/WRG/1981
Bishop, M.C.
　　　　/Journal of Roman Military Equipment Studies Volume.1
　　　　/David Brown Book/1990
Bishop, M.C.
　　　　/Journal of Roman Military Equipment Studies Volume.2
　　　　/David Brown Book/1991
Bishop, M.C.
　　　　/Journal of Roman Military Equipment Studies Volume.3
　　　　/David Brown Book/1993
Bishop, M.C.
　　　　/Journal of Roman Military Equipment Studies Volume.4
　　　　/David Brown Book/1994
Bishop, M.C.
　　　　/Journal of Roman Military Equipment Studies Volume.5
　　　　/David Brown Book/1996
Bishop, M.C.
　　　　/Journal of Roman Military Equipment Studies Volume.6
　　　　/David Brown Book/1996
Bishop, M.C.
　　　　/Journal of Roman Military Equipment Studies Volume.7
　　　　/David Brown Book/1999
Bishop, M.C.
　　　　/Journal of Roman Military Equipment Studies Volume.8
　　　　/David Brown Book/1999
Bishop, M.C.
　　　　/Lorica Segmentata/The Armatvra Press/2002
Bishop, M.C.
　　　　/Coulston, J.C.N/Roman Military Equipment
　　　　/Batsford Book/1993
Bohec, Yann Le
　　　　/The Imperial Roman Army/Batsford Book/1994
Brentjes, Burchard/Arms of the Sakas
　　　　/Rishi Oublications/1996
Buttery, Alan/Armies & Enemies of Ancirnt Egypt
　　　　& Assyria 3200BC to 612 BC/WRG/1974
Connolly, Peter/Greece and Rome at War
　　　　/Macdonald Phoebus Limited/1981
de Camp, Sprague L./The Ancient Engineers
　　　　/Ballantine Books/1974
Dixon, Karen R./Southern, Pat
　　　　/The Roman Cavalry/B.T.Batsford Ltd/1992
Embleton, Roeland/Housesteads in the day of Romans
　　　　/Butler & butler/1988
Embleton, Roeland/Graham, Frank
　　　　/Hadrian's Wall in the day of the Romans

/Frank Graham/1984
Frank, Graham
/The Outpost forts of Hadrian's Wall/1983
Gardiner, Robert/The age of the Galley/1995
Goldsworthy, Adrian/the Complete Roman Army
/Thames & Hudson/2003
Hackett, Sir John/Warfare in the Ancient World
/Sidgwick & Jackson Limited/1989
Head, Duncan/Aemies of the Macedonian and Punic Wars
/WRG/1982
Head, Duncan/The Achaemenid Persian Army
/Montvert Publications/1992
Houston, Mary G.
/Ancient Greek, Roman and Byzantine Costume and Decoration
/A&C Black Ltd/1947
Hyland, Ann/Training the Roman Cavalry
/Alan Sutton/1993
Marsden, E.W.
/Greek and Roman Artillery Technical Treatises
/Oxford University Press/1999
Marsden, E.W.
/Greek and Roman Artillery Historical Development
/Oxford University Press/1999
Mielczarek, Mariuz/Cataphracti and Clibanarii
/Oficyna Naukowa MS/1993

Millard, Anne/Going to war in Ancient Egypt
/Franklin Watts Books/2000
Nelson, Richard B./The Battle of Salamis
/Wiliam Luscombe/1975
Nelson, Richard B.
/Armies of the Greek and Persian Wars/1975
Newark, Tim/The Barbarians/Blandford Press/1985
Newark, Tim/Celtic Warriors/Blandford Press/1987
Nikonorov, Valerii P./The Armies of Bactria Vol1−2
/Montvert Publication/1997
Peddie, John/The Roman War Machine
/Alan Sutton Publishing Ltd./1994
Peterson, Daniel
/The Roman Legions Recreated in Colour Photographs
/Windrow & Greene/1992
Roeland, T.H./Short Guide of the Roman Wall
/Butler & butler/1988
Sekunda, Nick/The Seleucid Army
/Montvert Publication/1994
Sekunda, Nick/The Ptolemaic Army
/Montvert Publication/1995
Sekunda, Nicholas
/Hellnistic Infantry Reform in the 160's BC
/Oficyna Naukowa MS/2001
Shaw, Ian/Egyptian Warfare and Weapons
/Shire Publications Ltd./1991
Simkins, Michael/Warriors of Rome/Blandford/1988
Snodgrass, Anthony
/Early Greek Armour and Weapons before 600BC

/Edinburgh University Press/1964
Stillman, Nigel/Tallis, Nigel
/Armies of the Ancient Near East, 3,000BC to 539BC
/WRG/1984
Warry, John/Warfare in the Classical World
/Salamander Book Limited/1980
Warry, John/Warfare in the Classical World
/University of Oklahoma Press/1995
Yadin, Yigael/The Art of Warfare in Biblical Lands
/Weid Enfeld and Nicolson/1963
C. 모리스 바우라／고대 그리스(古代ギリシア)
／타임 라이프 인터내셔널／무라카와 켄타로 감수／1966
고대 오리엔트 박물관・오카야마 시립 오리엔트 미술관 편
／도자기 그림이 말하는 고대 그리스(壺絵が語る古代ギリシア)
／야마카와슛판샤／2000
마스다 세이이치／메소포타미아와 페르시아・세계의 대유적
（メソポタミアとペルシア　世界の大遺跡）／코단샤／1988
미우라 이치로／에게 해와 그리스 문명・세계의 대유적
（エーゲとギリシアの文明　世界の大遺跡）／코단샤／1987
배리 컨리프／도설 켈트 문화지(図説 ケルト文化誌)
／하라쇼보／쿠라모치 후미야 역／1998
사쿠라이 키요히코／나일의 왕릉과 신전・세계의 대유적
（ナイルの王墓と神殿　世界の大遺跡）／코단샤／1986
오가와 히데오／지중해 아시아의 고도・세계의 대유적
（地中海アジアの古都　世界の大遺跡）／코단샤／1987
유게 토오루(편찬)
／로마 제국의 영광・세계의 대유적(ローマ帝国の栄光 世界の大遺跡)
／코단샤／1987
피터 코널리, L.E. 융커／그리스군의 역사(ギリシア軍の歴史)
／후쿠이 요시오, 키무라 쇼사부로 역／토쿄쇼세키／1989
피터 코널리, L.E. 졸리에／로마군의 역사(ローマ軍の歴史)
／후쿠이 요시오, 키무라 쇼사부로 역／토쿄쇼세키／1989
피터 클레이턴／파라오 역대지(ファラオ歴代誌)
／소겐샤／후지사와 쿠니코 역, 요시무라 사쿠지 감수／1999

【제II장 중세 편】
Almgren, Bertil/The Viking/Crescent Books/1975
Armstrong, Pete/The Battle of Bannockburn
:Heraldry, Armour and Knights
/Border Miniatures/1998
Boss, Roy/Justinian's Wars
/Montvert Publications/1993
Bradbury, Jim/The Medieval Archer/Boydell/1985
Cairns, Trevor/Medieval Knights/Cambridge/1991
Curry, Anne/Hughes, Michael
/Arms, Armies and Fortifications in the Hundred Years War
/Boydell Press/1994
Edge, David/Paddock, Jphn M.
/Arms & Armor of the Medieval Knight
/Crecent Books/1988
Griffith, Paddy/The Viking art of war
/Greenhill Books/1995
Harmand, Adrien/Jeanne d'Arc, ses costumes,
son armure:Essai de reconstitution
/Ernest Leroux/1929

Hardy, Robert/Longbow/Mary Rose Trust/1976
Heath, E.G./The Grey Goose Wing
/New York Graphic Society Ltd/1971
Heath, Ian/Armies of the Dark Ages 600−1066
/WRG/1979
Heath, Ian
/Armies and Enemies of the Crusades 1096−1291
/WRG/1978
Heath, Ian
/Armies of Feudal Europe 1066−1300/WRG/1989
Klein, Andrzej/Sekunda, Nicholas
/Cernielewski, Konrad A/Banderia Apud Grunwald 1−2
/Alexander s.c./2000
Newark, Tim/Women Warlords/Blandford/1989
Newark, Tim/Medieval Warlords
/Blandford Press/1986
Nicolle, David
/Arms & Armour of the Crusading Era 1050−1350
:Western Europe/Greenhill Books/1999
Nicolle, David
/Arms & Armour of the Crusading Era 1050−1350
:Islam, Eastern Europe and Asia/Greenhill Books/1999
Nicolle, David/Medieval Warfare Source Book Volume 1
:Warfare in Western Christendom
/Arms And Armour/1995
Nicolle, David/Medieval Warfare Source Book Volume 2
:Christian Europe and Its Neighbors
/Arms And Armour/1996
Pollington, Stephen/The English Warrior
/Anglo-Saxon Books/2001
Rossi, Francesco/Mediaeval Arms and Armour
/Magna Books/1990
Rothero, Christopher/Medieval military dress 1066−1500
/Blandford/1983
Smith, G.Rex/Medieval Muslim Horsemanship
:A Fourteenth−century Arabic Cavalry Manual
/The British Libeary/1979
Swietosawski, Witold/Arms and Armour of the Nomads
of the Great Steppe in the Times of the Mongol Expantion
(12th−14th Centuries)/Oficyna Naukowa MS/1999
Tweddle, Dominic/The Coppergate Helmet
/Jorvik Viking Centre/1984
Underwood, Richard/Anglo-Saxon Weapons & Warfare
/Tempus Publishing Ltd/1999
중국 군사사, 1권(中国軍事史. 1巻)／해방군출판국／1983
중국 고대 병기 도집, 개정신판(中国占代器図集. 改訂新版)
／해방군출판사／1990
로버트 마셜／도설 몽골 제국의 싸움(図説モンゴル帝国の戦い)
／토요쇼린／엔도 토시쿠니 역／2001
류용화／카스가이 아키라 감역／중국 고대 갑주 도감
(中国古代甲冑図鑑)／아스펙트／1998
아흐마드 Y. 알하산／도널드 R. 힐
／이슬람 기술의 역사(イスラム技術の歴史)／헤이본샤
／타다 히로카즈, 하라 류이치, 사이토 미츠코 역／1999

【제Ⅲ장 근세 편】
Anglo, Sydney/The Martial Arts of Renassance Europe
/Yale University Press/2000
Blackmore, David
/Arms & Armour of the English Civil Wars
/Royal Armouries/1990
Calvert, A.F./Spanish Arms and Armour
/John Lane, The Bodley Head/1907
Dillon, H/MS.Collection of Ordinances of Chivalry
of the 15th century belonging to Lord Hastings
/Archaeologia/1900
Fazl, Abu'l/Ain−I Akbari (1−3)/Oriental Books/1977
Forgeng, Jeffey L./The Medieval Art of Swordmanship
/Chivalry Bookshelf/2003
Funcken, Liliane & Fred
/Arms and Uniforms:The Age of Chivalry Part 1−3
/Ward Lock Limited/1977−1978
Gheyn, Jacob de/The Exercise of Armes
/Greenhill Books/1989
Gilkerson, William/Boarders Away Part1
/Andrew Mowbray, INC./1991
Gilkerson, William/Boarders Away Part2
/Andrew Mowbray, INC./1993
Goodwin, Godfrey/The Janissaries/Saqi Books/1994
Gush, George/Renaissance Armies 1480−1650
/PSL/1975
Haider, Syed Zafar
/Islamic Arms and Armour of Muslim India
/Bahadur Publishers/1991
Hassing, Ross/Aztec Warfare/Oklahoma Press/1988
Haythornthwaite, Philip
/The English Civil War/A&A/1984
Hayward, J.F.
/The Art of the Gunmaker Volume I:1500−1660(2ndED)
/Barrie and Rockliff/1965
Hayward, J.F.
/The Art of the Gunmaker Volume II:1660−1830
/Barrie and Rockliff/1963
Heath, Ian/Armies of the Middle Ages, Vol.1−2/WRG/1984
Heath, Ian/Armies of the Sixteenth Century, volume1
/Foundry Publication/1997
Heath, Ian/Armies of the Sixteenth Century, volume2
/Foundry Publication/1999
Holmes, M.R./Arms & Armour in Tuder & Stuart
/London Museum/1957
Karcheski, Jr.Walter J./Imperial Austria/Prestel/1992
Krenn, Peter/Karcheski Jr, Walter J.
/Imperial Austria Treasures of Art, Arms & Armor
/Prestell/1993
Liechtenauer, Johannes/Ringeck, Sigmund
/Secrets of German Medieval Swordsmansip:Sigmund
Ringeck's Commentaries on Johannes
Lirchtenauer's Verse/Chivalry Bookshelf/2001
Miller, Yuri/Russian Arms and Armour
/Aurora Art Publishers/1982

Perski, Orez
/Persian and Indo-Persjan Arms and Armour of 16th-19th Century
/Malbork/2000
Peterson, Harold L.
/Arms and Armor in Colonial America 1526-1783
/Stackpol Company/1956
Powell, George H.
/Duelling Stories of the Sixteenth Century
/A.H.Bulle/1856
Robinson, H.R./Armours of Henry VIII
/Gavernment Bookshop/1977
Smith, Robert D./Brown, Ruth Rhynas
/Bombards:Mons Meg and her sisters
/Royal Armouries/1989
Snodgrass, Anthony/Arms and Armour of the Greek
/Thames and Hudson/1967
Tirri, Anthony C./Islamic weapons Maghrib to Moghul
/Indigo Publishing/2003
Wagner, Eduard/European Weapons & Warfare 1618-1648
/Octopus Books Limited/1979
Wasilkowska, Anna/Husaria:The Winged Horsemen
/Wydawnictwo Interpress/1998
Young, Alan/Tudar and Jacobean Tournaments
/George Philip/1987
사이먼 마틴／니콜라이 그루베
／고대 마야 왕 역대지(古代マヤ王歴代誌)
／하세가와 에츠오 역저, 노구치 마사키, 토쿠에 사와코,
나카무라 세이이치 역／소겐샤／2002
세르주 그루진스키／아스테카 왕국(アステカ王国)
／소겐샤／사이토 아키라 역／1992
카르멘 베르난드／잉카 제국(インカ帝国)
／소겐샤／사카타 유미코 역, 오누키 요시오 감수／1991
클로드 보데／시드니 피카소／마야 문명(マヤ文明)
／소겐샤／사카타 유미코 역, 오치아이 카즈야스 감수／1991
테라사키 슈이치로／도설 고대 마야 문명(図説古代マヤ文明)
／카와데쇼보신샤／1999

【제IV장 근대 편】
Austin, Ronald
/The Australian Illlustrated Encyclopedia of the Zulu and Boer Wars
/Slouch Hat Publications/1999
Bukhari, Emir/Napoleon's Cavalry
/Osprey Publishing/1979
Ellis, Jhon/The social history of the Machine Gun
/Campbell Thomson & McLaughlin Ltd./1975
Elting, John R./Napoleonic Uniforms Volume 1-2
/Macmillan Publishing/1993
Elting, John R./Napoleonic Uniforms Volume 3-4
/Emperor's Press/2000
Featherstone, Donald
/Weapons & Equipment of the Victorian Soldier
/Blandford/1978
Field, Ron/Smith, Robin
/Uniforms of the American Civil War/Brasset's/2001

Funcken, Liliane & Fred/Arms and Uniforms
:The Lace Wars Part 1-2/Ward Lock Limited/1977
Funcken, Liliane & Fred/Arms and Uniforms
:The Napoleonic Wars Part 1-2/Ward Lock Limited/1973
Funcken, Liliane & Fred
/British Infantry Unifoms/Ward Lock Limited/1976
Grant, Charles Stewart
/From Pike to shot 1685 to 1720/WRG/1986
Griffith, Paddy/Battle in the Civil War/Field Books/1986
Hall, Robert/French Infantry under Louis XIV 1688-1714
/R.Hall/2001
Haythornthwaite, Philip/Uniforms of 1812
/Blandford Press/1976
Haythornthwaite, Philip/Uniforms of Peninsular Wars
/Arms And Armour Press/1976
Haythornthwaite, Philip
/Uniforms of the Civil War/Blandford Press/1975

Haythornthwaite, Philip/The Colonial Wars Source Book
/Arms And Armour Press/1995
Haythornthwaite, Philip/The Napoleonic Source Book
/Arms And Armour Press/1990
Haythornthwaite, Philip
/Weapons & Eqipment of the Napoleonic Wars
/Blandford Press/1979
Herbert, Edwin/Small war and Skirmishes 1902-18
/Foundry Publication/2003
Hogg, Ian V./Batchelor, Jhon
/Armies of te American Revolution
/Brison Books/1975
Hourtoulle, Francois Guy/Austerlitz
/Histoire & Collections/2003
Hourtoulle, Francois Guy/Borodino-The Moskova
/Histoire & Collections/2001
Hourtoulle, Francois Guy/Jena, Auerstaedt
/Histoire & Collections/1999
Hourtoulle, Francois Guy/Wagram
/Histoire & Collections/2002
Humfreville, J.Lee
/Twenty Years Among Our Hostile Indians
/Stackpole Books/2002
Jouineau, Andre
/Officera and Soldiers of the American Civil War Volime1-2
/Histoire & Collections/2001
Jouineau, Andre
/Officera and Soldiers of The French Imperial Guard 1-2
/Histoire & Collections/2002, 2003
Katcher, Philip/The American Civil War Source Book
/Arms And Armour Press/1992
Kemp, Anthony
/Weapons & Eqipment of the Marlborough Wars
/Blandford Press/1980
Lee, Emanoel/To The Bitter End
:A Photographic History of the Boer War 1899-1902
/Guild Publishing/1985

Leonov, O./Ylyanov, H.
/Регулярная пехота 1698–1801/AST/1995
Leonidobich, Borodulin Aleksandr
/Армия Петра I/1994
Mark, Adkin/
The Waterloo Conpanion/Stackpole Books/2001
Maughan, Stephen E.
/The Napoleonic Soldier/Crowood Press/1999
May, Robin/Embleton, G.A.
/The Franco–Prussian War 1870
/Almark Publishing/1975
Mollo, Eugene/Russian Military Swords 1801–1917
/Historical Research Unit Publication/1969
Mollo, Jhon/Uniforms of the American Revolution
/Blandford Press/1975
North, Rene
/Regiments at Waterloo Vol2 Brotish Army Uniforms
/Almark Publishing/1977
Paterek, Josephine
/Encyclopedia of American Indian Costume
/W.W.Norton & Company/1996
Rector, Mark/Highland Swordsmanship
/Chivalry Bookshelf/2001
Reid, Stuart/Like Hungry Wolves/Windrow & Greene/1994
Taylor, Colin F./Native Americam Weapons
/University of Oklahoma Press/2001
Warner, Richard/Napoleon's Enemies
/Osprey Publishing/1977
Windrow, Martin
/Embleton, Gerry/Military Dress of the Peninsular War
/Windrow & Greene/1991
Yenne, Bill
/The Encyclopedia of North American Indian Tribes
/Brompton Books/1986
아서 C. 파커
/아메리카 인디언 HOW 북(アメリカ・インディアンHOWブック)
/히라오 케이고 역/슈에이샤/1999

영국 오스프리사에서 발간되고 있는 각 시리즈는 주제를 세분
한 군장 자료로서 유물의 사진과 스케치를 손쉽게 참조할 수 있
다. 괄호 안은 신기겐샤에서 간행되고 있는 일본어판의 제목.
<Osprey Men-At-Arms Series>
001 Katcher, Phillip
/THE AMERICAN PROVINCIAL CORPS :1775–1784
004 Seaton, Albert
/THE ARMY OF THE GERMAN EMPIRE
:1870–1888
005 Seaton, Albert
/AUSTRO-HUNGARIAN ARMY
OF THE NAPOLEONIC WARS
006 Seaton, Albert
/AUSTRO-HUNGARIAN ARMY
OF THE SEVEN YEARS WAR
008 Grant, Charles/THE BLACK WATCH

010 Blaxland, Gregory/THE BUFFS
012 Sheppard, Alan/THE CONNAUGHT RANGERS
014 Young, Peter/ENGLISH CIVIL WAR ARMIES
015 Grant, Charles
/FOOT GRENADIERS OF THE IMPERIAL GUARD
016 Seaton, Albert
/FREDERICK THE GREAT'S ARMY
018 Young, Peter
/GEORGE WASHINGTON'S ARMY
019 Selby, John/IRON BRIGADE
026 Grant, Charles/ROYAL SCOTS GREYS
030 Selby, John/STONEWALL BRIGADE, THE
037 Katcher, Philip
/THE ARMY OF NORTHERN VIRGINIA
038 Katcher, Philip/ARMY OF THE POTOMAC
039 May, Robin
/THE BRITISH ARMY IN NORTH AMERICA
:1775–1783
040 Nicholson, J. B. R.
/THE BRITISH ARMY OF THE CRIMEA
043 von Pivka, Otto
/NAPOLEON'S GERMAN ALLIES (2)
045 von Pivka, Otto
/NAPOLEON'S POLISH TROOPS
046 Simkins, Miachael
/ROMAN ARMY FROM CAESAR TO TRAJAN
(『로마군 : 카이사르에서 트라야누스까지
(ローマ軍 : カエサルからトラヤヌスまで)』)
047 Wilkinson-Latham, Christopher
/THE SOUTH WALES BORDERERS
048 May, Robin/WOLFE' ARMY
050 Wise, Terry/Gerald Embelton
/MEDIEVAL EUROPEAN ARMIES
055 Bukhari, Emir
/NAPOLEON'S DRAGOONS AND LANCERS
057 McBride, Angus McBride/ZULU WAR, THE
058 Miller, Douglas/THE LANDSKNECHTS
059 Wilkinson-Latham, Robert
/THE SUDAN CAMPAIGNS 1881–1898
062 Wilkinson-Latham, Christopher
/THE BOER WAR
063 Katcher, Phillip
/THE AMERICAN INDIAN WAR, 1860–1890
064 Bukhari, Emir
/NAPOLEON'S CUIRASSIERS & CARABINIERS
068 Bukhari, Emir
/NAPOLEON' S LINE CHASSEURS
069 Cassin-Scott, Jack
/THE GREEK AND PERSIAN WARS, 500–323 BC
(『고대 그리스와 페르시아 전쟁(古代ギリシアとペルシア戦争)』)
073 Fraser, Sir David/THE GRENADIER GUARDS
075 Wise, Terence/ARMIES OF THE CRUSADES
(『십자군의 군대(十字軍の軍隊)』)
076 Bukhari, Emir/NAPOLEON'S HUSSARS
(『나폴레옹의 경기병(ナポレオンの軽騎兵)』)

(『남북 전쟁의 북군(南北戰爭の北軍)』)
179 Katcher, Phillip
　　　　　/AMERICAN CIVIL WAR ARMIES (3)
　　　　　　　　　　　　　　:SPECIALIST TRPS
180 Trevino, Rafael
　　　　　/ROME'S ENEMIES, SPANISH ARMIES
181 Haythornthwaite, Phillip
/AUSTRIAN ARMY OF THE NAPOLEONIC WARS-CAVALRY
184 Brzezinski, Richard/POLISH ARMIES (1)
185 Haythornthwaite, Phillip
/PUSSIAN ARMY OF THE NAPOELONIC WARS-INFANTRY
186 Hook, Jason/THE APACHES
188 Brzezinski, Richard/POLISH ARMY (2)
189 Haythornthwaite, Phillip
/RUSSIAN ARMY OF THE NAPOLEONIC WARS-CAVALRY
190 Katcher, Philip
　/AMERICAN CIVIL WAR ARMIES (4)-STATE TROOPS
191 Cornish, Paul/HENRY VIII'S ARMY
193 Barthorp, Michael
　　　/BRITISH ARMY ON CAMPAIGN, THE:1816-1853
195 Nicolle, David
　　　/HUNGARY-THE FALL OF EASTERN EUROPE
　　　　　　　　　　　　　　　　1000-1568
196 Barthorp, Michael
　　　/BRITISH ARMY ON CAMPAIGN (2): THE CRIMEA
199 Haythornthwaite, Phillip
　　　　　　　/NAPOLEON'S SPECIALIST TRROPS
200 Nicolle, David
　　　　/EL CID & THE RECONQUISTA, 1050-1492
(『엘 시드와 레콘키스타(エル·シッドとレコンキスタ)』)
201 Barthorp, Michael
　　　/BRITISH ARMY ON CAMPAIGN (4):1882-1902
203 Chartrand, Rene/LOUIS XIV's ARMY
(『루이 14세의 군대(ルイ14世の軍隊)』)
204 Reid, Stuart
　　　　　　/WELLINGTON'S SPECIALIST TROOPS
207 Katcher, Phllip
/AMERICAN CIVIL WAR ARMIES 5, VOLUNTEER MILITI
210 Nicolle, David/VENITIAN EMPIRE
211 Chartrand, Rene
　　　　　　　　/NAPOLEON'S OVERSEAS ARMY
212 Knight, Ian
　/QUEEN VICTORIA'S ENEMIES (1)SOUTHERN AFRICA
214 Katcher, Phillip
/US INFANTRY EQUIPMENT 1775-1910
219 Knight, Ian
/QUEEN VICTORIA'S ENEMIES (3):INDIA
222 Nicolle, David/AGE OF TAMERLANE, THE
223 Haythornthwaite, Phillip
/AUSTRIAN SPECIALIST TROOPS OF THE
NAPOLEONIC
226 Katcher, Philip/AMERICAN WAR, THE
228 Johnson, Michael
/AMERICAN WOODLAND INDIANS
231 Nicolle, David

/FRENCH MEDIEVAL ARMIES 1000-1300
(『중세 프랑스의 군대(中世フランスの軍隊)』)
233 Shann, Stephen
/FRENCH ARMY 1870-71 (1) IMPERIAL TROOPS

235 Brzezinski, Richard
　　　　/ARMY OF GUSTAVUS ADOLPHUS, THE (1)
　　　　　　　　　　　　　　　　:INFANTRY
(『구스타브 아돌프의 보병(グスタヴ·アドルフの歩兵)』)
236 Haythornthwaite, Phillip
　　　　/FREDERICK THE GREATS ARMY (1):CAVALRY
237 Shann, Stephen/RENCH ARMY 1870-71 (2)
　　　　　　　　　　　　:REPUBLICAN TROOPS
239 Pohl, John
　　　　/AZTEC, MIXTEZ AND ZAPOTEC ARMIES
240 Haythornthwaite, Phillip
　　　　/FREDERICK THE GREATS ARMY (2):INFANTRY
(『프리드리히 대왕의 보병(フリードリヒ大王の歩兵)』)
241 Thomas, R.
　/RUSSIAN ARMY OF THE CRIMEAN WAR 1854-1856
243 Nicolle, David/ROME'S ENEMIES (5)
　　　　　　　　　　　　:THE DESERT FRONTIER
247 Nicolle, David
　　　/ROMANO-BYZANTIUM ARMIES 4th-9th Centuries
248 Haythornthwaite, Philip
/FREDERICK THE GREAT'S ARMY (3):SPECIAL TROOPS
253 Reid, Stuart/WELLINGTON'S HIGHLANDERS
255 Nicolle, Dacid
　　　　/ARMIES OF THE MUSLIN CONQUEST
256 Heath, Ian/THE IRISH WARS 1485-1603
257 Haythornthwaite, Phillip
　　　　　　　/NAPOLEON'S CAMPAIGN IN ITALY
259 Nicolle, David/MAMLUKS, THE 1250-1517
261 Reid, Stuart
　　　　　/18TH CENTURY HIGHLAND REGIMENTS
262 Brzezinski, Richard
　　　　/ARMY OF GUSTAVUS ADOLPHUS (2):CAVALRY
(『구스타브 아돌프의 기병(グスタヴ·アドルフの騎兵)』)
263 Nicolle, David/MONGHUL INDIA, 1523-1805
(『인도의 무굴 제국군(インドのムガル帝国軍)』)
264 Konstam, Angus
　　　　/RUSSIAN ARMY OF PETER THE GREAT (2)
267 Tincay, John/BRITISH ARMY, THE:1660-1704
268 Bartorp, Michael
/BRITISH TROOPS IN THE INDIAN MUTINY 1857-59
271 Haythornthwaite, Phillip
　　　　/THE AUSTRIAN ARMY 1740-82 (1):CAVALRY
273 Zlatich, Marko
　　　　/GENERAL WASHINGTON'S ARMY (1):1775-1778
276 Haythornthwaite, Phillip
　　　　/THE AUSTRIAN ARMY 1740-82 (2):INFANTRY
(『오스트리아군의 보병(オーストリア軍の歩兵)』)
277 Drury, Ian/THE RUSSO-TURKISH WAR 1877
279 Durham, Keith/THE BORDER REIVERS
280 Haythornthwaite, Phillip

참고문헌

\<Osprey Elite Series\>

003 Heath, Ian/VIKINGS, THE
007 Sekunda, Nick/ANCIENT GREEKS, THE
009 Nicolle, David/NORMANS, THE
015 Tincey, John/ARMADA CAMPAIGN 1588, THE
017 Gravett, Chris/KNIGHTS AT TOURNAMENT
(『마상창시합의 기사(馬上槍試合の騎士)』)
019 Nicolle, David/CRUSADES, THE
021 Knight, Ian/ZULUS, THE
025 Roberts, Keith
　　　/SOLDIERS OF THE ECW (1):INFANTRY
027 Tincey, John
　　　/SOLDIERS OF THE ECW (2):CAVALRY
028 Gravett, Chris/MEDIEVAL SIEGE WARFARE
030 Nicolle, David
　　　/ATTILA AND THE NOMAD HORDES
032 Knight, Ian/BRITISH FORCES IN ZULULAND
039 Healey, Mark/ACIENT ASSYRIANS
040 Healy, Mark/NEW KINGDOM EGYPT
042 Sekunda, Nick/PERSIAN ARMY 560-300 BC
050 Rankov, Dr. Boris/PRAETORIAN GUARD
052 Fletcher, Ian/WELLINGTON'S FOOT GUARD
058 Nicolle, David/THE JANISSARY
066 Sekunda, Nicholas/THE SPARTAN ARMY
067 Konstam, Angus/PIRATES 1660-1730
069 Konstam, Angus/BUCCANEERS 1620-1690
070 Konstam, Angus
　　　/ELIZABETHAN SEA DOGS 1560-1605
074 Konstam, Angus/PRIVATEERS AND PIRATES
091 Field, Ron/US ARMY FONTIER SCOUTS 1840-1921

\<Osprey Warrior Series\>

001 Gravett, Christopher
　　　/NORMAN KNIGHT, 950-1204 AD
003 Harrison, Mark/VIKING HERSIR
004 Pegler, MArtin/US CAVALRYMAN
005 Harrison, Mark/Gerry Embleton/SAXON THEGAN
006 Dury, Ian/CONFEDERATE INFANTRYMAN
008 Haythornthwaite, Philip
　　　/BRITISH CAVALRYMAN, 1792-1815
009 MacDowell, Simon
　　　/LATE ROMAN INFANTRY, 236-565 AD
010 Nicolle, David/SARACEN FARIS, 1050-1250 AD
011 Bartlet, Clive/THE ENGLISH LONGBOWMAN
013 Katcher, Philip/UNION CAVALRYMAN 1861-65
014 Knight, Ian
　　　/ZULU, THE COMPLETE LIFE OF A WARRIOR
015 MacDowall, Simon
　　　/LATE ROMAN CAVALRYMAN, 236-565 AD
017 MacDowall, Simon
　　　/GERMANIC WARRIOR 236-568AD
018 Nicolle, David
　　　/KNIGHT OF OUTREMER 1187-1344
019 Reid, Stuart/Richard Hook
　　　/BRITISH REDCOAT 1740-93

020 Reid, Stuart/Richard Hook
　　　/BRITISH REDCOAT 1793-1815
021 Reid, Stuart/HIGHLAND CLANSMAN 1314-1746
022 Haythornthwaite, Phillip
　　　/IMPERIAL GUARDSMAN 1799-1815
024 Hollins, David
　　　/AUSTRIAN INFANTRYMAN 1790-1816
025 Nicolle, David
　　　/ITALIAN CROSSBOWMAN 1260-1392
027 Sekunda, Nicholas
　　　/GREEK HOPLITE 480-323 BC
030 Allen, Stephen/CELTIC WARRIOR 300BC-AD100
031 John Langellier
　　　/UNION INFANTRYMAN 1861-1865
032 Pohl, John/AZTEC WARRIOR AD 1325-1521
033 Nicolle, David
　　　/KHIGHT HOSPITALIER (1) 1000-1309
035 Gravett, Christopher
　　　/ENGLISH MEDIEVAL KNIGHT 1400-1500
(『잉글랜드의 중세 기사(イングランドの中世騎士)』)
040 Pohl, John/THE CONQISTADOR 1492-1550
041 Nicolle, David
　　　/KNIGHT HOSPITALLER (2) 1306-1565
042 Reid, Stuart/REDCOAT OFFICER 1740-1815
043 Roberts, Keith
　　　/MATCHLOCK MUSKETEER 1588-1688
044 Tincey, John/IRONSIDES-ENGLISH CAVALRY
047 Haythornthwaite, Philip
　　　/BRITISH RIFLEMAN 1797-1815
048 Christopher Gravett
　　　/ENGLISH MEDIEVAL KNIGHT 13TH CENTURY
049 Richads, John Harald
　　　/LANDSKNECHT SOLDIER 1485-1555
050 Wagner, Paul/Konstam, Angus
　　　/PICTISH WARRIOR AD 297-858
051 Spring, Laurence
　　　/RUSSIAN GRENADIERS & INFANTRY 1799-1815
054 Katcher, Philip
　　　/CONFEDERATE CAVALRYMAN 1861-65
057 Crowdy, Terry
　　　/FRENCH NAPOLEONIC INFANTRYMAN 1804-1815
058 Gravett, Christopher
　　　/ENGLISH MEDIEVAL KNIGHT 1300-1400
060 Katcher, Philip
　　　/SHARPSHOOTERS OF THE ACW
062 Schmidt, Oliver
　　　/PRUSSIAN REGULAR INFANTRYMAN 1808-1815
063 Crowdy, Terry
/FRENCH REVOLUTIONARY INFANTRYMAN 1791-1802
067 Spring, Laurence/THE COSSACKS
068 Milsop, John/CONTINENTAL INFANTRYMAN
　　　　　　　　OF THE AMERICAN REVOLUTION
071 Cowan, Ross
　　　/ROMAN LEGIONARY 58 BC- 69 AD
072 Cowan, Ross

언어 약칭 : 고=고유 명칭, 영=영어, 불=프랑스어, 서=스페인
어, 독=독일어, 이=이탈리아어, 러=러시아어, 스=스웨덴어,
라=라틴어, 그=그리스어, 페=페르시아어, 애=고대 이집트어,
아=아랍어, 터=튀르크어, 힌=힌디어, 폴=폴란드어, 헝=헝가
리어, 아일=아일랜드어, 게=게일어, 프=프랑크어, 체=체코
어, 게르=게르만어, 고북=고대 스칸디나비아어, 몽=몽골어,
고영=고대 영어, 중=중국어

■아

맺음말

무기와 갑옷, 투구 자체를 종류별, 나라별, 시대별로 한 권에 모아 소개·해설하는 책은 많이 출판되어 있다. 하지만 그것만으로는 실제로 어떤 사람들이 어떻게 사용했는가에 대해 불명료한 부분도 많다. 이 책은 「물건」이 아닌 「사람」 측에서 그 불명료한 부분을 최대한 뚜렷이 밝히는 동시에 역사 속의 한 줄기 변천 과정을 따라가 보고자 하였다.

다루기로 한 시간적 범위는 오천 년 가까이나 된다. 따라서 처음 원고량은 완성된 이 책을 아득히 뛰어넘는 분량이 될 수밖에 없었다. 그러나 모든 것을 남김없이 싣기란 불가능하여, 최종적으로는 내용을 엄선해서 가급적 일반 독자가 알기 쉽도록 설명하는 것을 목적으로 다시 정리하기로 했다(특히 제IV장은 항목을 포함해 절반 이상 생략했다). 엄선할 때는 실전에서 사용된 무기와 갑주를 중심으로 했기 때문에, 그 외의 수많은 무기와 갑주를 소개할 수 없게 된 것이 아쉽기는 하다. 예를 들어 토너먼트나 화려한 퍼레이드용 갑주 등은 전혀 등장시키지 못했다. 이러한 점에 대해서는 또 다른 기회가 있기를 바랄 뿐이다.

마지막으로 멋진 일러스트를 그려주신 아리타 미츠히로 씨, 스와하라 히로유키 씨, 후쿠치 타카코 씨 세 분께는 권말에서나마 감사 인사를 드리고 싶다. 미흡한 나의 세세한 주문에 응하느라 몇 번이고 고쳐 그리게 한 데는 그저 감사의 뜻을 표할 수밖에 없다. 또한 원고의 집필에 조언을 주신 나카니시 신야 씨, 편집을 담당하신 하타노 유타카 씨, 텐푸 텐푸 씨, 그 밖에 이 책의 제작에 관계한 모든 분들께 감사할 따름이다.

2004년 8월 이치카와 사다하루

ARMS & ARMOR
도감 무기 갑옷 투구

초판 1쇄 인쇄 2015년 12월 20일
초판 1쇄 발행 2015년 12월 25일

저자 : 이치카와 사다하루
그림 : 아리타 미츠히로, 스와하라 히로유키, 후쿠치 타카코
번역 : 남지연

펴낸이 : 이동섭
편집 : 이민규, 김진영
디자인 : 이은영, 이경진
영업·마케팅 : 송정환
e-BOOK : 홍인표, 이문영
관리 : 이윤미

㈜에이케이커뮤니케이션즈
등록 1996년 7월 9일(제302-1996-00026호)
주소 : 04002 서울 마포구 동교로 17안길 28, 2층
TEL : 02-702-7963~5 FAX : 02-702-7988
http://www.amusementkorea.co.kr

ISBN 979-11-7024-512-4 03900

ARMS & ARMOR 武器甲冑図鑑
"BUKI KACCHU ZUKAN" written by Sadaharu Ichikawa
Copyright©Sadaharu Ichikawa 2004 All rights reserved.
Illustrations by Mitsuhiro Arita, Hiroyuki Suwahara, Takako Fukuchi 2004.
Originally published in Japan by Shinkigensha Co Ltd, Tokyo.

This Korean edition published by arrangement with Shinkigensha Co Ltd, Tokyo
in care of Tuttle-Mori Agency, Inc., Tokyo

이 도서의 국립중앙도서관 출판예정도서목록(CIP)은 서지정보유통지원시스템 홈페이지(http://seoji.nl.go.kr)와
국가자료공동목록시스템(http://www.nl.go.kr/kolisnet)에서 이용하실 수 있습니다.(CIP제어번호: CIP2015030283)

*잘못된 책은 구입한 곳에서 무료로 바꿔드립니다.